「国学今用」系列

荀子与我聊责任

姜正成 编著

郑州大学出版社

图书在版编目（CIP）数据

荀子与我聊责任/姜正成 编著 . —郑州: 郑州大学出版社，
2016.8（2021.7重印）

（国学今用）

ISBN 978-7-5645-3085-3

Ⅰ .①荀… Ⅱ .①姜… Ⅲ .①荀况（前 313– 前 238）
– 哲学思想 – 通俗读物 Ⅳ .① B222.6–49

中国版本图书馆 CIP 数据核字（2016）第 125557 号

郑州大学出版社出版发行

郑州市大学路 40 号　　　　　　　　邮政编码：450052
出版人：张功员　　　　　　　　　　发行部电话：0371-66658405
全国新华书店经销
北京洲际印刷有限责任公司印制
开本：710 mm×1 000 mm　　1/16
印张：16
字数：233 千字
版次：2016 年 8 月第 1 版　　　　　印次：2021 年7月第2次印刷

书号：ISBN 978-7-5645-3085-3　　定价：49.80元

本书如有印装质量问题，请向本社调换

前　言

　　春秋战国，是中国历史上的第一个黄金时代，诸子并出，百家争鸣。荀子是战国末年儒家学派的一位大师，《荀子》一书是先秦诸子百家最重要的著作之一。但无论是在儒学史上，还是在整个中国思想文化史上，荀子都是一位颇有争议的人物。在东汉班固的《汉书·艺文志·诸子略》中，荀子和孟子同列为"九流十家"中的儒家，而汉人也时常将孟子和荀子并称。如司马迁《史记·儒林列传》说："孟子、荀卿之列，咸遵夫子之业而润色之，以学显于当世。"刘向在为《荀子》撰写的叙录中说："惟孟轲、孙（荀）卿为能尊仲尼。"可见在汉代许多人眼里，荀子和孟子一样，都是孔子的忠实的传人。

　　正因为荀子已经站在一个历史的转折点和学术的制高点上，他的思想自然会跟春秋末年的孔子和战国中期的孟子有所不同。我们看到荀子对人性、对社会、对政治等问题的认识和分析似乎更具有现实感，提出的治国方略似乎更具有可操作性，对"礼"与"法"、"王道"与"霸道"、"先王"与"后王"等关系问题的态度似乎更具有辩证的观点和包容的态度，而他的文章风格也似乎更趋于成熟、严谨、细致、典雅、冷静、平实。

　　荀子对各家都有所批评，唯独推崇孔子的思想，认为是最好的治国理念。荀子以孔子的继承人自居，特别着重地继承了孔子的"外王学"。他又从知识论的立场上批判地总结和吸收了诸子百家的理论主张，形成了富有特色的"明于天人之分"的自然观、"化性起伪"的道德观、"礼仪之治"的社会历史观，并在此基础上，对先秦哲学进行了总结。

　　荀子是一位儒家理想主义者，他并没有背离孔子开创的儒家的道德原理和政治原则，他只不过在论证方法、实现途径方面做了一些变通，以便使儒家的理想更贴近一点当时的社会现实。荀子一生除了曾在齐国的稷下学官担任过"不治而议论"的"祭酒",晚年曾在楚国担任过兰陵令之外,并没有机会亲身从政,以实施他的政治主张。但他留下的《荀子》这部书,可以说通篇都是在表述着他的政治理想,似乎是在为他所期待中的一个大一统的"王道"社会预做理论准备。

本书运用现场问答的形式,在一问一答见,表现出荀子的一些理论和主张,同时利用解析和事例解读,希望能够把荀子的一些观点以通俗易懂的语言呈现在读者的面前。

《荀子》一书,内容丰富,思想深刻。本书只是以一家之言来阐述荀子的思想,水平有限,有时候难免以偏概全,有所遗漏,仅供读者们在了解荀子的时候作为参考。

目 录

第一章　荀子与我聊人性善恶

"人之性恶，其善者伪也。"荀子认为人性本恶，与孟子的"性善论"截然相反。荀子"性恶论"强调道德之善不是人的自然属性中固有的东西，而是要靠人为的努力去建构的。通过人为的努力建构道德文明，从而防止人性欲望无限制膨胀可能产生的恶果。

第二章　荀子与我聊品质修养

"端然正己，不为物倾侧：夫是之谓诚君子。"荀子认为做人要有好的品格修养。君子应该不为名誉所利诱，不被诽谤所恐吓，以道义为准则，谨慎言行，不为外物所倾倒。

第三章　荀子与我聊社会担当

"君者，何也？日：能群也。能群也者，何也？日：善生养人者也，善班治人者也，善显设人者也，善藩饰人者也。"荀子说：君主是什么呢？答案就是能够建构社会的人。怎么样就算是能够建构社会呢？答案是善于养活抚育人，善于分辨认识人，善于任用安置人，善于用不同的文饰来区分人。

第四章　荀子与我聊重伦遵礼

"人无礼则不生，事无礼则不成，国家无礼则不宁"。荀子极其推崇"礼"的作用，认为"礼"无论是对于国家还是个人来说都是不可缺少的、至关重要的。如果人们都能遵守"礼"，一切行动皆能"发乎情而止乎礼"，则人们的情感和欲望都能得到适度的满足，而又不至于放任无度而导致争斗混乱。

第**五**章　荀子与我聊进退荣辱

"好荣恶辱，好利恶害，是君子小人之所同也，若其所有求之道则异矣。"谁都喜欢荣耀，不喜欢耻辱。何谓荣？何谓辱？荀子又提出"先义而后利者荣，先利而后义者辱"。每一个人都有一个荣辱的杠杆，只不过人生观价值观不同罢了。

第**六**章　荀子与我聊人生积累

"锲而舍之，朽木不折；锲而不舍，金石可镂。"荀子论述学习与做事的态度和方法，强调一个"积"字，二是强调一个"一"字。所谓"积"是长期的时间和精力的投入，是反复不断的训练与实践。所谓"一"就是学习与做事不可有浮躁之心，不要三心二意。

第七章　荀子与我聊人生成败

"物至而应，事起而辨……若是则可谓通士矣。"许多人在遇到危急的情况时，总是以激烈的情绪来应对，但事实上，这样不仅不能解决问题，反而会使问题变得更加复杂，所以，面对突如其来的事情，首先要做的是保持镇定，机智的应对。

第八章　荀子与我聊天人关系

"天行有常，不为尧存，不为桀亡。"荀子首先充分肯定了事物发展变化的规律性，认为自然万物有自己运动发展的客观规律，不以人的意志为转移，把"天道"与"人道"区分开来，强调在尊重自然的基础上利用和改造自然，肯定了人的主观能动性，表现出人定胜天的大无畏气魄。

第九章 荀子与我聊社会理想

"轻田野之税,平关市之征。省商贾之数,罕兴力役,无夺农时,如是,则国富矣。"减轻农田的税收,整治关卡集市的赋税,减少商人的数量,少兴劳役,不耽误农时,像这样,那么国家就会富裕了,这叫作用政策使民众富裕。

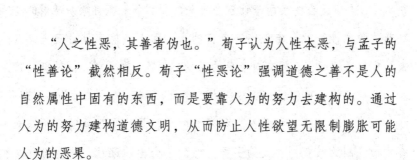

第一章

荀子与我聊人性善恶

　　"人之性恶，其善者伪也。"荀子认为人性本恶，与孟子的"性善论"截然相反。荀子"性恶论"强调道德之善不是人的自然属性中固有的东西，而是要靠人为的努力去建构的。通过人为的努力建构道德文明，从而防止人性欲望无限制膨胀可能人为的恶果。

人性本恶，后天伪善

我：荀老先生，您对人性有何高见？

荀子：我曾在《荀子·性恶》中提到：今人之性，生而有好利焉，顺是，故争夺生而辞让亡焉；生而有疾恶焉，顺是，故残贼生而忠信亡焉；生而有耳目之欲，有好声色焉，顺是，故淫乱生而礼义文理亡焉。然则，从人之性，顺人之情，必出于争夺，合于犯分乱理而归于暴。故必将有师法之化，礼义之导，然后出于辞让，合于文理，而归于治。用此观之，然则人之性恶明矣，其善者伪也。

我：您这句话该如何解释呢？

荀子：这句话的意思就是：人的本性，生下来就是贪利的，顺着这种本性，争夺就会发生而谦让就会丧失；人生下来就有嫉妒憎恨的本性，顺着这种本性，就会出现伤害忠良的人，而忠诚信实就会丧失；人生下来就有耳目的欲望，就有对声色的喜爱，顺着这种天性，淫乱就会产生，而礼义制度就会丧失。因此，放纵人的本性，顺着人的性情，必然引起争夺，却与违背等级名分，扰乱社会秩序相吻合，最终导致暴乱。所以必定要有君师法制的教化，礼义的引导，然后才会出现谦让，才会与礼义秩序相吻合，最终达到社会安定。由此看来，人的本性是恶的，这是很明显的，善是人后天的作为。

我：您的意思是说：人的本性是恶的，那些善的表现，是人的后天作为。

荀子：是的，你说得很对，"伪"，就是"人为"，其意义极其重大。

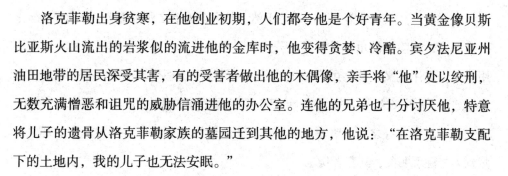

【解读】 **洛克菲勒捐钱活命**

洛克菲勒出身贫寒，在他创业初期，人们都夸他是个好青年。当黄金像贝斯比亚斯火山流出的岩浆似的流进他的金库时，他变得贪婪、冷酷。宾夕法尼亚州油田地带的居民深受其害，有的受害者做出他的木偶像，亲手将"他"处以绞刑，无数充满憎恶和诅咒的威胁信涌进他的办公室。连他的兄弟也十分讨厌他，特意将儿子的遗骨从洛克菲勒家族的墓园迁到其他的地方，他说："在洛克菲勒支配下的土地内，我的儿子也无法安眠。"

在洛克菲勒 53 岁时，疾病缠身，人变得像个木乃伊，医生们向他宣告了一个可怕的事实：他必然在金钱、烦恼、生命三者中选择其一。这时，他才开始省悟到是贪婪的魔鬼控制了他的身心。他听从了医生的劝告，退休回家，开始学打高尔夫球，上剧院去看喜剧，还常常跟邻居闲聊。他经过一段时间的反省，开始考虑如何将巨大的财富捐给别人。

起初，这并不是一件容易的事，他捐给教会，教会不接受，说那是腐朽的金钱，但他不顾这些，继续热衷这一事业。他听说密歇根湖畔一家学校因资不抵债而被迫关闭，他立即捐出数百万美元促成了当今国际知名的芝加哥大学的诞生。洛克菲勒还创办了不少福利事业，帮助黑人。

随着时间的推移，人们渐渐地原谅了他，开始用另一种眼光来看他。他造福社会的"天使"行为，不但受到人们的尊敬和爱戴，还给他带来用钱买不到的平静、快乐、健康和长寿，他在 53 岁时已濒临死亡，结果却以 98 岁高龄辞世。

由此可见，人一定要多行善事，或许别人不会报答你的善举，但至少不会给你带来祸患。行善的人在心理上容易心安理得，帮助别人，自己也常处于快乐之中，这本身就是对你的善报。反之，多行恶事没有不遭到报应的，这就是"多行不义必自毙"。

⋙ 人性本恶，后天伪善 ⋘

孟子曰："人之性善。"曰：是不然。凡古今天下之所谓善者，正理平治也；所谓恶者，偏险悖乱也，是善恶之分也矣。今诚以人之性固正理平治邪？则有恶用圣王，恶用礼义矣哉？虽有圣王礼义，将曷加于正理平治也哉？……今当试去君上之势，无礼义之化，去法正之治，无刑罚之禁，倚而观天下民人之相与也。若是，则夫强者害弱而夺之，众者暴寡而哗之，天下悖乱而相亡不待顷矣。用此观之，然则人之性恶明矣，其善者伪也。

孟子说："人性本善。"这是不对的。古往今来，人们所谓善就是符合正道、遵守礼义法度，所谓恶就是乖僻邪恶、违背礼义法度，这就是善与恶的分别。如果真的认为人的本性就符合正道、符合礼义法度，还要圣王、还要礼义法度做什么呢？即使有圣王和礼义法度，对一个正道风行、秩序井然的社会又有何益呢？

如果现在削弱君主的威势，停止礼义教化，废除法度刑罚，冷眼旁观，试想天下百姓会如何相处呢？其结果一定是强者恃强凌弱、巧取豪夺，众人一拥而上、趁火打劫，天下大乱、社稷覆灭只是瞬间的事情。

大凡谈论古代，一定要有今天的事情做参照；谈论天道，一定要有人事做验证。建言立论，最重要的是要有根有据，可以验证。这样，坐着谈论的事情，起身就可以部署安排，推广即可实施。而今孟子说人性本善，却没有任何根据，只是坐而空谈，既不能部署，也不能实施，岂不是大错而特错了吗？认为人性本善，是否定圣王、否定礼义，认为人性本恶则是推崇圣王、推崇礼义。檃栝的发明是因为有弯木，绳墨的使用是因为木材不直，设立君主、彰明礼义，是因为人本性恶。

笔直的木头不待矫正就是直的，因为它本来就是直的；弯曲的木头必须经过矫正或烘烤才能变直，是因为它本来不是直的。人性本是恶的，经过圣王的治理、礼义的教化才逐渐向善。由此看来，人之性恶是很明显的，善是后天人为的结果。

有人问："可以通过积累善行而达到圣人的境界，但一般人都达不到，这是为什么呢？"回答是："可以做到，但不能强迫人去做。小人可以成为君子，却不肯做君子；君子可以成为小人，但不肯做小人。君子、小人可以相互对换，但他们不肯相互对换，可以做到而不能强迫人去做。所以，说普通人都可以成为禹那样的圣人，这是对的；说普通人都一定能成为禹那样的圣人，却未必如此。没有成为禹那样的人，并不意味着不能成为禹那样的人，正如徒步可以走遍天下，但却没有徒步走遍天下的人一样。士、农、工、商，从事不同职业的人也是可以相互交换职业身份的，但他们并没有这样做。由此看来，可以做到，未必一定能够做到；没有做到，并不说明不可以做到。"所以，"能不能够"与"可不可以"是大不相同的，是不能混为一谈的。

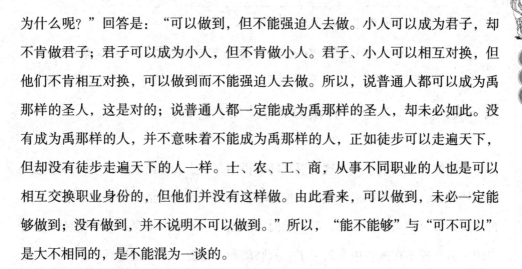

◇人之性恶，其善者，伪也。

◇人之性恶是很明显的，善是后天人为的结果。

◇小人可以成为君子，却不肯做君子；君子可以成为小人，但不肯做小人。

了解本性，改造本性

【聊天实录】

我：荀老先生，您对改造本性有何高见？

荀子：我曾在《荀子·性恶》中提到：性也者，吾所不能为也，然而可化也。

我：您这句话该如何解释呢？

荀子：这句话的意思就是：本性，不是我所制造的，但却是可以改造的。

我：您的意思是说：人的本性是恶的，但也不能说这个人就不会成

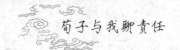
为善良的人，善良可以是后天养成的。

荀子：是的，你说得很对，我是从人的否定性的一面来警醒人、鞭策人。

【解读】 　　　冷漠的父母让儿子绝望

残酷的战争结束了，在这场混乱的战役中，不少人都已经牺牲了，而那些没有牺牲的人，也几乎都成为残废。他们心里明白战后的生活异常艰苦，都不希望自己成为家里的累赘，于是，都不敢向家里报告这不幸的消息，程子便是这些人中的一员。程子在战争中，失去了一只胳膊和一条腿，他知道这意味着什么，这意味着自己比那些少一只胳膊或一条腿的人，更加毫无用处。

程子迟迟不敢给家里电话，眼看着其他的伙伴们，都一个个地回家了。有一天，程子终于鼓起勇气，从部队驻地给自己的父母打去电话，他平静地说："亲爱的爸爸妈妈，我回来了。"电话那头的父母欣喜异常，程子继续说道："我想带一个朋友一起回家，他在越战里为了救我，受了重伤，失去了一只胳臂和一条腿。现在，他走投无路，我想请他回来与我们一起生活。"

说着说着电话那边父母的喜悦没有了，取而代之的是些许的冷漠："程子，我们真的很遗憾，不过，也许我们可以为他另外再找一个安身之处，你要知道，像他这样残废的人，会给我们的生活造成极大的负担。很显然，他不可能自己养活自己，而我们的家境也不富裕，并且，我们还要维持自己的生活，因此，我们不能忍受这样一个废人，成为我们家的累赘……"

当电话那边父母的话还没说完时，程子已经挂断了电话。

几天后，程子的父母接到了来自部队的电话，告诉他们，他们的儿子已经坠楼身亡了。接到电话的父母在伤心欲绝之余，还感到非常的诧异，既然儿子没有在战场牺牲，那么，为什么会无缘无故地坠楼身亡呢！于是，程子的父母急急忙忙地赶往了战地，想弄清楚这究竟是怎么一回事。

在警方的带领下，这对父母来到了停尸间，辨认儿子的遗体，然而，眼前的一幕，却让这对老夫妻惊呆了，因为那的确是他们的儿子，不过儿子只有一只胳臂和一条腿！

面对如此的结局，我们或多或少会有些悲凉，但如果回到现实生活中，不妨问一问自己，是否也会像故事中这对父母那样，做出同样的选择？西方人喜欢称上帝的使者为"天使"，然而，具备成为天使的第一条，便是必须拥有一颗善良的心，因为天使下凡的首要任务，就是让世界充满善意。如果我们能留一份善意在人间，那么，我们就是西方人传说中的天使！

由此看来，人性有本恶的一面。因此，我们在处世的过程中，必须学会注意，在表达自己的那份善良的同时，也要能够成全别人的一份善良。

正如故事中的这对父母，如果能成全儿子的善良，也许，结局会皆大欢喜！"善有善报，恶有恶报"这是佛家的信念，我们却能从中体味人生的各种滋味，包括自己得到的和失去的。不可否认，好人与恶人都难免会遭受人世间的苦难，正如奥古斯丁所说："同样的痛苦，对善者是证实、洗礼、净化，而对恶者是诅咒、浩劫、毁灭。"

了解本性，改造本性
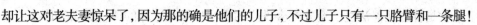

人的本性是善是恶，几千年来争论不休，至今未有定论。

告子曰："人性之不分善与不善也，犹如水之无分于东西也。"告子的话不无道理，人只要敢于面对自己，就会发现人在某种意义上既是天使又是魔鬼。

孟子主张"人性本善"，即人与生俱来的本质是好的，只是后来受外物的蒙蔽而产生了邪恶之心。其实，孟子是从人的肯定性一面来鼓励人、安慰人。

荀子主张"人性本恶"，荀子曰："人之性恶，其善者，伪也。"人的本性是恶的，那些善的表现，是人的后天作为。

在《荀子·性恶》中，荀子有更详细的论述。

荀子说："古今天下所说的善，是指符合礼仪法度，遵守社会秩序；所说的恶，是指违背礼仪法度，不遵守社会秩序，这也就是善与恶的区别。人的本性怎么能生来就是符合礼仪法度、遵守社会秩序的呢？如果是这样的话，那又为什么还要礼仪法度，还要有圣王来制定礼仪法度呢？人之所以想为善，正是因为人性本恶，就像缺乏资财的人向往丰厚，丑陋的人向往美丽一样。现在人们努力学习礼仪法度，正是因为缺少它。人的本性不是美的，是生来好利的。假如兄弟之间分割财产，如果依着人贪财好利的本性的话，那么兄弟之间也会相互争夺；如果用礼仪道德来教化他们，就算是两个陌生人也会相互退让财利。由此看来，贪财好利并且希望得到财利，这才是人的本性啊！"

荀子所说的"恶"，是指人与生俱来的种种生理和心理的过度和无限制的欲望，人的欲望是无限的，其中包含了许多不好的成分，因此称"人性本恶"也无可厚非。其实，荀子是从人的否定性的一面来警醒人、鞭策人。

实际上，孟子的"人性本善"与荀子的"人性本恶"具有相同之处：弃恶扬善。

没有恶，就无所谓善；没有善，亦无所谓恶。恶与善相比较而存在，互相斗争而发展。正因为有恶的存在，人们才愈加感受到善的可爱，从而激发人们积极向上、勇往直前地去追求真、善、美；同样，正因为有善的存在，人们才愈加感受到恶的可憎，从而激发人们毫不留情地去同假、恶、丑做斗争。

然而，直到今天，恶还未从人们身上退去，还在发生作用。因此，我们要随时准备同心理的、生理的、行为的、物质的、精神的恶做斗争，做一个勇于正视恶而战胜恶的强者，而绝不屈服于恶甘当恶的俘虏。

人性中有许多不美好的成分，如邪恶、残暴、冷酷、奸诈、贪婪、嫉妒、狂傲……所以说，"人之性恶"也无可厚非。其实，人所需要做的不在于分清人的本性是善是恶，而在于如何弃恶扬善。

人生智慧

◇善有善报，恶有恶报。

◇多行不义必自毙。

◇从人的否定性的一面来警醒人、鞭策人。

积善成德，神明自得

【聊天实录】

我：荀老先生，您对积累善德有何高见？

荀子：我曾在《荀子·性恶》中提到：积善成德，而神明自得，圣心备焉。

我：您这句话该如何解释呢？

荀子：这句话的意思就是：积累善事成为高尚的品德，就能聪明睿智，具备圣人的心志。

我：您的意思是说：不要因为微不足道的善意举动就不去做。

荀子：是的，你说得很对，积小善才能成大德。

【解读】　　　　善良待人，以德服人

从前有个国王，非常宠爱他的儿子。这位年轻的王子虽然过着衣来伸手、饭来张口的日子，要什么有什么，可是他从来没有开心地笑过一回，常常愁眉紧锁、郁郁寡欢。

有一天，一位魔术师走进王宫对国王说，他能让王子快乐起来。国王兴奋地说："如果你能办成这件事，宫里的金银财宝你随便拿。"

魔术师带着王子进了一间密室，他用白色的东西在一张纸上涂了些笔画，然后交给王子，并嘱咐他点亮蜡烛，看纸上会出现什么。说完，魔术师走开了。

在烛光的映照下，年轻的王子看见那些白色的字迹化为美丽的绿色，变成这样几个字："每天为别人做一件善事。"王子照此去做，不久，他果然成为一个快乐的少年。

这个小故事告诉我们：有的人之所以生活得有意义、很快乐，有满足感，是因为他能行善，为他人奉献，而不是处心积虑地去占有。奉献给人一个实现自我的空间，因为它让人们知道要努力工作，为社会服务，它让人们清楚自己肩负一个帮助和安慰他人的使命。在完成任务的努力之中，人们发现了更大的实现自我的空间。

曾获诺贝尔和平奖的德兰修女 (Mother Teresa，一译特雷莎修女)，受到全世界人的敬仰。

德兰个子瘦小，相貌普通，她不知多少次在污秽、肮脏的街道拥抱那些身患皮肤病、传染病，甚至周身流脓的垂死病人，她把他们带回自己的住处，照顾他们，安葬他们，让人们享受她的奉献。

许多人一谈到德兰修女，都说她是个伟大的人，和她相比，自己实在太渺小了。可德兰修女却说："我们都不是伟大的人，但我们可以用伟大的爱来做生活中每一件平凡的事。"

德兰修女一生没有做什么惊天动地的大事，她所做的是每一个普普通通的人都有能力做到的事：照顾垂死的病人，为他们洗脚、抹身；当那些人被别人践踏如尘的时候，她还给他们做人的尊严，仅此而已。

或许，我们做人的境界还没有达到德兰修女那样的高度，但是我们如果常存乐善好施、成人之美的好心，那么这个世界一定会减少许多忧伤和怨叹。

在一天中要发生些什么，又将失去什么，虽然这都是我们无法预料的，但我们可以把握的是自己的一颗心：用善良待人，以德服人。人是有感情的动物，在追求事业的同时，心灵也需要一个温馨的归宿。这个归宿就是人的慈善之心、怜爱之心，你的人气就是建立在这个基础上的。在生活中喜欢看别人的成功，同情别人的痛苦，帮助解决别人的急难，救济别人的穷困，口不诱劝挑起祸端，行不伤及他人，看到别人有喜悦就像自己的一样，见到别人的过失就用心地规劝，不自以为尊贵，不炫耀自己，不嫉妒胜过自己的，不奴颜媚骨地拍马，也不暗中算计你的对手，这样才算得上是一个善良的人。

积善成德，神明自得

聚沙成塔，聚溪为河。刘备白帝城托孤时谆谆地告诫刘禅："勿以恶小而为之，勿以善小而不为。"不要以为坏事小就去做，行恶如磨刀之石，未见其灭而有所损，积恶而成习；不要以为好事小就不去做，修善如春日之草，未见其长而有所增，积善而成德。

一个人要是缺失善良，无论是多么有才华，也不会成为一个优秀的人。善良能使人长人气，这样所追求的目标才会更有希望得以实现，所从事的事业才会成功，活得才会有生气。

因此，当我们面对他人的时候，站在我们面前的不论是个不名一文的乞丐，还是个腰缠万贯的富豪；也不论是个不懂世事的孩童，还是德高望重的老者，对他们都要持有一颗慈善的心，给人一个微笑，帮人一个小忙……在这些充满善意的行动中，往往就是我们走向杰出的开始。

善良一直都是中国人弘扬的道德主题，在中国的一些文学作品中，我们不难找到对善良的弘扬，其中也有很多因善念改变了自己人生的故事。

金庸武侠小说《神雕侠侣》中的郭靖，他原是一位普通人家的孩子，他唯一的优点可能就是因为有一颗善良的心。面对窝阔台的皮鞭与恐吓时，他舍命救了哲别——他用善良换得自己成了这位神箭手的徒弟，这是很多人求之不得的事；随后，他又在豹口之中救出了成吉思汗的女儿华筝；当铁木真被重兵包围时，又是郭靖拼命相救方才化险为夷——他用善良换得自己成为金刀驸马，在草原上一下子由卑贱变得尊贵起来；他为救两只小雕，一箭射三雕 他用善良博得了射雕英雄的美名，这使他一夜成名。

这是很多人都熟知的故事，但似乎很少有人在受到启发的同时，把善良教育落实到实际中去。用善良开启一个人的成功之门，很多人认为那仅仅是一个神话，在生活中是遥不可及的事。其实，这种事离我们生活并不远，只要是一个善良的人，

能在平平常常的生活中不怕麻烦，不怕吃亏，善良说不定哪天就会成就我们的人生。

生活的辩证法时时处处启迪着我们：一个人的价值，不能由自己给予评判。个人不能离开他赖以生存的群体，不能离开由这些群体所构成的社会，个人的生命价值是由他人、社会给予评判的，只有在一定的社会条件下，个人的人生价值才能得以体现。因此，一个人在自己的人生征途中时刻不能脱离集体、社会；个人必须为大众、为社会承担责任，做出贡献。一个人只有超越自己生命的狭小圈子，热心地投入社会之中，积极地为社会奉献，才有可能实现自己的人生价值。

在现代社会里，善意在冬季里依然会让人感到很温暖。面对诸人诸事都面带微笑，心装善意，有了这个调整之后，我们与社会交换的信息就改变了，我们和周边的人际关系就发生了变化，天天奉行"我本善良"，这就是我们网罗人气的名片。爱是人的一种情感，爱心是人的关好的品德，几乎每个人都希望得到爱，但是没有付出怎么能得到？其实付出爱心是每一个人都应该做的事，有时候只要一个微笑、一句话就够了，只要举手之劳就可以帮助别人走出困境，同时让自己的人生也精彩起来。拥有爱心的人会一生生活在爱的包围中，因为爱心是人最美好的一种品德。

人生智慧

◇聚沙成塔，聚溪为河。

◇勿以恶小而为之，勿以善小而不为。

◇天天奉行"我本善良"，这就是我们网罗人气的名片。

节制欲望，内心清静

【聊天实录】

我：荀老先生，您对节制欲望有何高见？

荀子：我曾在《荀子·荣辱》中提到：凡人有所一同：饥而欲食，寒而欲暖，劳而欲息，好利而恶害，是人之所生而有也，是无待而然者也，是禹桀之所同也。……人之生固小人，又以遇乱世，得乱俗，是以小重小也，以乱得乱也。

我：您这句话该如何解释呢？

荀子：这句话的意思就是：凡是人就有完全相同的方面：饿了就想吃，冷了就想暖和，劳累了就想休息，都想得利而不喜欢受伤害，这些是人生来就有的本性，不管你要不要都是这样，大禹和夏桀都同样如此。……人生下来就是小人，如果又遇到乱世，生活在混乱的习俗里，那就是德行越来越低，乱上添乱了。

我：您的意思是说：我们所处的是一个充满诱惑的年代，诱惑往往是美丽的，却也是危险的。我们要学会节制自己的欲望，才能获得内心的清静。

荀子：是的，你说得很对，人的欲望是没有止境的，必须要节制。

【解读】 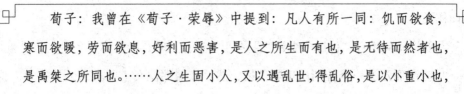 正式欲望，合理应用

月船禅师是一位善于绘画的高手，但是他每次作画前，必坚持购买者先行付款，否则绝不动笔，对于这种作风，社会人士经常有微词。

有一天，一位女士请月船禅师帮她作一幅画，月船禅师问："你能付多少酬劳？""你要多少就付多少！"那女子回答道："但我要你到我家去当众挥毫。"月船禅师允诺跟着前去。

原来那女子家中正在宴客，月船禅师用心为她作画，画成之后，拿了酬劳正想离开，那女士就对宴桌上的客人说道："这位画家只知要钱，他的画虽画得很好，但心地肮脏，金钱污染了它的善美。出于这种污秽心灵的作品是不宜挂在客厅的，它只能装饰我的一条裙子。"说着便将自己穿的一条裙子脱下，要月船禅师在它

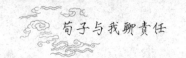

后面作画。

月船禅师问道："你出多少钱？"女士答道："哦，随便你要多少。"

月船禅师开了一个特别昂贵的价格，然后依照那位女士要求画了一幅画，画毕立即离开。

很多人怀疑，为什么只要有钱就好？受到任何侮辱都无所谓的月船禅师，心里是何想法？原来，在月船禅师居住的地方常年发生灾荒，富人不肯出钱救助穷人，因此他建了一座仓库，贮存稻谷以供赈济之需。又因他的师父生前发愿建寺一座，但不幸其志未成而身亡，月船禅师要完成其志愿。

当月船禅师完成其愿望后，立即抛弃画笔，退隐山林，从此不复再画。他只说了这样的话："画虎画皮难画骨，画人画面难画心。钱，是丑陋的。心，是清净的。"

有禅心的人，不计较人间毁誉，月船禅师以自己的艺术素养，求取净财救人救世，他的画不能以一般画来论，应该称为禅画了。因为他不是贪财，他是舍财，可世间人有多少人能懂得这种禅心呢？月船禅师这是一种修养，一种境界。

欲望是谁也无法避免的，谁也逃脱不了的，荀子认为解决这个问题的出路不在于"寡欲"、"去欲"，而在于"导欲""节欲"。荀子认为治理国家的人如果指望着人们主观上"寡欲"、"去欲"才能把国家治理好，那只能说明他没有本事"导欲"、"节欲"。"导欲"、"节欲"不是主观上自欺欺人地不承认有这个欲，相反，却是正视这个欲，然后依据一定的原则和标准来适当满足并且疏导、节制这个欲。

节制欲望，内心清静

人皆有七情六欲，情欲是人性中不可缺少的重要部分。不过在先秦文献中，这"性"、"情"、"欲"三个字还是各有所指的。荀子在《正名》篇论及了三者之间的关系，简单地说，"性"是人天生的但却是潜在的存在，"性"呈现为好、恶的倾向便是"情"，"情"接触外界事物引发了冲动的反应就是"欲"。荀子认为人的情欲是难免的，目好美色，口好美味，"饥而欲食，寒而欲暖，劳而欲息，好利恶害"，所有这些欲望，在人都是一样的。

荀子认为"人性恶"，反对"寡欲"的主张，更不主张"去欲"、"灭欲"，而是给人的欲望的存在保留了很大的空间。荀子以一种唯物主义的态度来看待人性，同时也就以一种现实主义的态度来对付人的欲望。他认为既然人性是天生的，人的欲望也就是难免的，是一种客观存在，人拿它没办法，无法回避。长一双眼睛，就忍不住要窥视美色；长了一张嘴巴，就贪吃美味，而且美色美味似乎多多益善，这是难免的。不要说普通人，就是大人物也是如此。这里举一例：报纸上登过一张有趣的新闻照片，显示在八个发达国家首脑峰会上，美、法两国的两位总统大人，在会议间隙都一齐盯着一位从面前走过的美女服务生看。要说这是小人，那人生下来就都是小人，从人性和情欲上来说，圣人、君子、小人都是一样的。像宋钘那样，叫人们在主观上相信自己没有欲望，或是欲少不欲多，荀子认为是不可能的，也是说不通的。所以，在荀子来，一种普遍的禁欲或灭欲的说教，对社会是毫无用处的。

就个人来说，有没有可能自觉根据外在礼义制度的要求，来节制自己的欲望呢？荀子认为只要努力就完全可以做到。"性"虽然是天生的、没有办法的事情，欲望也是难免的，但满足欲望的行动却是受"心"控制的。有时候人虽然有强烈的欲望，也面对着可欲的目标，却没有行动，那是为什么呢？荀子认为那是他的"心"制止了他行动。"心"为什么会制止自己的行动呢？因为这个"心"里有了个"可"与"不可"的标准，这个标准就是"理"，也就是"礼义"。

打个比方来说：一个人有吃的欲望，而且面前有很多美味佳肴，但是他却不吃。为什么不吃呢？因为他要减肥，他心里有个体形美和健康饮食的标准，对照这个标准他知道自己不可以再吃了，所以他的"心"就节制了他贪吃的欲望，制止了他贪吃的行动。荀子认为用外在道德标准和礼义约束人的行为，道理也是如此。个体的人本性中并没有道德之"善"的源头，他们不知道什么是理想的道德人格，也不知道什么圣人之道，就好像一般人本来也不知道什么是健美的体形，什么是

健康的饮食，只是在看到那些健美模特的榜样，听了那些健康专家的忠告之后才知道的，于是决心锻炼身体，节制饮食。君子，也就是道德完善的模特；圣人之道，就是关于人格完善和社会理想的专家的忠告。荀子认为只要让人们通过学习君子道德和圣人之道，在心中确立符合礼义的"可"与"不可"的标准，他们就有可能自觉用礼义来节制自己的欲望。

欲望是最客观的存在，谁都不能否定，如果你洁身自好，内心清净，那么即使它自动找上门，也不会有什么影响。金钱的魅力是实在的，那么你就去赚钱吧，堂堂正正地赚钱，去资助贫困的人。事实上，我们在接受诱惑的时候也是奋斗的时候。

人生智慧

◇人皆有七情六欲。

◇饥而欲食，寒而欲暖，劳而欲息，好利恶害。

◇我们在接受诱惑的时候也是奋斗的时候。

人情不美，不可不防

【聊天实录】

我：荀老先生，您对人情有何高见？

荀子：我曾在《荀子·尧问》中提到：尧问于舜曰：'人情何如？'

舜对曰：'人情甚不美，又何问焉？'

我：您这句话该如何解释呢？

荀子：这句话的意思就是：尧向舜问道：'人情怎么样？'舜回答说：'人情很不好，又何必问呢？'

我：您的意思是说：人们有了妻子儿女，对父母的孝顺就减弱了。

人们的嗜好欲望达到了，对朋友的信用就减弱了。人们有了高官厚禄，对君主的忠诚就减弱了。

荀子：是的，你说得很对，我是从人的否定性的一面来警醒人。

【解读】　　　　与人交往，严肃对待

曾国藩带领湘军围剿太平天国之时，清廷对其是一种极为复杂的态度：不用这个人吧，太平天国声势浩大，无人能敌；用吧，一则是汉人手握重兵，二则曾国藩的湘军是他一手建立的子弟兵，怕对清廷形成威胁。在这种思想指导下，清廷对曾国藩的任用经常是用你办事，不给高位实权。苦恼的曾国藩急需朝中重臣为自己撑腰说话，以消除清廷的疑虑。

突然有一日，曾国藩在军中得到胡林翼转来的肃顺的密函，得知这位精明干练的顾命大臣在西太后面前推荐自己出任两江总督。曾国藩大喜过望，咸丰帝刚去世，太子年幼，顾命大臣虽说有数人之多，但实际上是肃顺独揽权柄，有他为自己说话，再好不过了。

曾国藩提笔想给肃顺写封信表示感谢，但写了几句，他就停下了。他知道肃顺为人刚愎自用，很有些目空一切的味道，用今天的话来说，就是有才气也有脾气。他又想起西太后，这个女人现在虽没有什么动静，但绝非常人，以他多年的阅人经验来看，西太后心志极高，且权力欲极强，又极富心机。肃顺这种专权的做法能维持多久呢？西太后会和肃顺合得来吗？

思前想后，曾国藩没有写这封信。

后来，肃顺被西太后抄家问斩，在众多官员讨好肃顺的信件中，独无曾国藩的只言片语。

与人交往应该是一项十分严格的事情，一定要认真对待，绝不可轻率。在与对方交往的过程中，要注意观察其思想、兴趣、爱好、品质和行为．看他是否值

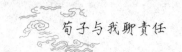

得结交。如此看来，曾国藩是深谙交友之道的人。

生活中充斥着尔虞我诈、钩心斗角，所以，不能不提防着别人，尤其是交朋友方面。俗话说"人心隔肚皮"，就是告诉人们：当我们不能完全了解一个人，也就无法知道别人是不是在算计我们。基于此，就需要在日常生活与人交往时提防一下，小心谨慎一点为好，一定要知人知面更知心。

人情有不美之处，因此，为人处世不可全抛一片心，否则遇人不贤，极易被人利用。一旦被人利用，后悔也晚矣！

留个心眼，知人察人

战国时，魏王向楚怀王赠送了一名美女，这名美女生得眉清目秀，可与西施媲美。楚怀王自然对她十分倾心，并取名为珍珠，捧在手上怕掉了，含在口中怕化了，两人整天形影不离。

楚怀王原本有名爱妾，名叫郑袖。珍珠未来之前怀王整日与她在一起，如今来了个珍珠，怀王对她渐渐疏远了。郑袖对怀王的移情别恋十分恼火，同时对珍珠嫉妒得几乎发狂。然而郑袖没有大吵大闹，她知道那样对自己不利，弄不好会送了小命。表面上郑袖对珍珠百般疼爱，视之为自己的亲妹妹，稍有空闲就坐在一起聊天，以此向怀王表示，她对珍珠丝毫不嫉妒。

有一天，郑袖偷偷地对珍珠说："大王对你很满意，也十分宠爱你，不过对你的鼻子他好像有点看不惯，大王曾在我面前说了几次，所以以后你在大王面前，一定要将自己的鼻子捂住。"珍珠压根不知道，郑袖设的圈套自己已慢慢地钻了进去。从此她在怀王面前，总是一只手捂住鼻子，并做出难受状。怀王莫名其妙，便来询问郑袖。开始郑袖故意装出一副迟疑的样子，欲言又止。"别害怕，有什么就说出来嘛！"怀王说道。"珍珠……珍珠在我面前说大王有体臭，并说特难闻，所以她就捂住自己的鼻子。"

楚怀王脾气十分暴躁，听完郑袖的话，一气之下，将珍珠处以割鼻的劓刑，郑袖又回到了怀王的怀抱。珍珠空负美女之名，却不懂得保护自己，最终落得如此下场实在可悲。

像郑袖这样的人，便是"人情不美"的始作俑者。郑袖害了人，还让受害者对她心存感激，这种人最大的特点是口蜜腹剑，两面三刀，计算周密，演技高超。因此，要识破这种人很不容易。

令人尴尬的是，这只是"人情不美"的冰山一角。既然人情有不美之处，我们与人交往在坚守美德的同时，也要留个"心眼"，善于知人和察人，这是圣人荀子对我们的教诲。

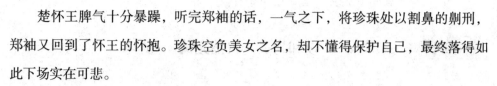

人 生 智 慧

◇人心隔肚皮。

◇为人处世不可全抛一片心。

◇留个"心眼"，善于知人和察人。

善有善报，恶有恶报

【聊天实录】

我：荀老先生，您对节制欲望有何高见？

荀子：我曾在《荀子·性恶》中提到：人之性恶明矣，其善者伪也。

我：您这句话该如何解释呢？

荀子：这句话的意思就是：人的本性丑恶是很明显的，若要善良需要靠人为的努力。

我：您的意思是说：人的本性本是丑恶的，若要善良需要靠人为的努力。

荀子：是的，你说得很对，善有善报，恶有恶报。

以和为贵，自然完美

中国古人对"和"十分重视，在他们看来，"和"是处理一切事务所追求的目标。

孔子曾说："礼之用，以和为贵。""和"，意味着自然、完美、平衡和秩序。因而，对"和"的追求，既是一种得之于生活的感性经验，也是一种同信仰纠结在一起的对大千世界运动规律的理性升华。

陶渊明

明宪宗朱见深曾经画过一幅画，题目是"一团和气图"。画面上的人物由于开怀大笑，浑身缩成了一个滚圆滚圆的大球。但仔细分辨，则会看出这幅人物画虽只有一副面孔，实际上却是三个人的身体合在一起的。一个封建皇帝画这样一幅画是什么意思呢？原来，它取材于一则著名的典故。

陶渊明、陆修静和惠远法师分别是儒、道、佛三家的门徒，三人私交甚好，经常在一起切磋学问。惠远法师有个不成文的规矩，送客绝不超过山下的虎溪。但有一天，三人边走边谈，不知不觉竟越过了这个界线，于是相顾开怀大笑，这就是著名的"虎溪三笑"。有一天，明宪宗朱见深借这个典故画了"一团和气图"，并召群臣上殿，明确地要求大家"忘彼此之是非，蔼一团之和气"，即大家不要互相钩心斗角，而是要和睦相处、团结友善。

早在2000多年前，西周就设有"调人"一职，专门"排患释难解纷争"，协调人际关系，后来历代朝廷都延续了这种制度。今天，我国建立了一整套比较完善的人民调解制度。随着经济的不断发展，出门旅游、乘车坐船等习以为常，难免你占了我的座儿，我挡了你的道儿。若遇上修养欠缺、脾气火爆的年轻人，矛盾就会一触即发。这时，如果你能及时好言相劝，甚至主动出让自己的方便，怨恨也就随之烟消云散了。

另外，做人以和为贵之道，可以算得上是一种自我保护的哲学。这种哲学教导人们，知常守恒，不要有非分之想，也不要越出自己的利益范围去多管闲事。比如，汉语中的"福"字与"辐"字相通，相当于车轮的条辐，几十根车条围绕一个轴心，构成一个有秩序的协调整体，这就叫幸福在于"人心之通"。人们都恪守本分、互不干涉，而又互相依赖，这样一种和平宁静的生活就是幸福。即使上下级、同事、邻居之间发生矛盾或分歧，人们也总要尽量地保持和谐一致。处世以和为贵的人，必有广阔的胸怀。俗话说："量小失众友，度大集群朋。"为人有宽阔的胸襟、恢宏的度量，才能赢得友谊，增进团结。只有胸怀宽广的人，才能解人之难，使人乐于亲近。而胸襟狭窄者则会嫉人之才、妒人之能、讽人之缺、讥人之误，因而在他的周围便会产生一种无形的排斥力，使人对其避而远之。

做到和气，其实就会赢得好人缘。好人缘是事业成功和生活幸福的基石之一，"人和为宝"、"和气生财"，实质上讲的都是人缘的重要。与身边的每一个人保持和气，就很容易被人认可和称誉，从而捷足先登，踏上更有利于发展自己的康庄大道。

当然，与人为善、以和为贵、胸怀大度的锻炼，并非一日之功，还要靠长期的修养。需要说明的是，以和为贵并不意味就是着不分是非曲直，遇事视若无睹、麻木不仁，不讲原则。我们坚持以和为贵，对民族国家而言，利于和平；对社会而言，利于和谐；对个人、家庭、朋友而言，利于和气。

善待他人，让爱生爱

一位叫小芳年轻的女孩嫁人了，原本，她以为自己婚后的生活，一定会非常的幸福。然而，谁曾想却事与愿违，她与婆婆关系处得非常糟糕。她总觉得婆婆一直处处针对自己、为难自己、跟自己作对，于是，她的心里一直在盘算着，如何对付自己的这个坏婆婆。

　　这一天，小芳来到了一家医院，她悄悄地问一位慈祥的女医生道："医生，有什么秘方可以毒死我的婆婆吗？我实在是受不了婆婆的虐待了！"女医生听了，并没有直接阻止她，而是笑着对小芳说："我给你开一剂'酸泥丸'，你可以在每天吃饭之前，拿出一颗来给她吃，这是一种慢性毒药，可以让人死于非命，只不过在给你婆婆吃'酸泥丸'的这段时间，你要故意装作很孝顺的样子侍候她，才不会让她起疑心。三个月后，你的婆婆就会有所变化，那时你再来这儿，我再给你加大药的剂量，到了第一百天，必有效果。"

　　小芳听了这番话，便高高兴兴地拿着医生开给自己的药回去了。回家后，小芳一改往日的敌对态度，开始善待起自己的婆婆来，每天按时给婆婆做饭。晚上也不乱跑了，陪着婆婆一起看电视，只要有空就守在婆婆身边，不是陪着聊天，就是给婆婆按按摩……当然，做这些改变的前提只有一个，那便是为了让婆婆吃了那颗医生开的"酸泥丸"！

　　三个月后，小芳按时来到了女医生那儿，然而，这一次却并不是让医生加重剂量，而是对医生说："医生，我不想毒死我的婆婆，你救救她吧！"

　　女医生听后并不惊讶，而是问小芳："你为什么改变主意了呢？"

　　"自从我听了你的话，便每天尽心尽力地侍候她，当她吃下几颗'酸泥丸'以后，突然改变了对我的态度，变得对我非常和善，并且，还经常抢着做家务，让我多休息，像我的母亲一样关怀我，所以我要救我婆婆。"小芳说着，眼里流下了一行热泪，随后，她带着哭腔继续说道，"医生，你快给我开一剂解毒的药，我求求你了，赶快救救我的婆婆吧！"

　　慈祥的医生听完小芳的话，突然开怀一笑，紧接着说道："我知道你会来的，你放心好了，你的婆婆是不会死的。其实，'酸泥丸'并不是什么毒药，而是一道可口的点心，因为你为了让自己的婆婆吃'酸泥丸'，便开始学会了善待她，你的婆婆也是有血有肉的人，当她感觉到了你的孝顺，自然也会改变对你的态度，一开始善待你了！"

　　在我们的人生路上，若想让别人成为自己的朋友，首先，我们必须成为别人的朋友，因为心要靠心来交换，感情只有用感情才能换取。一颗善良的心，往往不只是制止或改变了一种行为，更重要的是感化人的灵魂。如果我们播撒善的种子，那么，通过不断的循环，善还是会归还给我们自己，所以，学会善待他人，才能够让爱生爱。

人生智慧

◇"和"是处理一切事务所追求的目标。

◇做人以和为贵之道，可以算得上是一种自我保护的哲学。

◇学会善待他人，才能够让爱生爱。

相人之形，不如相心

【聊天实录】

我：荀老先生，您对相人之术有何高见？

荀子：我曾在《荀子·非相》中提到：相形不如论心，论心不如择术。形不胜心，心不胜术。

我：您这句话该如何解释呢？

荀子：这句话的意思就是：观察人的形体相貌不如考察人的内心思想，考察人的内心思想不如看其所采取的处世方法。形体相貌不如内心思想重要，内心思想不如处世方法重要。

我：您的意思是说：不是因为你的眼睛会欺骗你，而是因为人情不美，人性本恶，不要被表面的现象蒙蔽了你的双眼。但是，君子小人之分，也不是没有规律可循的，一个人再会伪装，也不可能天衣无缝，无一纰漏，一些小细节是可以看出来的。

荀子：是的，你说得很对，以近知远，以一知万，以微知明。

【解读】 ～⌒ 远离小人，防患未然 ⌒～

大千世界无奇不有，哪里都有好人也有坏人。我们最好是不要和坏人有瓜葛，我们惹不起还躲不起吗？

当分辨出了险恶"小人"后，我们并不能立即断绝与他们的往来，因为人是群居的动物，无法脱离社会而生活。尤其是在职场上，更无法避免和许多人产生互动。为了和这些"小人""相安无事"，在与他们"共事"时还要讲究以下几个原则：

1. 不得罪他们。一般来说，"小人"比"君子"敏感，心理也较为自卑，因此不要在言语上刺激他们，也不要在利益上得罪他们，尤其不要为了"正义"而去揭发他们，那只会害了自己！自古以来，"君子"常常斗不过"小人"，因此"小人"为恶，让有力量的人去处理吧！

2. 保持距离。别和"小人"们过度亲近，保持淡淡的关系就可以了，但也不要太过疏远，好像不把他们放在眼里似的，否则他们会这样想："你有什么了不起？"于是我们就要倒霉了。

3. 小心说话。当和"小人"交谈时，说些无关紧要的话就好了，如果谈了别人的隐私，谈了某人的不是，或是发了某些牢骚不平，这些话绝对会变成他们兴风作浪和整我们的资料。

4. 不要有利益瓜葛。"小人"常成群结党，霸利占益，千万不要想靠他们来获得利益，因为一旦得到利益，他们必要相当的回报，甚至会黏着我们不放，想脱身都不可能。

5. 吃些小亏无防。"小人"有时也会因无心之过伤害了我们，如果是小亏，就算了吧，因为我们找他们不但讨不到公道，反而会结下更大的仇，所以，原谅他们吧！

古人云："宁可终岁不读书，不可一日近小人。"充分说明古人对"小人"

是多么深恶痛绝。事实上，大到一个国家小到一个单位，只要有小人存在，就会"鸡犬不宁"。

因此，对于女人而言，要想避免自己受到伤害，就必须认清"小人"的丑恶嘴脸，慧眼识破"小人"的招数，为自己构筑一道防火墙，以便做到防患于未然！

然而，对大多数女人来说，要分清谁是"君子"、谁是"小人"并不是一件容易的事。因为"小人"没有特别的样子，脸上也没写上"小人"二字，不像京剧中的脸谱，生旦净末丑，一目了然。有些"小人"甚至还长得又帅又漂亮，有口才也有内才，一副大将之才的样子。

大多数"小人"隐藏较深，很难被人轻易识破，要想避免自己受到伤害，就必须用慧眼认清"小人"的丑恶嘴脸，识破"小人"的阴险招数，早日防患于未然。

❧ 相人之形，不如相心 ❧

荀子说："术正而心顺之，则形相虽恶而心术善，无害为君子也；形相虽善而心术恶，无害为小人也。"处世方法正确而内心思想又能与其一致，那么形体相貌虽然丑陋但内心思想与处世方法好，不会妨碍他成为君子；形体相貌虽然美好但内心思想与处世方法恶，也不能掩饰他是个小人。

喜欢以貌取人的人，看问题喜欢只看表面。他们缺乏对事物深入认识的耐心和意识，他们过分相信自己的眼睛，而眼睛通常只能看到表面的东西。

古代，夏桀、商纣王魁梧英俊，是天下有名的美男子，他们身体强健，足以力敌百人。但是，他们人死了，国家灭亡了，成了天下最耻辱的人，后世谈到坏人，就必定拿他们做例证。这并不是因容貌造成的祸患，而是他们的见闻不多，思想品德卑下造成的。

自然界的昆虫有益虫和害虫之分，人类同样也是良莠不齐，有"君子"、"小人"之分。在人际交往中，只要留心观察便不难发现，在我们的周围就有不少阴险"小

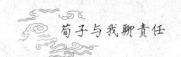

人"。他们造谣生事、挑拨离间，甚至会在我们的上司、同事或家人面前诬陷、诽谤我们，实在令人防不胜防。

不过，"小人"还是可以从行为中分辨出来的，君子小人细节有别。

常常低头的人：这类人属于慎重派。讨厌过分激烈、轻浮的事，属于孜孜勤劳型，交朋友也很慎重。

两手腕交叉的人：这类人抱持着独特的看法。给人冷漠的感觉，属于吃亏型的人，稍微有些自我主义。

把手放在嘴上的人：这类人属于敏感型，是秘密主义者，常常嘴上逞强但内心却很温柔。

到处张望的人：这类人是具有社交性格的乐天派，有顺应性，对什么事都有兴趣，对人好恶感强。

摇头晃脑的人：日常生活中常见有人用摇头或点头以示自己对某事某物的看法，这种人特别自信，以至于唯我独尊，他们在社交场合很会表现自己，对事业一往无前的精神常令人赞叹。

边说边笑的人：这类人与我们交谈时我们会觉得非常轻松愉快，他们大都性格开朗，对生活要求从不苛刻，很注意"知足常乐"，富有人情味，感情专一，对友情、亲情特别珍惜。

掰手指节：这类人习惯于把自己的手指掰得"咯嗒咯嗒"地响，他们通常精力旺盛，非常健谈，喜欢"钻牛角尖"。对事业、工作环境比较挑剔，如果是他们喜欢干的事，他们会不计任何代价而踏实努力地去干。

腿脚抖动：这类人总是喜欢用脚或脚尖使整个腿部抖动，这样的人可能很自私，很少考虑别人，凡事从利己出发，对别人很吝啬，对自己却很慷慨，他们往往很善于思考。

摆弄饰物：有这种习惯的人多数是女性，而且一般都比较内向，不轻易使感情外露，她们的另一个特点是做事认真踏实。

耸肩摊手：习惯于这种动作的人，通常是摊开双手，耸耸肩膀，表示自己无所谓的样子。他们大都为人热情，而且诚恳，富有想象力，会创造生活，也会享受生活，他们追求的最大幸福是生活在和睦、舒畅的环境中。

抹嘴捏鼻：习惯于抹嘴捏鼻的人，大都喜欢捉弄别人，却又不"敢作敢当"，爱哗众取宠。

摸膝盖：爱摸膝盖的人往往自负之心颇高，容易得意忘形而招来困局。

抚抓头发：刚坐下就不断地抓头发，有这种习惯的人可能性子很急，喜欢速战速决。

喜欢躲在角落：客厅有舒适的沙发，他们偏偏要选个角落，离人独坐，有这种习惯的人，才能平庸，不足以挑大梁；四处为家，不喜欢跟别人来往太密；行为鬼祟，难以看出他们在动什么歪脑筋。

沉稳大方：这类人坐下来的时候，挺胸，肩平，一副四平八稳、泰然自若的模样，待人亲切，一视同仁；稳扎稳打，事业易成。

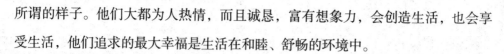

◇形不胜心，心不胜术。

◇用慧眼认清"小人"的丑恶嘴脸，识破"小人"的阴险招数，早日防患于未然。

◇君子小人细节有别。

第一章

荀子与我聊品质修养

　　"端然正己，不为物倾侧：夫是之谓诚君子。"荀子认为做人要有好的品格修养。君子应该不为名誉所利诱，不被诽谤所恐吓，以道义为准则，谨慎言行，不为外物所倾倒。

反省自己，修身养性

【聊天实录】

我：荀老先生，您对自我反省有何高见？

荀子：我曾在《荀子·修身》中提到：志意修则骄富贵矣，道义重则轻王公矣，内省则外物轻矣。见善，修然必以自存也；见不善，愀然必以自省也；善在身，介然必以自好也；不善在身也，菑然必以自恶也。

我：您这句话该如何解释呢？

荀子：这句话的意思就是：思想意志美好就会傲视富贵，道义深厚就会轻视王公贵族，重视内心的思想修养就会看轻身外之物。看见了好的品行，一定要认真地省察自己有没有这种好的品行；看见了不好的行为，一定要怀着忧惧的心情反躬自问；自己有了好的品行，一定要坚定不移地加以珍视；自己有了错误，一定要如同被玷污了一样感到厌恶。

我：您的意思是说：做人应时常自我反省。

荀子：是的，你说得很对，人不可能时时反省自己，却能做到"日参省乎己"。

【解读】　　　　宋昭公反省登王位

春秋时期，宋国一度内政不修，动乱不堪。当时的国君宋昭公落得众叛亲离，被迫出逃的下场。在路上，宋昭公进行了自我反省，他对车夫说："我知道这次被迫出逃的原因了。"

车夫问："是什么呢？"

昭公回答："以前，不论我穿什么衣裳，侍从都说我漂亮；不论我有什么言行，大臣都说我英明,这样,内外两方面我都发现不了自己的过失,最终就落得如此下场。"

从此,昭公改弦易辙,注重品德修养。不到两年,美名传回宋国,宋人又将他迎回国内,让他重登王位。他死后,谥为"昭","昭"就是明显,即懂得自我反省、知错能改的意思。

一个人如果不懂自我反省,就看不到自己的问题,更不会有自救的愿望。自我反省在任何人身上都会发生大作用,因为它带来的不只是智慧,更是积极进取的境界。

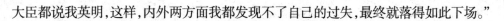

反省自己,修身养性

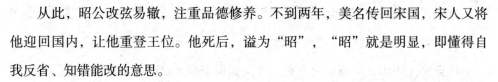

儒者的自我反省没有佛或主的神秘色彩,它既不是为死后进天堂,也不是为赎人类与生俱来的原罪而反省,而是为现世的自我完善而进行人格解剖,是一种现实的自我认识,具有鲜明的理性批判精神。

战国时的赵国大将廉颇,就是曾经犯过严重错误,之后又及时反省和改正的人。

赵惠文王十六年(公元前283年),赵惠文王得到一块名贵宝玉——"和氏璧"。这件事情让秦昭襄王知道后,他便给赵惠文王写封信,谎称秦国愿意用十五座城来换取赵国的那块宝玉。

赵惠文王看完信后,不知如何是好,正在他犹豫不决时,蔺相如自告奋勇地说:"大王,让我带着和氏璧去见秦王吧。如果秦王不肯用十五座城来交换,我一定把和氏璧完整地带回来。"

赵惠文王知道蔺相如是个又勇敢又机智的人,就同意他带着和氏璧去见秦王。蔺相如到秦国后,果然凭借自己过人的智慧识破秦王的阴谋,并略施小计,将和氏璧完整地送回赵国,这就是历史上著名的"完璧归赵"的故事。

赵惠文王二十年(公元前279年),秦昭襄王又耍花招,请赵惠文王到秦地渑池(今河南渑池县西)去会见。当秦昭襄王和赵惠文王在渑池相会时,秦昭襄王对赵惠文王说:"听说赵王弹得一手好瑟,请赵王弹个曲助兴如何?"说完立即吩

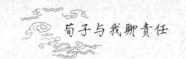

咐左右把瑟拿上来，赵惠文王不好推辞，只好勉强弹了一曲。

这时，秦国的史官便当场把这事记下来，并且念道："某年某月某日，秦王和赵王在渑池相会，秦王令赵王弹瑟。"

赵惠文王一听，气得脸色发紫，却又无可奈何。这时，蔺相如拿出一个缶，并逼迫秦昭襄王击缶，然后让赵国的史官也把这件事记下来，并说："某年某月某日，赵王和秦王在渑池相会，秦王给赵王击缶。"

这次的秦赵渑池相会，蔺相如又凭借自己的聪明才智为赵惠文王挽回尊严。

经过"完璧归赵"和"渑池相会"之后，蔺相如功绩显赫，声名大振。赵惠文王遂拜他为上相，位在群臣之首。

蔺相如得到这样的殊荣，终于使廉颇妒火中烧。因为廉颇是赵国的一员大将，早在赵武灵王时，他就南征北战，为赵国立有汗马之劳；赵惠文王即位后，他又东挡西杀，更是为赵国屡建新功。是赵国当之无愧的功臣。

蔺相如被赵惠文王拜为上相后，廉颇逢人便说："我有攻城野战之功，他蔺相如算什么？只不过是有口舌之劳。而且，他是宦者舍人，出身卑贱。他凭什么官位居我之上？待我见到他，非得羞辱他一番不可！"

廉颇的这些话传到蔺相如的耳朵里，蔺相如就装病不去上朝，以避开廉颇。

有一天，蔺相如带着随从坐车出门，正好瞧见廉颇的车马迎面而来，蔺相如便急忙退到小巷里去躲避，让廉颇的车马先过去，这时，蔺相如的下属纷纷埋怨他不应该这样胆小怕事。蔺相如听到下属的埋怨，非但没有责怪他们，反而微笑地问下属："你们觉得廉将军和秦王比，哪个更厉害？"

"当然是秦王厉害啦！"下属们异口同声地回答。

"是呀！天下的诸侯都怕秦王，但为了保卫赵国，我连秦王都不怕，怎么可能会怕廉将军呢？"蔺相如接着说，"现在，强大的秦国之所以不敢来侵犯赵国，就是因为有我和廉将军两人在，要是我们两人不和，秦国知道后，就会趁机来侵犯赵国了。因此，我宁愿容让廉将军呀。"

不久后，蔺相如的那些话又传到廉颇的耳朵里，廉颇顿时感到十分羞愧，并开始反省自己的所作所为。为了向蔺相如诚心诚意悔过，廉颇于是裸着上身，背着荆条，来到蔺相如的家里请罪，并对蔺相如说："我廉颇乃一介粗人，见识少，气量窄。这些天来，我一直冒犯您，而您却一再容忍我的罪过，实在让我无地自容！"

蔺相如连忙扶起廉颇，并对他说道："咱俩都是赵国的大臣，将军能体谅我，我已经万分感激了，您怎么还来给我赔礼呢？"

从此，蔺相如和廉颇成为莫逆之交。

蔺相如能够顾全大局，并对廉颇宽容大度，确实令人敬佩和赞叹，但廉颇的"见贤思齐"知错而改，也足见其觉悟之高。

传统文化强调自我在道德修养中的主体性作用和主导性力量，强调道德的养成、道德的践履、道德境界和道德人格的提升，主要不是靠"外烁"，而是靠"内化"，他律是辅助性的，自律才是决定性的，所以，传统道德修养的基本方法还是"见贤思齐，见不贤自省"。

人生智慧

◇内省则外物轻矣。

◇人不可能时时反省自己，却能做到"日参省乎己"。

◇反省的立足点和取向主要是针对自己，省悟自身的不足。

接受批评，决心改正

【聊天实录】

我：荀老先生，您对被人批评有何高见？

荀子：我曾在《荀子·修身》中提到：非我而当者，吾师也；是我而当者，吾友也；谄谀我者，吾贼也。故君子隆师而亲友，以致恶其贼。

好善无厌，受谏而能诫，虽欲无进，得乎哉？小人反是。致乱，而恶人之非己也；致不肖，而欲人之贤己也；心如虎狼，行如禽兽，而又恶人之贼己也。谄谀者亲，谏争者疏，修正为笑，至忠为贼，虽欲无灭亡，得乎哉？

我：您这句话该如何解释呢？

荀子：这句话的意思就是：批评我而又恰当的人，是我的老师；赞扬我而又正确的人，是我的朋友；阿谀奉承我的人，是我的敌人。所以，君子尊敬老师，亲近朋友，憎恨敌人。永远不满足地去追求美好的品行，而且又能警惕自己接受别人的规劝，这样的话，即使不想进步，可能吗？小人与此相反，他们昏乱胡为，却憎恨别人批评自己；他们行为恶劣，却想让别人称赞自己贤良；心像虎狼一样凶狠，行为像野兽一样残忍，却厌恶别人把自己视为祸害。亲近阿谀奉承自己的人，疏远直言规劝自己的人，把批评纠正自己错误的话当作是在讥笑自己，把规劝自己极其忠诚的话看作陷害自己，这样的话，即使不想灭亡，可能吗？

我：您的意思是说：做人应当勇于接受批评。

荀子：是的，你说得很对，人应该勇于接受批评，并且决心改正。

【解读】　　　　贝罗尼虚心接受批评

19 世纪，法国著名画家贝罗尼，有一次到瑞士去度假，但每天仍然带着画架到各地去写生。

有一天，他在日内瓦湖边用心画画，旁边来了三位英国女游客，看了他的画，便在一旁指手画脚地批评起来，一个说这儿不好，一个说那儿不对，贝罗尼都一一修改过来，分别时还跟她们说了声"谢谢"。

第二天，贝罗尼有事到另一个地方去，在车站看到昨天那三位英国女游客，正交头接耳不知在议论些什么。过一会儿，那三位女游客看到了他，便朝他走来，问他："先生，我们听说大画家贝罗尼在这儿度假，所以特地来拜访他，请问你知不知道他现在在什么地方？"贝罗尼朝她们微微弯腰，回答说："不敢当，我就是贝罗尼。"

三位女游客十分惊讶，想起昨天的不礼貌，一个个脸红得像苹果。

才识、学问愈高的人，往往在态度上反而愈谦卑，希望自己能精益求精，更上一层楼，正因为此，他们往往具有容人的风度和接受批评的雅量。

接受批评，决心改正

人往往就是这样：得到称赞，心里就感觉舒服；受到批评，要么生气，要么毫无耐性。

荀子曰："非我而当者，吾师也。"批评我而又恰当的人，是我的老师。

对于别人正确而又恰当的批评，我们应勇于接受。接受批评，证明自己已经认识到了错误，并且决心改正。

在荀子看来，被人批评并不是坏事，批评使我们认识到了错误，避免重蹈覆辙，批评使我们变得聪明。

概括而言，面对批评，我们应注意以下几点：

(1) 理解别人

生活中，我们会遇到喜欢我们的人，也会遇到不喜欢我们的人。同样，我们会和自己喜欢的人在一起，也会与不喜欢的人相处。我们无法要求我们的眼睛看到的都是美丽，也无法要求所有人都喜欢自己。明白了这点，也就理解了别人批评和反对的正常性，面对批评自然平静。

(2) 接受批评

没有一个人完美得几乎没有一点错误，如果别人的批评正确而合理，我们就

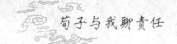
应心悦诚服地接受。认真对待别人的意见，吸取精华，改进自我。

(3) 表现宽容

往往涉及个人利益，有人会偏激地反对和否定我们。如果遇到这种情况，不是客观公正地看待我们，那么就用理解和宽容去接受，并为他们的无知而一笑了之。当然，面对不合理不公正的批评，我们也可以向对方提出来，但要在正确的时间以正确的方法适当地向对象提出，否则，会使人误解我们不虚心、受不得半点批评。

荀子曰："好善无厌，受谏而能诫，虽欲无进，得乎哉？"永远不满足地去追求美好的品行，而且又能警惕自己接受别人的规劝，这样的话，即使不想进步，可能吗？

人 生 智 慧

◇非我而当者，吾师也。

◇批评使我们变得聪明。

◇认真对待别人的意见，吸取精华，改进自我。

淡泊处事，知足常乐

【聊天实录】

我：荀老先生，您对身外之物有何高见？

荀子：我曾在《荀子·修身》中提到：志意修则骄宝贵矣，道义重则轻王公矣，内省则外物轻矣。传曰："君子役物，小人役于物。"此之谓矣。

我：您这句话该如何解释呢？

荀子：这句话的意思就是：思想意志美好就会傲视宝贵，道义深厚就会轻视王公贵族，重视内心的思想修养就会看轻身外之物。古语说："君子支配身外之物，小人被身外之物支配。"说的就是这种情况。

我：您的意思是说：追求拥有，而没有一个终点，就容易被外物所奴役。

荀子：是的，你说得很对，借用古语中的一句话说："君子役物，小人役于物。"

【解读】智伯不劳而获致使灭亡

春秋时，晋国有一个当权的贵族叫智伯。他名叫智伯，其实一点也不聪明，相反，却是个蛮横、贪婪的人。他自己有很大一块封地，却不知足，有一次，他平白无故地向魏宣子索要土地。

智伯

魏宣子也是晋国的一个贵族，他很讨厌智伯的这种行为，不肯给他土地。魏宣子有一个门客叫任章，很有心计，任章对魏宣子说："您不如给智伯土地。"

魏宣子不理解，问："我凭什么白白地送给他土地呢？"

任章回答说："智伯无理求地，一定会引起其他人的恐惧，贵族们都会讨厌他。他如此利欲熏心，一定会不知满足，到处伸手，这样便会引起整个天下的忧虑。您给了他土地，他就会更加骄横起来，以为别人都怕他，他也就更加轻视他的对手，而更肆无忌惮地骚扰别人。那么其他人就会因为害怕他、讨厌他而联合起来对付他，那他便不能这样长久下去了。"

任章说到这里，顿了一下，见魏宣子点头称是，便又接着说："《周书》上说，'将要打败他，一定要暂且给他一点帮助；将要夺取他，一定要暂且给他一点甜头'，说的就是这个道理。所以，您还不如给他一点土地，让他更骄横起来。何况，您现在不给他土地，他就会把您当作他的靶子，向您发动进攻。您还不如让天下

人都与他为敌，他便成了众矢之的。"

魏宣子非常高兴，立刻改变了主意，割让了一块土地给智伯。

智伯尝到了不劳而获的甜头，接着，便伸手向另一个贵族索要土地。贵族不答应，他便派兵攻打他，包围了贵族所在的城池。这时，魏宣子与其他贵族联合起来，趁机从外面攻打智伯，里应外合，内外夹击，智伯便灭亡了。

人一旦贪心过重，就什么事情也办不好，受贪欲的影响，总是奢望自己能够多占多得、不劳而获，稍不如意，便气恨不已，只看到眼前的利益，有损人格不说，同时也会失去长远的利益。

淡泊处事，知足常乐

荀子说："贪财好利并且希望得到财利，这是人的本性。"又说："资财缺乏的向往丰厚，丑陋的向往美丽，狭小的向往宽大，贫穷的向往富足，低贱的向往高贵，如果本身不具备，必然要追求拥有。"

追求拥有，而没有一个终点，就容易被外物所奴役。

所以，荀子借用古语中的一句话说："君子役物，小人役于物。"之所以如此，终因一个"贪"字在作怪。贪无止境，会给自己带来灾祸；反之，不贪婪，就不会有危害。

荀子告诫我们，人的欲望是无尽的，过分的欲望便是贪婪。人一旦贪心过重，就会心术不正，就会被贪欲所围，离开事物本来之理去行事，就会将事情做坏做绝，大祸也就随之而来，所以，我们必须摒弃贪婪之心。

(1) 树立正确的价值观

一个人首先要培养正确的价值观，一个有正确价值观的人，必然是一个有着自我约束力的人，同时也就知道自己需要什么，不需要什么。其次，要培养正确的判断力。一个有正确判断力的人，懂得什么是美，什么是丑；什么是善，什么是恶。相应地，也就懂得努力去追求美与善，而尽可能抛弃丑与恶，这样自然就避免了贪婪。

(2) 选择淡泊

人都有欲望，贫穷的人想变得富有，低贱的人想变得高贵，默默无闻的人想变得举世闻名，没有受过赞誉的人想得到荣誉，这本无可厚非，但问题在于不管追求什么总要适可而止。世界上，美好的东西实在太多，我们总是希望得到尽可能多的东西，其实欲望太多，反而会成为累赘，还有什么比拥有淡泊的心胸，更能让人充实满足的呢？选择淡泊，便能摒弃贪婪。

(3) 知足常乐

知足，并不是指对美好的生活失去信心和追求，而是维持心理的平衡，保持心情的宁静，在物质享受上不至于过分奢侈，量体裁衣，一切量力而行。知足，能使人将有限的精力投入到事业中去；知足，才能常乐。

荀子曰："志意修则骄宝贵矣，道义重则轻王公矣，内省则外物轻矣。"思想意志美好就会傲视宝贵，道义深厚就会轻视王公贵族，重视内心的道德修养就会看轻身外之物。

荀子提醒我们，摒弃贪婪，不为外物所支配，以自律来实现自我节制，注重内心的道德修养，杜绝并摒弃贪得无厌的欲望，从而维持自己的高洁人品，增长智慧，像这样的人，就是君子了。

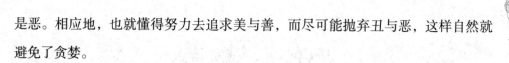

人生智慧

◇君子役物，小人役于物。

◇追求拥有，而没有一个终点，就容易被外物所奴役。

◇摒弃贪婪，不为外物所支配。

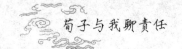

开启心录，诚实待人

【聊天实录】

我：荀老先生，您对诚实待人有何高见？

荀子：我曾在《荀子·不苟》中提到：善之为道者：不诚，则不独；不独，则不形；不形，则虽作于心，见于色，出于言，民犹若来从也，虽从必疑。

我：您这句话该如何解释呢？

荀子：这句话的意思就是：善于感化改变人的君子是这样的：不诚实，就不能慎独；不能慎独，行动上就表现不出来；行动上表现不出来，那么即使发自内心，表现在脸色上、吐露在言调中，人们仍然不会顺从他，即使顺从了他也必定心存疑虑。

我：您的意思是说：诚实是人最重要的品行之一，是为人的根本。

荀子：是的，你说得很对，"君子养心莫善于诚。"

【解读】 ❧ 以诚相待，成就自己 ❧

雅利安公司是美国环球广告代理公司在中国的办事处，因为业务需要，正准备招聘4名中国高级职员，担任业务部、发展部主任助理，待遇自不必言。竞争是激烈的，凭着良好的资历和优秀的考试成绩，童先生荣幸地成为10名复试者中的一员。

雅利安公司的人事部主任戴维先生告诉童先生复试主要是由贝克先生主持。贝克先生是全球闻名的大企业家，从一个报童到美国最大的广告代理公司董事长、总经理，他的经历充满了传奇色彩。并且，他年龄并不很大，据说只有40岁上下。

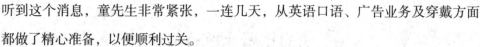

听到这个消息，童先生非常紧张，一连几天，从英语口语、广告业务及穿戴方面都做了精心准备，以便顺利过关。

考试是单独面试。童先生一走进小会客厅，坐在正中沙发上的一个老外便站起来，童先生认出来：正是贝克先生。

"是你？！你是……"贝克先生用流利的中文说出了童先生的名字，并且快步走到童先生面前，紧紧握住了童先生的双手。

"原来是你！我找你找了很长时间。"贝克先生一脸的惊喜，激动地转过身对在座的另几位老外嚷道，"先生们，向你们介绍一下，这位就是救我女儿的那位年轻人。"

童先生的心狂跳起来，还没容童先生说话，贝克先生把他一把拉到他旁边的沙发上坐下，说道："我划船技术太差了，让女儿掉进昆明湖中，要不是这位年轻人就会很麻烦，真抱歉，当时我只顾照看女儿，也没来得及向你道谢。"

童先生竭力抑制住心跳，抿抿发干的双唇，说道："很抱歉，贝克先生，我以前从未见过您，更没救过您女儿。"

贝克先生又一把拉住童先生，"你忘记了4月2日，昆明湖公园……肯定是你！我记得你脸上有块痣。年轻人，你骗不了我的。"贝克先生一脸的得意。

童先生站起来："贝克先生，我想您肯定弄错了，我没有救过您女儿。"

他说得很坚决，贝克先生一时愣住了，忽然，又笑了，"年轻人，我很欣赏你的诚实。你不用再参加面试，明天来上班吧。"

童先生幸运地成了雅利安公司职员，有一次，他和戴维先生闲聊，童先生问戴维："救贝克先生女儿的那位年轻人找到了吗？"

"贝克先生的女儿？"戴维先生一时没反应过来，接着他大笑起来，"有7个人因为'他女儿'被淘汰了，其实，贝克先生根本没有女儿。"

由此可见，诚实不仅仅是一种美德，更是走向成功的一种资本。

开启心灵，诚实待人

在我国历史上，诚实善良的人比比皆是，汉代洛阳有名的贤惠女子乐羊子之妻便是其中之一。

一天，乐羊子的妻子到地里去干活了，只有乐羊子的妹妹在家。她看见邻居家的一只母鸡跑到自己家的菜地里，于是就想：嫂子待我像亲妹妹一样，并且为了哥哥的学业整日操劳，一年到头也吃不上几次肉，不如杀了这鸡炖给嫂子吃，给嫂子补补身子。于是，她就把那只母鸡抓住杀了。

傍晚，乐羊子的妻子从田里干活回来，看到碗里的鸡肉，就问："妹子，咱们家的鸡一只也不少，这是哪来的鸡肉啊？"

乐羊子的妹妹不敢欺骗嫂子，就如实回答了。

嫂子听了之后说："我们虽然穷，但是无论如何也不能拿别人家的东西。想一想，这也是人家辛辛苦苦养来生蛋的鸡，我们怎么能白吃呢？"说着就到自己家的鸡栅栏里抓了一只最大的母鸡，送到邻居家，并且向邻居道歉。

乐羊子的妹妹被嫂子诚实守节、不贪图小便宜的品德感动了，不但向嫂子承认了错误，还在心里暗暗发誓，以后一定要向嫂子学习，做一个诚实正直的人。

还有一次，乐羊子在路上捡到一块金子，就高高兴兴地拿回家把它交给了妻子，妻子问："这金子是哪里来的？"

乐羊子说："是在路上捡的。"

妻子说："这是别人的东西，我们不能要。"

乐羊子辩解道："反正也找不到主人了，留下也没关系。"

妻子严肃地说："别人的就是别人的，即使是人家不小心丢掉，被你捡来了也不能就把它当作自己的东西。我听说，有志气的人连泉叫'盗泉'的水都不喝，诚实廉洁的人对于捡来的东西也不会要。如果你为了贪图小利，把这块金子留下了，就是不诚实的表现。你得到了这块金子，却丢失了诚实守节、廉洁自律的高尚品行。"

乐羊子听了觉得非常惭愧，就把金子扔到野地里去了。

诚实的人总是以真实的一面出现在世人面前，不管面对什么人，也不管什么时候，所以诚实的人总能赢得普遍的信任。反之，不诚实有可能欺骗一时，但长期下去，狐狸尾巴肯定会露出来，从此失去人们的信赖，实在是得不偿失。

人 生 智 慧

◇君子养心莫善于诚。

◇诚实是人最重要的品行之一，是为人的根本。

◇诚实不仅仅是一种美德，更是走向成功的一种资本。

温柔敦厚，谨慎而容

【聊天实录】

我：荀老先生，您对温柔敦厚的品德有何高见？

荀子：我曾在《荀子·不苟》中提到：君子行不贵苟难，说不贵苟察，名不贵苟传，唯其当之为贵。

我：您这句话该如何解释呢？

荀子：这句话的意思就是：君子的行为不以不符合礼仪的难事为贵，学说不以不符合礼仪的言论为贵，名声不以不符合礼仪的流传为贵，而只以他的行为、学说、名声合乎礼仪为贵。

我：您的意思是说：淳朴厚道是一个人宝贵的德行。

荀子：是的，你说得很对，古人曰："敦厚之人，始可托大事。"

【解读】 ❧ 淳朴厚道，获得信任 ❧

1835 年，摩根先生成为一家名叫"伊特纳火灾"的小保险公司的股东，因为这家公司不用马上拿出现金，只需在股东名册上签上名字就可成为股东，这正符合当时摩根先生没有现金却想获得收益的情况。

很快，有一家在伊特纳火灾保险公司投保的客户发生了火灾，按照规定，如果完全付清赔偿金，保险公司就会破产。股东们一个个惊慌失措，纷纷要求退股。

摩根先生斟酌再三，认为自己的信誉比金钱更重要，他四处筹款并卖掉了自己的住房，低价收购了所有要求退股的股份，然后他将赔偿金如数付给了投保的客户。

一时间，伊特纳火灾保险公司声名鹊起。

已经身无分文的摩根先生成为保险公司的所有者，但保险公司已经濒临破产，无奈之中他打出广告，凡是再到伊特纳火灾保险公司投保的客户，保险金一律加倍收取。

不料客户很快蜂拥而至，原来在很多人的心目中，伊特纳火灾保险公司是最讲信誉的保险公司，这一点使它比许多有名的大保险公司更受欢迎，伊特纳火灾保险公司从此崛起。

许多年后，摩根成了美国华尔街的金融大亨。

成就摩根家族的并不仅仅是一场火灾，而是比金钱更宝贵的信誉。信誉是淳朴厚道之人自然的表现之一，淳朴厚道是一个人宝贵的德行。淳朴厚道的人会容易得到别人的信任，淳朴厚道的人少有灾难，即使遇到了不可抗拒的灾害，他也会因为自己的淳朴厚道而遇难呈祥。

❧ 温柔敦厚，谨慎而容 ❧

早在《诗经》、《尚书》、《论语》等先秦典籍中，就有关于君子温柔敦厚品德的论述。

荀子继承了这一思想，认为温柔敦厚是君子人格的主要特征。荀子在说明天子的品格和作为时，就曾引用《诗经·大雅·抑》中的话："《诗》曰：温温恭人，维德之基。……"认为温柔敦厚，是道德的根本和基础。

在荀子看来，作为道德和理想人格的一个重要标准，君子应该将温柔敦厚作为自己的内在品质。

那么，温柔敦厚的品德又是怎样的呢？

荀子在《不苟》中说："君子宽而不侵，廉而不刿，辩而不争，察而不激，直立而不胜，坚强而不暴，柔从而不流，恭敬谨慎而容。"

意思是说，君子宽和却不怠慢，有棱角却不刺伤人，善于论辩却不强辞夺理，明察却不偏激，正直却不盛气凌人，坚强却不残暴，温顺却不随波逐流，恭敬谨慎却大度。

荀子在《不苟》中又说："君子大心则敬天而道，小心则畏义而节；知则明通而类，愚则端悫而法；见由则恭而止，见闭则敬而齐；喜则和而理，忧则静而违；通则文而明，穷则约而详。"

也就是说，君子志向远大时就要顺应天地的自然规律，志向小的时候就要谨慎地遵守礼义的约束；聪明而且处事精明触类旁通，愚笨就能端正忠厚而且守法；受到重用就能做到谨慎地进退，不被重用就会遵守礼义而且自爱；高兴时能和顺而且守礼义，忧愁时能默默地回避；显达时谈吐高雅而且精明，穷困时能语言简约而详尽。

荀子认为，在顺境时，君子能恭恭敬敬而不轻举妄动；在逆境中，君子能警惕庄重，恬静守理。

荀子还指出，君子应该爱憎分明，即"隆师而亲友，以致恶其贼"，应该光明磊落，铮铮铁骨，即"君子崇人之德，扬人之美，非谄谀也；正义直指，举人之过，非毁疵也……刚强猛毅，靡所不信，非骄暴也"。

此外，荀子认为，君子能够"与时屈伸，柔以若蒲苇"，能够兼收并蓄，"君子贤而能容罢，知而能容愚，博而能容浅，粹而能容杂"。

总之，做人必须培养自己温和敦厚的品德，具备了这一品德，才能在顺境、逆境之中没有忧愁，才能凡事顺利没有阻碍，才能一生幸福没有灾祸。

人 生 智 慧

◇敦厚之人，始可托大事。

◇淳朴厚道是一个人宝贵的德行。

◇做人必须培养自己温和敦厚的品德。

心如止水，流言灭之

【聊天实录】

我：荀老先生，您对流言蜚语有何高见？

荀子：我曾在《荀子·大略》中提到：语曰："流丸止于瓯臾，流言止于智者。"此家言邪学之所以恶儒者也。是非疑，则度之以远事，验之以近物，参之以平心，流言止焉，恶语死焉。

我：您这句话该如何解释呢？

荀子：这句话的意思就是：俗话说："流动的弹丸在瓦器中就会停止，流言蜚语在明白的人那里就会平息。"这就是各派学说、各种异端邪说憎恨儒者的原因。对是非有疑问，就用过去的事情来衡量它，就用眼前的事情来检验它，就用公正的心来考察它，流言蜚语就会平息，恶毒的攻击就会消失。

我：您的意思是说：人们之所以轻信流言，是因为不了解实际情况，从而为流言所蒙蔽。

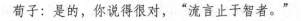

荀子：是的，你说得很对，"流言止于智者。"

 【解读】　　　　　　淡然处之，谣言自破

有一年，孔子和他的弟子在陈国和蔡国交界的地方断粮七天，子贡费了许多周折才买回了一石米。

子贡让颜回与子路在破屋的墙下做饭，自己去井边打水。子贡在井边打水时，无意间看见颜回从做饭的锅里抓了一些米放在了嘴里，子贡非常生气，便跑去问孔子："仁人廉士也改变自己的节操吗？"

孔子说："改变节操还叫仁人廉士吗？"

子贡说："像颜回，能做到不改变节操吗？"

孔子说："是的。"

于是，子贡便把自己看到的事情告诉了孔子。

孔子说："我相信颜回是个仁人，你虽如此说，我仍不会怀疑他，这里面必定有缘故。你等等，我问问他。"

孔子把颜回叫到身边说："日前我梦见先人，大概是启发佑助我，你把做好的饭端进来，我想祭奠他。"

颜回对孔子说："刚才有灰尘掉进饭里，留在锅里不干净，丢掉又可惜，我就把它吃了，不可以用来祭奠了。"

孔子说："是这样啊！那我们一起吃吧！"

颜回出去以后，孔子环顾了一下身边的弟子说："我相信颜回不是从今天开始的。"

过了一会儿，孔子似有所悟，又对他的弟子们说："应当信赖的是眼睛，但是眼睛有的时候仍然不足以信赖，应当凭借的是心，可是心有的时候仍然不足以凭借，弟子们记住吧，了解一个人不是一件简单的事情啊！"

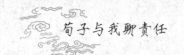

孔子的话值得我们深思，亲眼看见的都不一定是真的，更何况那些道听途说的事情呢？不假思索地胡乱猜疑是流言的根源。

心如止水，流言灭之。

梵音禅师一向受到邻居的称颂，说他是位生活纯洁的圣者。

有一对夫妇，在寺院附近开了一家布店，家里又个漂亮的女儿，不经意间，两夫妇发现女儿的肚子无缘无故地大了起来。

这事使她的父母颇为震怒，免不得要追问来由。她起初不肯招认那人是谁，但经过一再苦逼之后，她终于说出了"梵音"二字。

她的父母怒不可遏地去找梵音理论，但这位大师只有一句答话："就是这样吗？"

孩子生下来就被送给了梵音，此时，大师名誉扫地，但他并不介意，他向邻居乞求婴儿所需的奶水和其他一切用品，非常细心地照顾孩子。

时隔一年之后，这位没有结婚的妈妈再也忍不下去了，她终于向她的父母吐露了真情：孩子的亲生之父是在鱼市工作的一名青年。

她的父母立即将她带到梵音那里，向他道歉，请他原谅，并将孩子带回。

梵音无话可说，他只在交回孩子的时候轻声说道："就是这样吗？"

与禅师心如止水的超然风度相比，那些时刻不忘保护自己，稍有伤害便暴躁如雷的世人应该警醒。谣言止于智者，对于别人的空穴来风，诽谤责难，如果忍不住去辩解，有时可能会越描越黑。

人 生 智 慧

◇流言止于智者。

◇不假思索地胡乱猜疑是流言的根源。

◇做人必须培养自己温和敦厚的品德。

第一章

荀子与我聊社会担当

"君者，何也？曰：能群也。能群也者，何也？曰：善生养人者也，善班治人者也，善显设人者也，善藩饰人者也。"荀子说：君主是什么呢？答案就是能够建构社会的人。怎么样就算是能够建构社会呢？答案是善于养活抚育人，善于分辨认识人，善于任用安置人，善于用不同的文饰来区分人。

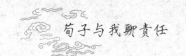
凝聚团结，兼并天下

【聊天实录】

我：荀老先生，您对人与动物的区别有何高见？

荀子：我曾在《荀子·王制》中提到：人，力不若牛，走不若马，而牛马为用，何也？曰：人能群，彼不能群也。人何以能群？曰：分。分何以能行？曰：义。故义以分则和，和则一，一则多力，多力则强，强则胜物，故宫室可得而居也。故序四时，裁万物，兼利天下，无它故焉，得之分义也。

我：您这句话该如何解释呢？

荀子：这句话的意思就是：人的力气不如牛，奔跑不如马，但牛、马却被人役使，为什么呢？就是因为：人能结合成社会群体，而它们不能结合成社会群体。人为什么能结合成社会群体？就是因为有等级名分。等级名分为什么能实行？就是因为有礼义。所以，根据礼义确定了名分，人们就能和睦协调；和睦协调，就能团结一致；团结一致，力量就大；力量大了，就强盛；强盛了，就能战胜外物，人才有可能在房屋中安居。所以，人才能依次排列四季，管理好万事万物，使天下都得到利益，这并没有其他的缘故，而是从名分和礼义中得来的。

我：您的意思是说：人与动物的区别就一点，就是人能结成团体，或结成社会。

荀子：是的，你说得很对，孟子曾说："人异于禽兽者几希。"

【解读】 结成团队，兼利天下

人与动物的区别是什么？无论是在中国的先秦时代，还是西方的古希腊时代，这都是一个困扰当时思想家们的问题。孟子曾说："人异于禽兽者几希。"也就是说，人与动物的区别就那么一点，但这一点也足够让思想家们琢磨的了。特别是在荀子人性论中，将人的自然属性作为人性的本质，那么几乎表明了人与动物在本质上没什么差别。但是，儒家毕竟还是与道家不同，他们是以人世的态度来面对这个世界的，因此绝不会将人与动物等同。荀子将这一点不同归于了人的一种外在行为模式——能群，也就是说，能结成团体，或结成社会。当然，这一"群"并不是一个简单的人的聚合体，荀子提出要用"分"来进行定位，要用"义"来进行规范。而如果从人与动物的区别这一个角度来说的话，那就是"能用"，即人类所结合而成的这一团体对于其他的物种有着明显的优越性和超越性。也就是荀子说的，能够"序四时，裁万物，兼利天下"。

人凭借群来"用物"可以说是荀子划分人与动物，乃至与外在于人的整个自然界的界限的一个重要标准。从价值论的角度而言，正是由于人对于其他物种的"用"，才使得我们在价值领域区分出了内在价值与外在价值一说。简言之，就是人所具有的最主要的价值在于其内在价值，人以自身为最终目的，而人以外的物种和环境的价值则是建立在人的内在价值的基础上的，更多地表现为一种工具性价值。当然，如果从当今的观点上来看，我们也不能说外在于人的物种和自然全然没有内在价值，但是，如果放在当时荀子所处的历史环境来看，这一思想无疑是具有进步意义的。因为，从当时流行的大多数观点来看，更多的人认为人对于外在的物种和环境是无能为力的，荀子批判的"相术"、"老庄之说"等都是持这一态度。那么当时在关于人的问题上，最重要的就是重拾人类的信心，即支撑起一种"人定胜天"的理论，这也是荀子在提出"天人相分"之后所必须解决的一个问题。而且，荀子还在人性论中否定了人性中存在内在的超越性，那么要获得超越性就不能指望个体的努力。于是，荀子选择了团体的力量，即当人们结合成一个团体，并用一种合理有序的秩序来组织这一团体的话，人依旧无愧于"万物之灵"这一称号。

人兽之别，贵在能群

"群"对于外物来讲，其优越性究竟体现在哪儿呢？首先就在于其中能够用"义"来限制自然属性中的种种弊端，就像荀子说的通过"义"来使群体协调，从而产生能够强于外物的力量。其次，则是具有明确的目标，这一目标在荀子对于君主的定位中有所体现：

君者，何也？曰：能群也。能群也者，何也？曰：善生养人者也，善班治人者也，善显设人者也，善藩饰人者也。善生养人者，人亲之；善班治人者，人安之；善显设人者，人乐之；善藩饰人者，人荣之。四统者具而天下归之，夫是之谓能群。

荀子说：君主是什么呢？答案就是能够建构社会的人。怎么样才算是能够建构社会呢？答案是善于养活抚育人，善于分辨认识人，善于任用安置人，善于用不同的文饰来区分人。善于养活抚育人的，人们就亲近他；善于分辨认识人的，人们就安心顺从他；善于任用安置人的，人们就喜欢他；善于用各种文饰来区分人的，人们就赞美他。这四个要领具备了，天下的人就会归顺他，这就叫作能把人组织成社会群体的君主。

这里明确了社会对于人类的价值，它包括：为人类提供基本的生存条件，使人类能够生活和繁衍；能够形成有效的秩序，使人们能够有安全感；能够让人们具有恰当的社会角色，能够让人们具有审美和辨别尊卑的能力。荀子似乎在冥冥中触碰到了人类需求的层次，即生存和繁衍、安全感、自我价值的实现，乃至审美和尊严。先放下荀子的这种颇具现代性的意识不说，这至少可以说荀子的"群"已然不是一个类似于动物群体的人的集合，而是一种有着特定目标和价值追求的社会。从更深层的意义上来说，就是人类社会最终应该给予每一个人属于其自身的独特意义，而不是将个体完全湮没于群体中。

这样就又回到了荀子的基本精神旨趣，即理性主义。其实，荀子通过"群"这样一个概念来区分人与动物，其最根本的根据就在于承认人的理性力量。这种理性力量，造就了人特有的组织性和秩序性，组织性与秩序性则使得人类群体所产生的力量大于每个个体的力量之和。也正是这种力量，使得人类能够役使外物。更重要的是，由于人所具有的社会性，也使得个体身上具有了社会性的力量，就像马克思说的那样"人是社会关系的总和"。那么就个体的人而言，也就获得了超越于外物的最终价值地位。

◇人是社会关系的总和。

◇四统者具而天下归之，夫是之谓能群。

◇人异于禽兽者几希。

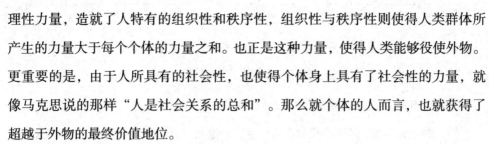

群而不乱，天下之本

【聊天实录】

我：荀老先生，您对人类的群居性有何高见？

荀子：我曾在《荀子·王制》中提到：人生不能无群，群而无分则争，争则乱，乱则离，离则弱，弱则不能胜物，故宫室不可得而居也——不可少顷舍礼义之谓也。

我：您这句话该如何解释呢？

荀子：这句话的意思就是：人生活着不能没有社会群体，但结合成了社会群体而没有等级名分的限制就会发生争夺，一发生争夺就会产生混乱，一产生混乱就会产生人与人之间的背离，背离则会使力量削弱，力量弱了就不能胜过外物，所以也就不能在房屋中安居了——这是说人不能片刻舍弃礼义。

> 我：您的意思是说：人生活着，不能没有社会群体，但结合成了社会群体而没有等级名分的限制就会发生争夺，一发生争夺就会产生动乱，一产生动乱人们的生活就会陷入困境。所以没有等级名分，是人类的大灾难；有等级名分，是天下的根本利益。
>
> 荀子：是的，你说得很对，人之生，不能无群，群而无分则争，争则乱，乱则穷矣。故无分者，人之大害也：有分者，天下之本利也。

【解读】　　　　　明分使群

从《荀子》的文本上来看，大多数时候，"群"与"分"这两个概念往往是联系在一起出现的，以上就是两个比较典型的例子。它们几乎说的都是一个意思，就是"分"是保证"群"不出现混乱的基本手段，因为"群而无分"的话就会出现争夺。用现在的话讲，就是如果一个社会没有基本的约束手段的话，那么人们彼此之间就会因为欲望、利益而相互争夺，这种争夺的后果是十分可怕的。

如何理解这种"分"的价值呢？先秦法家人物商鞅有一个例子很是说明问题。他说有一天在一个集贸市场上不知从哪儿蹿出来一只野兔，到处乱跑，于是很多人都跑着去捕捉争夺这只野兔。其实，市场上有很多卖野兔的小贩，每个人面前都有很多兔子。可是他们面前的兔子，就是强盗也不敢公然去抢夺。这是为什么呢？因为小贩面前的兔子都是有"分"的，属于谁，名分是确定的，所以不能抢夺，只能通过买卖来改变其名分。而只有那只乱跑的兔子没有名分，归属未定，所以大家都去抢夺。

通过这一例子，我们可以清晰地看到，荀子的"分"包含了两个层面的意义：其一是名分，其二则是根据这种名分进行的利益与权力的分配。众所周知，社会秩序建构的基础就是利益分配规则与权力结构的相对稳定，特别是在人们的欲望凸显的时候，如果利益与权力存在一些模糊的领域，那么难免就会导致人们对此的争夺。春秋战国时期就是这样一个典型的历史时期，当周礼衰微的时候，其规定的各种等级秩序与社会规范普遍实效，那么在权力和利益方面就形成了诸多真空，这也就使得人们纷纷采取手段从中获取自身更大的利益与权力。当时因为权力而导致的杀父弑君、陪臣执国命的现象很多，有些事件甚至直接导致一个诸侯国的衰落。例如，赵武灵王被篡权，而饿死沙丘宫，直接导致赵国国力大衰。不得不说，这些现实的教训使得荀子格外重视社会中的名分，并将这种名分作为稳定社会的一个基础。在《荀子·富国》中，可以看到荀子对于社会中名分的梳理。

无君以制臣，无上以制下。天下害生纵欲。欲恶同物，欲多而物寡，寡则必争矣。故百技所成，所以养一人也。而能不能兼技，人不能兼官，离居不相待则穷，群而无分则争。穷者，患也；争者，祸也。救患除祸，则莫若明分使群矣。强胁弱也，知惧愚也，民下违上，少陵长，不以德为政，如是，则老弱有失养之忧，而壮者有纷争之祸矣。事业所恶也，功利所好也，职业无分，如是，则人有树事之患，而有争功之祸矣。男女之合、夫妇之分、婚姻、聘内、送逆无礼，如是，则人有失合之忧，而有争色之祸矣。故知者为之分也……古者先王分割而等异之也，故使或美或恶，或厚或薄，或逸乐或劬劳，非特以为淫泰、夸丽之声，将以明仁之文。通仁之顺也。故为之雕琢、刻镂、黼黻、文章，使足以辨贵贱而已，不求其观；为之钟鼓、管磬、琴瑟、竽笙，使足以辨吉凶、合欢定和而已，不求其余；为之宫室台榭，使足以避燥湿、养德、辨轻重而已，不求其外……兼足天下之道在明分。掩地表亩，刺草殖谷，多粪肥田，是农夫众庶之事也。守时力民，进事长功，和齐百姓，使人不偷，是将率之事也。高者不旱，下者不水，寒暑和节，而五谷以时孰，是天下之事也。若夫兼而覆之，兼而爱欲而产生很多祸患。

人们的欲望很多但物质资源是有限的，有限的资源势必引起争夺。所以各种各样技能的成果，养活一个人都会用到。但一个人的能力是不可能什么技能都掌握的，一个人不可能什么事情都自己做。所以如果完全离开群体不靠别人就会走向困顿，而在群体中没有名分和秩序又会产生争夺。困顿是灾患，争夺则是灾祸，要消除灾患和灾祸，最好的办法就是用辨名分的办法来组织管理人群。人性总是强者会压迫弱者，智者会恐吓愚者，在下的民众一有机会就会对抗贵族，年少的人会欺负年老的人，不以道德为依据而进行政治实践，于是，老弱病残的就有得不到基本保障的忧惧，而年轻力壮的则会有相互争夺的灾祸。人们都不想做事，但却想得到功绩和利益。因此，如果不对职责和事情进行分工，人们就会偷懒而不做事，又会为了争夺功利而惹出灾祸。男女之间的结合，夫妻之间需要名分，男婚女嫁如果没有送迎的礼仪程序，那么就必然有人为找不到配偶而伤透脑筋，更有甚者则会为了争夺女色而惹出大的祸端。因此智者就要制定名分来在人群中进行规范……古代的先王进行名分的划分，并且区分出等级差别，让他们有的华丽，有的粗陋；有的优厚，有的菲薄；有的安逸享乐，有的辛勤劳苦。这些不是为了荒淫奢侈、夸耀华丽的声威，而是为了彰显仁德的礼仪制度，条理仁德的秩序。因此，给人们在各种器具上雕刻图案、在礼服上绘画各种彩色花纹，使它们能够用来分辨高贵与卑贱就罢了，并不追求美观；给人们设置了钟、鼓、管、磬、琴、瑟、竽、笙等乐器，使它们能够用来区别吉事凶事，用来一起欢庆而造成和谐的气氛就罢了，并不追求其他；给人们建造了宫、室、台、榭，使它们能够用来避免日晒雨淋、修养德性、分辨尊卑就罢了，并无另外的追求……使天下普遍富足的办法就在于确定社会角色和分工：翻耕土地，标明田亩，除草种谷，施粪肥田，这是农夫和庶民要做的事情；掌握农时充分利用民力，促进社会的发展，提高生产效率，团结协调百姓生活，使人不偷工减料，这是地方长官的事情。使高地不干旱，使低地不产生水涝，寒来暑往皆有规律，庄稼按时成熟，这是自然界的事情。至于普遍地庇护老百姓，爱抚老百姓，全面地管理老百姓，即使遇到饥荒歉收旱涝年岁，也使老百姓没有受冻挨饿的祸患，这便是圣明的君主、贤能的卿相的事情。

群而不乱，本在有分

从上面我们看到关于"分"的逻辑脉络。首先，"分"的起点在于防止欲望

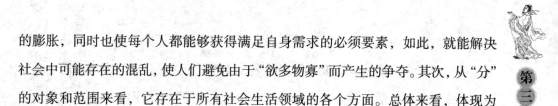

的膨胀，同时也使每个人都能够获得满足自身需求的必须要素，如此，就能解决社会中可能存在的混乱，使人们避免由于"欲多物寡"而产生的争夺。其次，从"分"的对象和范围来看，它存在于所有社会生活领域的各个方面。总体来看，体现为上下贵贱的等级之分，男女长幼的人伦之分，以及士农工商的职业之分。最后，不同的"分"体现为不同的表达方式，等级之分以色彩、文饰等来表达，人伦之分以风俗礼仪来表达，职业之分则以工作职能来表达。

荀子认为，就像自然界有天有地一样，人类社会必然会有君臣上下、尊卑贵贱的等级差别，否则，完全绝对的平等，不分上下，那么这样的社会不仅没有效力，而且会在内部的责任推诿和利益争夺中走向崩溃。

这一点其实在今天的社会也是有所映射的，虽然我们已经接受了人生而平等的理念，但是落实到真实的社会活动中，依然存在着管理与被管理、领导与被领导、上级与下级等一系列的高低不等的社会地位。也就是说，人格上的平等并不必然保证社会责任和价值的平等，这可以说是现实社会的一种需要。就像荀子说的，人们欲求的和厌恶的往往是同一种东西，但总的物质财富和资源则是相对有限的，如果大家都去追求一种东西，如果没有个合理的分配模式的话，最终只能导致暴力争夺。荀子所处的时代其实就是这个样子，当时的混乱归根结底其实是很多人都想获得君主的权力。

人伦之分从某种意义上说是人类文明的一个起点。众所周知，伦理的起源在于人类性禁忌的产生，即有了明确的男女性别角色的定位，而且在这个基础上才有了长幼人伦的要求。因为在原始社会"只知其母不知其父"的群居生活中，是无所谓长幼次序和差等的。因此，人伦之分最终给予了一个社会稳定的结构和生活方式，特别是产生了家庭这样的社会单位，使得人类协调秩序的能力可以从一个较为简单的组织入手，以最简单的方式来解决矛盾和混乱的根源，进而自下而上地推演出整个社会的秩序，这就是人伦之分的最大意义。

职业之分比较容易理解，几乎可以说是古今同理。正像荀子说的，一个人是需要多种社会资源的，但单纯一个人的努力是不可能完全生产出自己生存所需要的全部资源的。在以自给自足为特点的农耕时代，也不可能见到一个人完全离群索居的生存下去，即使他掌握了很多种生存技能。中国古代有很多著名的隐士，但这些隐士能够生活的基本条件也是他受到过基本的技能培训，拥有基本的生产工具等，这些可以说都必须有特定职业的人为其提供。因此，必须有社会分工，让人们干不同的事，从事不同的行业，然后互相交换。荀子在《荣辱》篇中说："故仁人在上，则农以力尽田，贾以察尽财，百工以巧尽械器，士大夫以上至于公侯，莫不以仁厚知能尽官职。"这就表达了这样一个意思，即只有各行各业的人都能够充分利用自己的才能，尽心尽力做好本职工作，各安本分，各得其所，这样的社会才是和谐太平的社会。

人生智慧

◇群而不乱，本在有分。

◇人格上的平等并不必然保证社会责任和价值的平等。

◇各安本分，各得其所，这样的社会才是和谐太平的社会。

水能载舟，亦能覆舟

【聊天实录】

我：荀老先生，您对君臣有道有何高见？

荀子：我曾在《荀子·君道》中提到：君者，民之原也；原清则流清，原浊则流浊。故有社稷者而不能爱民、不能利民，而求民之亲爱己，不可得也。民不亲爱，而求其为己用、为己死，不可得也。民不为己用、不为己死，而求兵之劲、城之固，不可得也。兵不劲、城不固，而求敌之不至，不可得也。敌至而求无危削、不灭亡，不可得也。危削、灭亡之情举积此矣，而求安乐，是狂生者也。狂生者，不胥时而落。故人主欲强固安乐，则莫若反之民：欲附下一民，则莫若反之政，欲修政关俗，则莫若求其人。彼或蓄积，而得之者不世绝。彼其人者，生乎今之世而志乎古之道。以天下之王公莫好之也，然而是子独好之；以天下之民莫欲之也，然而是子独为之。好之者贫，为之者穷，然而是子犹将为之也，不为少顷辍焉。晓然独明于先王之所以得之、所以失之，知国之安危、臧否若别白黑。是其人者也，大用之，则天下为一，诸侯为臣：小用之，则威行邻敌；纵不能用，使无去其疆域，则国终身无故。故君人者，爱民而安，好士而荣，两者无一焉而亡。

我：您这句话该如何解释呢？

荀子：这句话的意思就是：君主，就像人民的源头；源头清澈，那么下边的流水也清澈；源头混浊，那么下边的流水也混浊。所以掌握了国家政权的人如果不能够爱护人民、不能够使人民得利，而要求人民亲近爱戴自己，那是不可能办到的。人民不亲近、不爱戴自己，而要求人民为自己所用、为自己牺牲，那也是不可能办到的。人民不为自己所用、不为自己牺牲，而要求兵力强大、城防坚固，那是不可能办到的。兵力不强大、城防不坚固，而要求敌人不来侵犯，那是不可能办到的。敌人来了而要求自己的国家不危险、不灭亡，那是不可能办到的。国家危险以致灭亡的情况全都积聚在这里了，却还想求得安逸快乐，这是狂妄无知的人。狂妄无知的人，不要等多久就会衰败死亡的。所以君主想要强大稳固、安逸快乐，那就没有什么比得上回到人民上来；想要使臣下归附、使人民与自己一条心，那就没有什么比得上回到政事上来；想要治理好政事、使风俗淳美，那就没有什么比得上寻觅善于治国的人。那些善于治国的人或许有所积储，因而得到这种人的君主世世代代没断绝过。那些善于治国的人，生在今天的时代而向往着古代的政治原则。虽然天下的君主没有谁爱好古代的政治原则，但是这种人偏偏爱好它；虽然天下的民众没有谁想要古代的政治原则，但是这种人偏偏遵行它。爱好古代政治原则的会贫穷，遵行古代政治原则的会困厄，但这种人还是要遵行它，并不因此而停止片刻。唯独这种人清楚地明了古代帝王取得国家政权的原因、失去国家政权的原因，他了解国家的安危、政治的好坏就像分辨黑白一样清楚。这种善于治国的人，如果君主重用他，那么天下就能被统一，诸侯就会来称臣；如果君主一般地任用他，那么威势也能扩展到邻邦敌国；即使君主不能任用他，但如果能使他不离开自己的国土，那么国家在他活着的时候也就不会有什么事故。所以统治人民的君主，爱护人民就会安宁，喜欢士人就会荣耀，这两者一样都没有就会灭亡。

我：您的意思是说：君主应该重用有贤能的人，百姓是水，君主是舟。

荀子：是的，你说得很对，"水能载舟，亦能覆舟。"

【解读】　　　君臣之道，重用贤臣

我们可以从大的线索上了解到荀子眼中的君主所具有的主要职能，其中包括富民利民、巩固国防、勤于政事、教化风俗、任用贤能，而在这一系列职能中，任用贤能是最为核心的一个职能。荀子认为，君主最主要的应该"以官人为能"，即以发现和任用人才为职能，取人有道，用人有法，知人善任。在荀子看来，具有治国才能，通晓古代圣王的政治原则的人是国家得以强大、百姓安居乐业的关键性因素。荀子虽然要求君主有着卓越的道德、全面的能力与超群的智慧，但并不主张君主事必躬亲，事无巨细，而是有效地利用各种人力资源，使臣下和百官都向着正确的方向努力工作。就这一点而言，也可以说荀子是颇具现代性的。即使从现代的管理理论来看，作为一个优秀的管理者或领导者，并不要求其能胜任每一种具体的工作，而是要有能力组织协调具有不同才能的人来共同完成一项事业。荀子进一步说：

故治国有道，人主有职……人主者，以官人为能者也；匹夫者，以自能为能者也，人主得使人为之；匹夫则无所移之。百亩一守，事业穷，无所移之也。今以一人兼听天下，民者，影也，仪正而景正。君者，巢也；民者，水也，槃圆而水圆。君者，盂也，盂方而水方。

主者，民之唱也；上者，下之仪也。彼将听唱而应，视仪而动。唱默则民无应也，仪隐则下无动也。不应不动，则上下无以相有也。若是，则与无上同也，不祥莫大焉。故上者，下之本也。上宣明，则下治辨矣；上端诚，则下愿意矣；上公正，则下易直矣。

荀子在《君道》篇中做了如下的描述：如何做君主，就是按照礼法来进行分配，能够普遍照顾到大多数人，做到公正不偏不倚。那么如何治理一个国家呢？荀子又说道：我只知道如何修养自身的道德，没听说过如何治理国家。君主好比是标杆，民众好比是标杆的影子，标杆正了影子自然也就正了。君主就像是盆子或者水盂一样，而民众好比是水，盆子是圆的，所以水就是圆的；水盂是方的，那么水就是方的。

在《正论》一篇中，荀子又强化了这一观点：君主，是民众的引导者；处在较高地位的统治者，是下面民众的表率。下面的民众听从上面的引导做出反应，看上面的表率而行动。引导不发出声音下面就无从响应，看不到表率下面就无法行动。没有响应也没有行动，上下就没法相互配合，如此就和没有君主、没有管理者一样，这是一种极大的不祥。因此，君主是民众的根本。君主能够公正清明，民众就会清楚有序；君主如果正直真诚，民众就会忠厚老实；君主无私公平，民众就朴实正直了。

以上这些，说明了君主对于民众最好的治理方式就是使自己成为人格、道德与秩序的表率，这与孔子提出的"其身正，不令而行；其身不正，虽令不从"几乎有着异曲同工之妙。因此，荀子与其他儒家一样，认为君主在治理一国的过程中，必须将自身的道德修养放在首位，德治的力量在某种意义上是大于礼法的。

当荀子将君道做了详细的界定之后，在某种意义上也就为臣道划定了一个范围。他在《君道》篇中提出了君子用人的根本标准就是"既知且仁"，用我们的现在的话讲就是德才兼备。从"才"的角度讲，荀子推荐的主要人才可分为以下三类：一是"便嬖左右足信者"，即信息情报人员；二是"卿相辅佐足任使者"，也就是行政管理人才；三是"所使于四邻诸侯者"，即外交公关人才，从"德"的方面讲则是具有儒家道德修养的人。那么我们也可以此为基础，去深入了解荀子所谓的"臣道"。

君有过谋过事，将危国家、殒社稷之惧也，大臣、父兄有能进言于君，用则可，不用则去，谓之谏；有能进言于君，用则可，不用则死，谓之争；有能比智同力，率群臣百吏而相与强君挢君，君虽不安，不能不听，遂以解国之大患，除国之大害，成于尊君安国，谓之辅；有能抗君之命，窃君之重，反君之事，以安国之危，除君之辱，功伐足以成国之大利，谓之拂。故谏、争、辅、拂之人，社稷之臣也，国君之宝也，明君所尊厚也，而暗主惑君以为己贼也……伊尹、箕子可谓谏矣，比干、子胥可谓争矣，平原君之于赵可谓辅矣，信陵君之于魏可谓拂矣。传曰："从道不从君。"此之谓也。

君主如果谋划错误、行事错误，将要危害国家、毁灭社稷，那么作为大臣或君主的父兄向君主进言，君主采用了就执行，不采用就辞职离开，这就叫作"谏"；向君主进言，君主采用了就执行，不采用就以死相抗，这就叫作"诤"；联合其他有识的大臣同心协力，率领群臣百官强迫君主纠正错误，即使君主很不高兴也不得不听，从而解除了国家大的危机，避免了国家大的灾难，保住了君主的尊严和国家的安定，这就叫作"辅"；抵抗君主的错误命令，窃取君主的大权，不惜与君主作对，但是最终使国家转危为安，免除了君主的耻辱，其功劳也足以成就国家的根本利益，这就叫作"拂"。能做到"谏"、"诤"、"辅"、"拂"的人，都是国家的忠臣，是君主的至宝，是英明君主所应该尊敬优待的，而昏庸的君主却认为他们是危害自己的人……伊尹、箕子，可以算是"谏"臣；比干、伍子胥，可以算是"诤"臣；平原君对于赵国，可以算是"辅"臣；信陵君对于魏国，可以算是"拂"臣。《左传》中提道："遵从于道义而不是遵从于君主。"说的就是这个意思。

以民为本，裕民之政

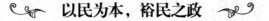

如果从"道"的角度来看待人臣的话，恐怕莫过于"从道不从君"这一原则了。尽管在《君道》篇中，荀子首先说了"臣"对"君"的要求是"以礼待君，忠顺而不懈"，但是，从"臣道"的根本原则来看，人臣的"忠"更重要的是忠于国家社稷，而不是愚忠于某一个国君。特别是荀子看来，真正的忠臣是对于君主具有监督和纠正的作用，要看到君主最根本的利益，而不是迎合那些昏庸的想法。而且，荀子还进一步说"逆命而利君谓之忠"，也就是说有时候有利于君主的东西恰恰与君主的命令是相反的，不服从、不听命才是"忠"的表现。不仅如此，荀子还将"忠"分成了"上忠"、"次忠"、"下忠"。"上忠"是能用道德教化君主，并且把君主彻底感化；"次忠"是用道德调教君主，从旁辅佐他；"下忠"则是道德教育对君主不起作用，正好随时用正确的思想进行规劝和进谏。当然，这种"下忠"实际操作起来比较费劲，特别是如果遇上那些无德昏君，还是有一定危险的。

大臣的"忠"主要体现在君主出现错误的时候，这一点也很好解释。因为在君主的措施得力、政策英明的时候，大臣只需要照做就行了，这时候"忠"与"不忠"的体现并不明确，毕竟君主手握生杀大权，即使有荀子所谓的"国贼"，在这一时候也会比较收敛。但是，君主一旦出现政治策略上的失误，此时的"忠臣"才能通过辨明君主、国家的根本利益来做出判断，从而以一种对抗的方式来帮助君主纠正其错误，人臣的"忠"就体现在这个方面。在这个意义上，可以说"忠臣"是辛苦而危险的，因为他所做的对君主有利的事往往君主自己都不这么认为，这也就是为什么中国历史上有"文死谏"的说法。因此，荀子对于"忠臣"的判断还加入了一个国家利益的维度，也就是说，从一些历史事件来看，一些臣子的行为是带有篡权色彩的，例如以兵谏、盗符的方式来获得君主的权力，但是如果其最终目标和现实的结果都是为了实现国家的安定与强盛的话，那么这样就是一种"忠"的体现。

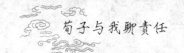

也许正是因为有了这种"道重于君"的观念，荀子才特别推崇那句影响了中国两千多年政治的观念——"民水君舟"。

根据《荀子》中的记录，这一观点本出于《左传》："君者，舟也；庶人者，水也。水则载舟，水则覆舟。"在现当代，我们常常拿出这句话来证明儒家传统中具有的"民本"思想，更甚至于将其强化为"人本"思想。对此，我们可以通过结合《荀子》的上下文，来更为清晰和全面地认识这一思想。

马骇舆，则君子不安舆；庶人骇政，则君子不安位。马骇舆，则莫若静之；庶人骇政，则莫若惠之。选贤良，举笃敬，兴孝弟，收孤寡，补贫穷。如是，则庶人安政矣。庶人安政，然后君子安位。传曰："君者，舟也；庶人者，水也。水则载舟，水则覆舟。"此之谓也。故君人者，欲安，则莫若平政爱民矣；欲荣，则莫若隆礼敬士矣；欲立功名，则莫若尚贤使能矣。是君人者之大节也。

马在拉车时受惊了狂奔，那么君主就不能稳坐车中；老百姓在政治上受到了惊扰，那么君主就不能稳坐江山。马在拉车时受惊了，就要使它安静下来；老百姓在政治上受惊了，就要让他们得到实惠。选用有德才的人，提拔忠厚恭谨的人，提倡孝顺父母、敬爱兄长，收养孤儿寡妇，补助贫穷的人，像这样，老百姓就安于政治了。老百姓安于政治，然后君主才能安居君位。古书上说："君主，好比是船；百姓，好比是水。水能载船，水也能翻船。"说的就是这个道理。所以统治人民的君主，要想安定，就没有比调整好政策、爱护人民更好的了；要想荣耀，就没有比尊崇礼义、敬重文人更好的了；要想建立功业和名望，就没有比推崇品德高尚的人、使用有才能的人更好的了，这些是当君主的重要品质。

从这段文字来看，其实我们可以发现一个与流行观点不同的内涵。荀子在论述君主与百姓之间的关系时，其核心观念是君主，也就是说，以"民本"或"人本"这种具有现代性的观念来套用荀子的思想是有些牵强的。无论是将民众比喻成马车，还是载舟之水，但其中心是确保君主的地位不会被颠覆。因此，与其说是"以民为本"，倒不如说是"以民为用"，但这并不妨碍荀子思想的先进性与深刻性。因为我们首先不能跨越那个时代，去苛求荀子会产生于其时代的大势完全不合的思想观念。然而，从荀子对此问题的论证过程中，我们已经能发现他至少已经领先于那个时代了。

先不去讨论荀子是"民本"还是"君本"，从其文本中首先能看到的是，荀子已然十分重视民众的力量了，而且将民众置于了社会基础的地位，至少他认为，民众是君主之所以能够成为君主的唯一合法性源泉，可以说，荀子是从国家稳定和社会秩序的角度来审视民众的。尽管荀子依然认为，民众在道德上需要教化，在行为上需要用礼法来规范，但是，荀子同时认为民众具有一种主动性的力量，这种力量对于君主和国家来说是一种基础，而稳定这种力量的方式不仅仅是提高民众的道德修养，而要使民众得利、得惠，其实说白了就是让民众的生活有所保障。从中可以看到，荀子在强调礼仪教化的同时，也十分重视君主和国家对弱势群体（孤、寡、贫困）的扶助，以及将人们的物质需求作为政治实践的一个重要方面。这也就是为什么荀子在《王制》一篇中，特别强调富民。他非常具体地提出了一系列富民的措施：

田野，什一；关市，几而不征；山林泽梁，以时禁发而不税。相地而衰政，理道之远近而致贡。通流财物粟米，无有滞留；使相归移也，四海之内若一家。

田亩按十分之一比率征税，关口和市场只进行检查监督但不收税，山区森林湖泊渔场，根据不同季节禁止或开放砍伐和捕捞并且不收税。根据土地肥沃和贫瘠的程度制定征税多少的标准，根据路途远近来制定进贡多少的差别。促进财物和粮食的运输流通，不让它们积压，使各地物资能够互相运送转移到该去的地方，使四海之内的联系结合像一个家那样。

从某种意义上说，这就是荀子所说的"裕民之政"。这里有着一种藏富于民的理念，他认为对于一个国家或社会来说，当其财富能够普惠于其中的大多数人，使人们安居乐业，这才是实现王道政治的基础。在这里，荀子完成了他对于社会秩序的自上而下的梳理。从君主的政策，到大臣的职分，再到民众的生活。当这三个方面都进入一种稳定有序的过程时，儒家理想中的社会就可以说实现了。

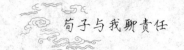

人生智慧

◇用人有法，知人善任。

◇遵从于道义而不是遵从于君主。

◇君者，舟也；庶人者，水也。水则载舟，水则覆舟。

各司其职，天下大同

【聊天实录】

我：荀老先生，您对天下大同有何高见？

荀子：我曾在《荀子·君道》中提到：请问为人君？曰：以礼分施，均遍而不偏。请问为人臣？曰：以礼待君。忠顺而不懈。请问为人父？曰：宽惠而有礼。请问为人子？曰：敬爱而致文。请问为人兄？曰：慈爱而见友。请问为人弟？曰：敬诎而不苟。请问为人夫？曰：致功而不流，致临而有辨。请问为人妻？曰：夫有礼则柔从听侍，夫无礼则恐惧而自竦也。

我：您这句话该如何解释呢？

荀子：这句话的意思就是：请问如何做君主？答案是：按照礼法来进行分配，能够普遍照顾到大多数人，做到公正不偏不倚。请问怎样做臣子？回答说：要按照礼义去侍奉君主，忠诚顺从而不懈怠。请问怎样做父亲？回答说：要宽厚仁爱而有礼节。请问怎样做子女？回答说：要敬爱父母而极有礼貌。请问怎样做兄长？回答说：要仁慈地爱护弟弟而付出自己的友爱。请问怎样做小弟？回答说：要恭敬顺服而一丝不苟。请问怎样做丈夫？回答说：要尽力取得功业而不放荡淫乱，尽力亲近妻子而要有是非观念。请问怎样做妻子？回答说：丈夫遵行礼义就温柔顺

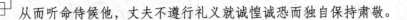

从而听命侍候他，丈夫不遵行礼义就诚惶诚恐而独自保持肃敬。

　　我：您的意思是说：按照儒家的惯常逻辑，这种伦理道德方面的定位也就确定了不同的人在社会中不同的价值。

　　荀子：是的，你说得很对，我是从礼法道德的角度对人们所具有的社会角色的定位，

【解读】

划分等级，各司其职

　　荀子是要求在现实社会中每个人具体的地位和价值的差别，循着这一逻辑，我们不妨从整体上再来看一下荀子对于整个社会的划分。

　　首先，处于社会最高层的是君主。在前面我们已经提到，君主是礼法的代言人和道德的卓越者，如果从社会秩序的角度来看的话，君主也是稳定社会秩序的核心。对于一个国家而言，君主的主要职能是依据礼法和道义制定政

荀子

治方略，使国家内部安定、对外强大，乃至能够成为天下的表率。另一方面是恰当地选拔任用人才，让真正的贤能既有用武之地，又受到社会的推崇。

　　其次，是卿相大臣，最重要的是国相。荀子对于国相有着较高的要求，认为国相是君主最重要的辅助者。这些卿相大臣是君主政策的实行者，用现在的话说就是君主的行政执行官，他们一方面将礼法道义作为行政的原则进行具体的政治实践，另一方面则负责监督君主，使君主的行为合乎道德。从某种意义上说，荀子认为儒者是担负这样的角色的最合适人选。他在评价秦国的政治时，认为其最大的隐患就是"无儒"。由此可见，荀子其实很希望儒者成为政治实践的核心。

　　再次，是百官，前面所提到的君主需要的三类实用人才，以及各级地方官员大体都属于这个范畴。当然，百官的职能多少与卿相大臣有些重合之处，但是百

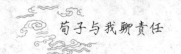

官面对的事务更为具体，而且有一定的地域界限。对于一个国家来说，百官的任务是按照礼法的要求，将属于自己的具体事务和地方管理整饬好，并且通过朝廷（或者说当时的政府）的考绩来实现自己的功绩。

最后，是士农工商，也就是荀子所说的庶人，或者说是今天意义上的百姓。荀子认为他们既是现实的生产者，也是礼法的严格遵循者，按照人伦秩序来做好自己的工作，积累社会财富，维护社会秩序。

❧ 各安其职，成就大同 ❧

荀子从各种不同的角度对于整个社会秩序进行这样或那样的梳理，我们也很容易从中看出这是一种等级制的划分。这当然是历史的使然，但即使将其投射到今天的社会，除了我们强调人在尊严和人格的平等之外，在具体的社会实践过程中，等级的存在也是必要的，至少在一个有序的组织或群体中，必然有着领导者和被领导者。俗话说的"家有千口，主事一人"就是这个意思。现实生活中，每个人的能力、天赋、教育背景、成长环境都有着很大的差别，这些都决定了人们在社会生活中发挥的作用与所处的角色将有所不同，这种不同也就造成了社会对于不同人的不同价值认可度，因此也就有了我们今天所谓的上流社会、中产阶级等类似的划分，这其中有社会分配的不均衡问题，但是任何社会都不可能进行平均主义的分配，否则社会发展的动力就消失了。荀子对此的认识，不可谓不深刻。

故由天子至于庶人也，莫不骋其能、得其志、安乐其事，是所同也；衣暖而食充，居安而游乐，一事时制明而用足，是又所同也。若夫重色而成文章，重味而成珍备，是所衍也。圣王财衍以明辨异，上以饰贤良而明贵贱。下以饰长幼而明亲疏。上在王公之朝，下在百姓之家，天下晓然皆知其非以为异也，将以明分达治而保万世也。故天子诸侯无靡费之用，士大夫无流淫之行，百吏官人无怠慢之事，众庶百姓无奸怪之俗、无盗贼之罪，其能以称义遍矣。故曰："治则衍及百姓，乱则不足及王公。"此之谓也。

荀子在这里指出：从天子一直到普通老百姓，没有谁不想施展自己的才能、实现自己的志向、安逸愉快地从事自己的工作，这是各人都相同的；穿得暖和而吃得饱，住得适而玩得快乐，事情办得及时、制度明白清楚而财物用度充足，这些又是各人共同的愿望。至于那重叠使用多种颜色而绘成衣服上的彩色花纹，汇集多种食物而烹煮成珍馐美味，这是富饶有余的表现了。圣明的帝王控制好这种富饶有余的东西来彰明、区别等级差别，在上用装饰贤能善良的人而显示各人地位的高低，在下用装饰老少而表明各人的亲疏关系。这样，上至君主的朝廷，下至平民百姓的家庭，天下人都明明白白地知道圣明的帝王并不是要用这些东西故意制造等级差别，而是要用它来明确名分、达到治理的目的，从而保持千秋万代永远太平。所以天子诸侯没有浪费的用度，士大夫没有放荡的行为，群臣百官没有怠慢的政事，群众百姓没有奸诈怪僻的习俗、没有偷盗抢劫的罪行，这就能够称为道义普及了。所以说："国家安定，那么富裕会遍及百姓；国家混乱，那么拮据会延及天子王公。"说的就是这个道理。

什么是理想的社会？在荀子看来这种具有名分差别、上下等级的社会才是理想社会。人人都有属于自己的事情可做，都有特定的规范来进行约束，尽到本分，各司其职，这样的社会才是有章可循、有条不紊的。我们当然可以批判荀子将人格尊严与尊卑贵贱联系在一起，但是，却不能否定社会必须在差等中前行的事实。那种"有饭一起吃，有活一起干"的社会只是一种理想的乌托邦，如果落入现实往往带来灾难性的后果。看看中国"大跃进"时期的人民公社运动，以及西方空想社会主义者的实践，都可以证明这一点。这里荀子带给我们的思考是：真正的公正并不是平均，而是按照一定的秩序、规范、要求来评价社会的各个阶层，给予不同的人以不同方式展现的机会和价值实现方式。道德、才能以及人伦关系都是人们社会地位的现实因素，而人们要关注的则是这种社会能不能将这些评价划分标准作为一种长久秩序保持下来，乃至使社会中的每个人都能在自己的职分上进行自己的价值实现，这可以说是人类时至今日仍然在努力追寻的目标。

人 生 智 慧

　　◇积累社会财富，维护社会秩序。

　　◇治则衍及百姓，乱则不足及王公。

　　◇国家安定，那么富裕会遍及百姓；国家混乱，那么拮据

会延及天子王公。

第四章

荀子与我聊重伦遵礼

"人无礼则不生，事无礼则不成，国家无礼则不宁"。荀子极其推崇"礼"的作用，认为"礼"无论是对于国家还是个人来说都是不可缺少的、至关重要的。如果人们都能遵守"礼"，一切行动皆能"发乎情而止乎礼"，则人们的情感和欲望都能得到适度的满足，而又不至于放任无度而导致争斗混乱。

人命在天，国命在礼

【聊天实录】

我：荀老先生，您对国命在礼有何高见？

荀子：我曾在《荀子·天论》中提到：故人之命在天，国之命在礼。人君者，隆礼尊贤而王，重法爱民而霸，好利多诈而危，权谋倾覆幽险而亡。我在《强国》一文中还提到：故人莫贵乎生，莫乐乎安；所以养生安乐者，莫大乎礼义。人知贵生乐安而弃礼义，辟之，是犹欲寿而刎颈也，愚莫大焉。

我：您这句话该如何解释呢？

荀子：这句话的意思就是：人的命运在于天，国家的命运在于礼。作为君主，强化礼义尊重贤人就可以实现王道，重视法度爱护民众就可以实现霸道，贪图小利多施诡诈就会面临危险，搞阴谋诡计反复无常就会走向灭亡。……所以人最珍贵的莫过于生命，最快乐的莫过于安定；用来保养生命维护安定快乐生活的东西，莫过于礼义。一个人如果知道生命的珍贵和安定的快乐却要舍弃礼义，打比方来说，就好像一个人希望长寿却用刀割自己的脖子，没有比这更愚蠢的了。

我：您的意思是说："礼"的内容十分庞杂，其中也包括对个人行为的规范与约束，但这种规范与约束不是像法律那样以国家机器的权威来强力推行的，而是靠习俗和教化来推动的。

荀子：是的，你说得很对，"礼"无论对于国家还是个人来说都是不可缺少的、至关重要的。

【解读】　　　重视礼仪，发展社会

《说文解字》上说"礼"是用来"事神致福"的，可见"礼"的起源与古代先民对祖先和鬼神的祭祀有关。在世界各民族文化中都有不同形式的"礼"，这些典礼往往是整个部落群体共同参与的一件严肃而庄重的大事，因此必须有一定的仪式，遵守一定的程序和规则。这些仪式、程序、规则，就是礼的具体形式。

随着社会的发展进化，社会生活的各个方面，都需要有一定的规矩和秩序。如氏族内部，如果仍像动物一样群居杂交，人类就不会进化，于是就有了长幼、亲疏、男女之别的规矩和礼节。凡国家政治、行军作战、集市贸易、婚冠丧葬等社会活动，都需要有一定的规矩、秩序、制度。《礼记·曲礼上》说："道德仁义，非礼不成；教训正俗，非礼不备；分争辩讼，非礼不决；君臣上下，父子兄弟，非礼不定；宦学事师，非礼不亲；班朝治军，莅官行法，非礼威严不行；祷祠祭祀，供给鬼神，非礼不诚不庄，是以君子恭敬撙节退让以明礼。"这一套东西经过长期的积累和发展，到西周时代已经十分发达，所谓"经礼三百，曲礼三千"，"礼仪三百，威仪三千"，正是物质文明和精神文明发展的重要标志。

周代的"礼"包括的内容十分丰富而广泛，可以说就是整个周文化的载体。以今人的眼光就其文化功能来看，其中既包括了相当于国家的政治体制、宗教、军事、经济、外交等方面的各种典章制度，也包括了相当于社会公共习俗、婚丧喜庆的礼仪、文明礼貌的规范等。就流传下来的儒家经典来看，《周礼》中的内容即大多属于前者，《仪礼》中的内容则大多属于后者。

❧ 礼虽庞杂，但不可少 ❧

礼的内容虽然庞杂，但作为"礼"的灵魂和核心的，则是一种文化的价值观和伦理道德精神。儒家论"礼"，就特别强调其中所包含的"仁义"的伦理道德内涵，如孔子所说："人而不仁，如礼何？"如果没有这个灵魂，"礼"就只剩下一个空洞的形式，就失去了意义。"仁义"精神又具体表现为亲亲之爱、孝悌、敬老、尊贤、恭敬、谦让、中庸、和谐等价值取向，"礼"的许多条文和要求，其实就是要把这些价值落

实到具体社会实践中。

因此"礼"与"仁"、"义"等思想范畴存在不同的地方，它不是一种抽象的道理，而是很具体、很实在的东西。《礼记·祭器》说："礼也者，犹体也。"《广雅·释言》说："礼，体也。"所谓"体"就是说它是具体实在的，不论是政体法律典章制度，还是社会习俗礼仪规范，都是有着具体形式的东西。《说文解字》说："礼，履也。"《礼记·仲尼燕居》说："言而履之，礼也。"荀子《大略》篇也说："礼者，人之所履也，失所履，必颠蹶陷溺。"所谓"履"，就是可以履行、可以实践、可以操作的，而不只是挂在口头上或写在文字上的东西。

荀子所代表的这一派儒家的一个特色，就是特别重视"礼"。荀子反复强调要"隆礼"，把"礼"提到"人道之极"、"国之命"的高度，这与他的人性论也是密切联系的。孟子相信人性善，认为"仁"、"义"，都是内在于人的心性之中的，所以每个人只要善于"反求诸己"，就可以良心发现，回归善德。而荀子则认为人性不善，必须向外学习，由外在的道德规范来矫正其言行，照着礼的规定去做，久而久之成为习惯，才能逐步体悟到其中所包含的"仁义"精神，从而走向善德。而对于国家政治来说，"礼"就是治国的基本纲领和基本原则，所以他说"国无礼则不正，礼之所以正国也"，"为政不以礼，政不行矣"。总之，在荀子看来，这个"礼"，无论对于个人还是对于国家社会来说，都是一刻都不能少的。

人 生 智 慧

◇国无礼则不正，礼之所以正国也。

◇为政不以礼，政不行矣。

◇礼仪三百，威仪三千。

礼之所起，节欲止乱

【聊天实录】

我：荀老先生，您对礼的起源有何高见？

荀子：我曾在《荀子·礼论》中提到：礼起于何也？曰：人生而有欲，欲而不得，则不能无求。求而无度量分界，则不能不争；争则乱，乱则穷。先王恶其乱也，故制礼义以分之，以养人之欲，给人之求。使欲必不穷于物，物必不屈于欲，两者相持而长。是礼之所起也。……礼有三本：天地者，生之本也；先祖者，类之本也；君师者，治之本也。无天地，恶生？无先祖，恶出？无君师，恶治？三者偏亡，焉无安人。故礼，上事天，下事地，尊先祖，而隆君师，是礼之三本也。

我：您这句话该如何解释呢？

荀子：这句话的意思就是：礼是如何产生的？回答：人生下来就有欲望，有欲望而没有得到满足，就不可能不索取。索取时如果没有个尺度和界限，就不可能不争斗；一争斗就要乱，乱了就会穷困。先王讨厌这种混乱，所以制定了礼义来进行名分的区分，以此来调节人们的欲望，供给人们的需求，使得人的欲望不至于因物质条件限制而枯竭，而物质资源也不至于被人的欲望完全耗竭，两者互相维持可持续发展，这就是礼的起源。……礼有三个本原：天地，是生命的本原；祖先，是人类的本原；君主和老师，是治理的本原。没有天地，生命从何而来？没有祖先，人类从何而来？没有君主和老师，如何治理？三者都没有，就没有安定的人生。所以礼，对上尊奉天，对下尊奉地，尊崇祖先，推崇君主与老师的地位，这是礼的三个本原。

我：您的意思是说：礼以顺应人心为根本，因此即使是《礼经》上没有记载的，只要顺乎人心，也都可以成为礼。

荀子：礼以顺人心为本，故亡于《礼经》而顺于人心者，皆礼也。

【解读】

❧ 顺人心可成礼 ❧

"礼"其实也可以看作是一种原始的、不自觉的社会公约，其文化功能是在人群中确立一种社会秩序，一方面对个人的欲求加上了一定的约束和限制，避免了无约束的欲求和争夺可能导致的混乱，另一方面也是为个人欲求的满足提供了一个正当的合理的平台，因此它对整个人群是有好处的。

关于"礼"的根本依据，荀子曾说过"礼有三本"，这"三本"就是天地、先祖、君师，其实也就是后人所谓"天地君亲师"，这既是人伦价值的源头，也是"礼"的根本。但《大略》篇还有一句话也很重要："礼以顺人心为本，故亡于《礼经》而顺于人心者，皆礼也。"这就是说"顺人心"也是制定礼的一个依据。荀子虽然强调礼是"圣人"、"先王"们创制的，但他们在创制"礼"的时候，也必须"顺人心"。而且"礼"也不是一成不变的，即便是"礼经"上没有的，只要"顺人心"，也可以使之成为"礼"。就像可以根据民众的意愿，对宪法提出修正案一样。

孔子曾说："麻冕，礼也；今也纯，俭，吾从众。"意思是说：用麻料来做礼帽，这是古礼；但如今大家都用黑丝，这样比较节俭，我顺从众人的做法。孔子所谓"吾从众"，荀子所谓"顺人心"，其中都包含了一定的民主因素。

❧ 礼仪产生于伪 ❧

有人曾向荀子提出这么个问题：既然你认为人性恶，那么礼义怎么会产生呢？荀子的回答是：礼义是产生于圣人之"伪"，而不是产生于人性。那圣人为什么会人为创造出"礼"来呢？荀子《性恶》篇有个理论，叫作"苟无之中者，必求于外"，认为正是由于人性里面没有善，人们才向往善；就像穷人向往财富、丑人向往美容一样。

要用这个理论来说服人，看来还是有点难度的。因为穷人之所以向往富，那是因为有外在的富人作为标杆；丑人之所以向往美，也是由于有外在的美人作为标准。可是如果人性普遍都是"恶"，哪来外在的"善"作为标准？荀子可能会说"圣人"就是标准，但"圣人"最初难道不也是人吗？既然他也是性恶的人，怎么会跟其他人不一样，想到要"化性起伪"、创立礼义的呢？所以还是无法说明为什么礼义会产生。除非最初有个"圣人"其实不是人，而是上帝之子如耶稣之类，因而不具备"恶"的人性。

不过，荀子在《礼论》篇还有另一个关于礼义最初产生的说明：人为了满足自己的欲望，就必然要索取、占有物质资源；大家都要索取、占有，却又没有一个规则和界限，就必然导致争斗；一争斗就乱，乱到最后没了办法，先王（圣人）看不下去了，就制定了规则和界限来进行分配，这就是礼。这个礼制定得很巧妙，它既能使人们的欲望不至于因为物质资源匮乏而得不到适当的满足，又不至于让物质资源被人们的贪婪欲望耗尽，它能在人们的欲望和物质资源之间保持一种可持续发展的张力。

这个解释比较现实主义，其中包含几个要点：第一，礼其实是人们争夺混乱到最后没有办法的时候相互妥协的结果；第二，少数聪明人（先王、圣人）在礼的创立过程中起了关键作用；第三，礼在满足人们欲望的同时，对人的行为有所约束和限制，而这种约束和限制，是符合人群的整体和长远利益的。荀子的这个描述，情景就有点像是几百年前一群冒险家从欧洲大陆来到北美洲，大肆侵占争夺，最后斗得不可开交，只好聚到一起讨论妥协的办法，终于在"圣人"华盛顿的领导下，制订出一部伟大的美利坚合众国宪法，一直沿用至今。

当然，荀子的这一解释，并非建立在历史考古的实证基础上，但其中所包含的原理还是具有一定的普遍意义的。

人生智慧

◇麻冕，礼也；今也纯，俭，吾从众。

◇苟无之中者，必求于外。

◇礼其实是人们争夺混乱到最后没有办法的时候相互妥协的结果。

既得其养，又好其别

我：荀老先生，您礼仪的复杂有何高见？

荀子：我曾在《荀子·礼论》中提到：故礼者养也……君子既得其养，又好其别。曷谓别？曰：贵贱有等，长幼有差，贫富轻重皆有称者也。……孰知夫出死要节之所以养生也！孰知夫出费用之所以养财也！孰知夫恭敬辞让之所以养安也！孰知夫礼义文理之所以养情也！故人苟生之为见，若者必死；苟利之为见，若者必害；苟怠惰偷懦之为安，若者必危；苟情说之为乐，若者必灭。故人一之于礼义，则两得之矣；一之于情性，则两丧之矣。……礼者，以财物为用，以贵贱为文，以多少为异，以隆杀为要。文理繁，情用省，是礼之隆也。文理省，情用繁，是礼之杀也。文理情用相为内外表里，并行而杂，是礼之中流也。故君子上致其隆，下尽其杀，而中处其中。

我：您这句话该如何解释呢？

荀子：这句话的意思就是：礼其实是用来供养人的。君子既得到礼的供养，又喜好礼的区别。什么是区别？贵贱有等级，长幼有差别，贫富上下都有跟他们的地位相称的供养。……谁懂得有时拼死守节恰恰是为了供养生活呢？谁懂得有时花费钱财正是为了打理钱财呢？谁懂得互相恭敬谦让正是为了求得大家的平安呢？谁懂得礼义的繁文缛节正是为了培养人的性情呢？所以一个人如果只知道苟且求生，那他就必死无疑；只知道不择手段求利，就必定遇到损害；只知道懒惰苟且偷安，就必定遇到危险：只知道纵情享乐，就必定灭亡。所以人如果专一于礼义，则两者都能得到；而一意放纵于惰性，则两者都会失去。……礼，把财物作为用具，以贵贱作为规格，以多少制定差异，以隆重、简略作为纲要。程序复杂规格高，而实际功用却不多，这是礼的隆重；程序简单规格低，而实际功用却丰富，这是礼的简略。程序规格和实际功用在内容形式上互为补充，一同发挥综合作用，这就是礼的适中平衡。君子对上极尽礼的隆重，对下极尽礼的简略，中间保持其平衡。

我：您的意思是说：有些礼仪，越是对上层贵族规格要求越是高，仪式越是复杂，所需的花费也越是大。

荀子：是的，你说得很对，这是一种平衡社会财富不平等的巧妙手段。

【解读】　❧　**礼不下庶人**　❧

荀子说："君子既得其养，又好其别。"礼"养人"，但同时对不同对象、不同阶层的人又区别对待。这个区别对待也很重要。为什么呢？还是以丧葬之礼为例：首先这个"别"包括亲疏之别，对父母的葬礼最隆重，其他直系亲属、非直系亲属，规格就依次降等级，这也是符合人之常情，合情合理、实事求是的做法。其次，更重要的是要包括上下尊卑之别。天子、王侯、大夫、士、庶人，有着客观存在的尊卑次序，而且他们所能支配的物质资源条件差别也很大。如果丧礼只有一个标准，那么一个丧礼办下来，小老百姓家恐怕就要破产了，活着的人就没法过日子了，所以一定要有区别，有不同的规格。让上层社会有钱人家的丧礼复杂一点、隆重一点、花费大一点，普通民众的丧礼就简单一点、低调一点、节省一点，这样，普通民众家虽然没有像士大夫家破费那么多钱财来办丧事，但只要符合礼对他这个阶层的要求，你就不能说他不孝。服丧期，庶民也不必像天子诸侯大夫那么长，否则就要影响到活人正常的生活和劳动。

事实上，礼里面有许多复杂的、比较难做到的繁文缛节，主要是针对上层社会人士设计的，他们有那个条件，也有那个时间。越是为上层设计的隆重的礼仪，就越是文理繁杂而不实惠，各个环节要求很高，所以有许多礼仪是不适宜普及到普通庶民的，这就叫"礼不下庶人"。如果把那些高标准高规格的礼拿来要求普通百姓，那礼恐怕就真的要"杀人"了。

❧ 重视礼仪，符合常情 ❧

提到儒家的"礼"，不少人恐怕马上就会想到"五四"时期反封建的斗士们说过的"礼教吃人"、"礼教杀人"之类的话，认为所谓"礼"不外乎就是一些压抑人性、束缚人的自由的东西。的确，儒家之"礼"的某些内容，如果不恰当地加以运用，推向极端，确有可能变成杀人甚至是自杀的工具，但这并非儒家的初衷。在荀子看来，"礼"不仅不"杀人"，而且还很"养人"，所以荀子说："故礼者，养也。"

为什么说礼"养人"呢？礼的内容涉及人们衣食住行和家庭生活、社会生活的方方面面。人一生要遇到、经历很多事件，婚丧喜庆，生老病死，凡此种种，人们都需要一些仪式或形式来表达自己的喜怒哀乐，需要花钱，需要用到各种资源。比如家里有人去世了，要举行葬礼，寄托哀思，此乃人之常情。但是应该花多少钱呢？规模多大为好呢？这个就颇费踌躇。荀子认为：对死者很刻薄，草草下葬，活着的人只顾自己过好日子，那是不对的；反过来，对死者安葬很隆重，不惜破费，而活人却勒紧腰带过苦日子，那也是不对的；若是叫活人为死者殉葬，那就更是伤天害理了。怎么办才恰到好处呢？丧礼就提供了一些制度和标准，对殉葬物品、葬礼仪式、服丧期限等等，都做了规定，供人们遵守，让人们既有一种形式来寄托哀思，追忆亲人，又不至于浪费太多钱物，影响活人的生活，有了这个丧礼，事情就好办了。

礼就是为许多诸如此类的事情规定了一个适当的标准，使人们既能有个适当的形式寄托自己的情感，又不至于为花钱多少、规模大小伤脑筋。所以《礼记·坊记》也说："礼者，因人之情而为之节文，以为民坊者也。"所谓"因人之情"，是说礼的产生或制定，应当顺应人之需要，合乎人之常情；所谓"为之节文，以为民坊"，是说礼也要对人的情感欲望加以一定的节制与约束。这两者看似矛盾，其实是辩证统一的。打个比方说，就好比一个人喜欢吃肉，吃肉是他的欲望，不能不让他吃，但是肉吃多了也不好，高血压、肥胖症、心脏病都吃出来了，于是健康专家就给他制定个吃肉的标准，每天可以吃一点，但不要吃太多，恰到好处，既满足口腹之欲，又不至于损害健康，这就是"两得"。故荀子说："人一之于礼义，则两得之矣；一之于情性，则两丧之矣。"不遵守这个标准，放纵自己的欲望，把身体搞坏了，最终肉也吃不成了，那就是"两丧"。可见这个标准虽然对你吃肉的欲望有所节制，但本质上却是很"养人"的。

礼也是这样，既要符合人之常情，又要对人的情欲加以一定的节制。前者是合情，后者是合理。礼应当是合情与合理的统一，合情合理，恰到好处，也就是"中"，礼也就是要为人们的许多行为确立一个"中"。所以孔子说："礼乎礼，夫礼所以制中也。"有了这个"中"的标准，事情就好办了。礼就是要为人们行为制定这样一个标准，所以说礼也是"养人"的。。

人生智慧

◇君子既得其养，又好其别。

◇礼不下庶人。

◇礼乎礼，夫礼所以制中也。

礼乐之统，在于人心

【聊天实录】

我：荀老先生，您对儒家的音乐观有何高见？

荀子：我曾在《荀子·乐论》中提到：夫乐者，乐也，人情之所必不免也。故人不能无乐……故乐在宗庙之中，君臣上下同听之，则莫不和敬；闺门之内，父子兄弟同听之，则莫不和亲；乡里族长之中，长少同听之，则莫不和顺。……乐者，圣王之所乐也，而可以善民心，其感人深，其移风易俗。故先王导之以礼乐，而民和睦。……君子以钟鼓道志，以琴瑟乐心；动以干戚，饰以羽旄，从以磬管。故其清明象天，其广大象地，其俯仰周旋有似于四时。故乐行而志清，礼修而行成，耳目聪明，血气和平，移风易俗，天下皆宁，美善相乐。故曰：乐者，乐也。君子乐得其道，小人乐得其欲；以道制欲，则乐而不乱；以欲忘道，则惑而不乐。故乐者，所以道乐也，金石丝竹，所以道德也，乐行而民乡方矣。……且乐也者，和之不可变者也；礼也者，理之不可易者也。乐合同，礼别异，礼乐之统，管乎人心矣。

我：您这句话该如何解释呢？

荀子：这句话的意思就是：人的命运在于天，国家的命运在于礼。作为君主，强化礼义尊重贤人就可以实现王道，重视法度爱护民众就可以实现霸道，贪图小利多施诡诈就会面临危险，搞阴谋诡计反复无常就会走向灭亡。……所以人最珍贵的莫过于生命，最快乐的莫过于安定；用来保养生命维护安定快乐生活的东西，莫过于礼义。一个人如果知道生命的珍贵和安定的快乐却要舍弃礼义，打比方来说，就好像一个人希望长寿却用刀割自己的脖子，没有比这更愚蠢的了。

我：您的意思是说：儒家所提倡的音乐，当然是所谓雅乐、正乐，而不是所谓"靡靡之音"、"亡国之音"，因此儒家对音乐价值的评判就不是只有艺术标准，而是还有道德标准，甚至主要是道德标准。

荀子：是的，你说得很对，音乐对人具有极大的感染力，所以儒家用音乐来配合礼义教化。

【解读】 **乐礼相配，凝聚团结**

荀子说："夫乐者，乐也，人情之所必不免也，故人不能无乐。"中国古人用"乐"这个字表示音乐，堪称精妙。"乐"这个字，不仅表示音乐，同时还表示快乐。人生需要快乐，人生不能没有音乐。孔子本人其实就是个伟大的音乐家，同时也是个乐观主义者。他在齐闻《韶》中，如痴如醉，以至于"三日不知肉味"。他困于陈蔡之际，七日不火食，弟子们面有菜色，僵卧不起，而孔子却仍然倚槁木而击节，歌《焱氏之风》。

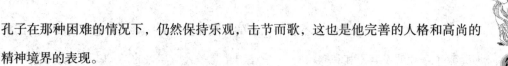

孔子在那种困难的情况下，仍然保持乐观，击节而歌，这也是他完善的人格和高尚的精神境界的表现。

荀子说："乐合同，礼别异。礼乐之统，管乎人心矣。"这就是说，"礼"的作用是"别异"，也即强调亲疏、远近、上下、尊卑的等级差别和社会秩序的客观存在；乐的作用是"合同"，也即使人们感受到尽管有这种等级秩序的存在，但大家又是同处于一个和谐的社会共同体。礼与乐相互配合，既可以使人遵守一定的等级秩序，又能使人们在这个秩序之下和谐相处，这样人心就安定了，所以儒家十分重视乐教。荀子认为："乐者，圣人之所乐也，而可以善民心，其感人深，其移风易俗易，故先王导之以礼乐而民和睦。"

古代圣人十分重视音乐的作用，认为音乐可以使民心趋善，具有感人至深的艺术魅力。以音乐来配合教化的施行，移风易俗，非常容易。不同的音乐对民心、民风、民俗会起到不同的引导作用，所以荀子说："乐中平则民和而不流，乐肃庄则民齐而不乱；民和齐则兵劲城固，敌国不敢婴也。如是则百姓莫不安其处，乐其乡。"古代先王把礼与乐结合起来，引导民众，使民众齐心协力，和睦相处。黄帝有《咸池》之乐，尧有《大章》之乐，舜有《韶》乐，禹有《夏》乐，汤有《大濩》、武王有《大武》。先王把自己的感情和志向用音乐表达出来，引导人民齐心协力，为了民族的共同利益和共同目标而团结奋斗。而儒家以乐教与礼教相配合，就是要让人们在典雅静穆的音乐声中，去感悟天地间的自然和社会秩序的庄严、天人一体天下一家的和谐，加强群体的团结凝聚，并且在不知不觉中把遵守社会伦理道德的行为化为一种自觉的个体的道德情操和审美体验。

礼乐教化，完善道德

音乐，也就是快乐，是人的情感中必不可少的，所以人不能没有音乐……音乐演奏在宗庙里，君臣上下一起来听，大家就没有不和睦相敬的。演奏在大家庭内部，父子兄弟一起来听，全家就没有不和谐亲密的。演奏在乡党宗族里，老老少少都一起来听，整个宗族就没有不和和顺顺的。……音乐，是圣人所高兴的事，它可以使民心向善，它感人至深，它改变民风民俗很容易。所以先王同时用礼和乐两者来引导民众，因而民众能和谐和睦。……君子用钟鼓的声音引导志向，用琴瑟的声音愉悦人心；舞蹈的时候拿着盾牌和斧头，装饰着羽毛和牛尾，伴随着石磬、箫管等器乐。那乐声的清澈明朗象征着天，广博远大象征着地，那舞蹈的一俯一仰一转一旋，就好像是四季变化。所以音乐流行心志就清明了，礼义修持德行就形成了，耳目因而灵敏，血气因而平和，风尚和习俗得以转变，天下皆得以安宁，美和善相得益彰。所以说，音乐，就是快乐。君子因为在音乐中发现了道而快乐，小人也因为在音乐中使自己的欲望得到一定的满足而快乐；正因为在音乐中有道制约着欲望，所以虽然大家都快乐却不会迷乱；如果完全被欲望左右忘记了道，那就会陷于狂惑而得不到快乐了。所以音乐是用来引导快乐的；金石丝竹等乐器，是用来引导德行的。音乐流行，民众就会朝着正确的方向了。……再说这个音乐，是和谐社会不可缺少的东西；这个礼义，是治理国家不可变更的道理。音乐可以使人同心同德，礼义可以维持等级差别，礼和乐两者统一起来运用，就把人心给管住了。儒家的礼教，又叫礼乐教化。礼与乐是联系在一起的。所以说到"礼"就必然也要说到"乐"。礼是外在的秩序和规范，要求人们去服从、去遵守，因而比较严肃。过分的严肃，则会使人变得呆板，变得缺少生趣。而乐作为内在情感的流动，则是活泼的、感性的、充满

生命之灵趣的，它可以使人心情愉悦，生气勃勃，融洽人们的感情，陶冶人们的情操，使人性情温良、胸襟豁达。孔子说："乐所以修内也，礼所以修外也。"《礼记·乐记》也说："乐由中出，礼自外作"，"乐也者，动于内者也；礼也者，动于外者也。"作为外在的秩序和法则的礼，有了乐的滋润和协调，就可以使人们即使身处严肃的秩序、法则之下，也会觉得轻松愉快，身心自如。礼乐两者，一里一外，配合起来，就可以把人培养成具有良好的教养和高尚的情操的君子，所以孔子说："兴于诗，立于礼，成于乐。"一个人只有经过"礼"并进入"乐"的境界，才会成为一个道德上、感情上健全而完善的人。

◇人生需要快乐，人生不能没有音乐。

◇乐合同，礼别异。礼乐之统，管乎人心矣。

◇兴于诗，立于礼，成于乐。

集中人心，就能成国

【聊天实录】

我：荀老先生，您对治国有何高见？

荀子：我曾在《荀子·君道》中提到：有乱君，无乱国；有治人，无治法，羿之法非亡也，而羿不世中；禹之法犹存，而夏不世王。故法不能独立，类不能自行；得其人则存，失其人则亡。法者，治之端也；君子者，法之原也。故有君子，则法虽省，足以遍矣；无君子，则法虽具，失先后之施，不能应事之变，足以乱矣。不知法之义，而正法之数者，虽博，临事必乱。……故械数者，治之流也，非治之原也；君子者，治之原也。官人守数，君子养原；原清则流清，原浊则流浊。

我：您这句话该如何解释呢？

荀子：这句话的意思就是：只有会把国家搞乱的君主，没有天生就乱的国家；只有能使国家治理的人，没有保证国家必定治理的法。后羿射箭的方法并没有失传，而后羿那样的射手却不是世世代代都有；夏禹治国的方法也没有失传，但夏朝却不能时代为王。所以法是不可能独自发挥作用的，法的类别条例也不会自动执行；得到合适的人就能存在，没有合适的人就什么都没有。法，只不过是治理的开端；君子，才是法的本源。所以只要有了君子，即便法很简略，也足以应付方方面面；没有君子，法即使很完备，实施起来也会不知前后轻重，不能应付事情的变化，只足以导致混乱。不懂得法的义理，只知道订正法的条例，条例订得再多，遇到事情还是会乱。……所以条文程序制度这些东西，只是治国的末流，而不是治国的本源，君子才是治国的本源。一般小官吏，只要死守那些程序和规则就可以了，而君子则要守护本源；源头清了下面的水流也会清，源头浑浊了下面的水流就必然浑浊。

我：您的意思是说：公平，是处理政事的标准；中正平和，是处理政事的准则。有法律条文可依据的事情就依法执行，没有条文可依据就根据有关法律进行类推，这样处理政事就没有遗漏了。偏私而不遵守常规，就是处理政事的邪道。有好的法国家仍然混乱，这种情况是有的；有了君子国家还混乱，从古到今，没听说过。

荀子：是的，你说得很对，治安产生于君子，动乱产生于小人。

【解读】　　德礼相应，发展社会

对于以刑罚为主要内容的"法"在国家治理中的必要性，儒家并不否认，但儒家认为"法"只是一种辅助措施，根本上还是要以礼治国，而不是以"法"治国。在孔子看来，最理想的社会是一个根本不需要"法"（打官司、用刑罚）的社会，他说："听讼吾犹人也，必也使无讼乎？"意思是说：处理诉讼案件，我跟别人能力差不多，但是我追求的理想是一个根本没有诉讼案件的社会。怎么样才能实现这样一个社会呢？那就得靠"德"与"礼"来把人民逐步引导成为君子。孔子说："道之以政，齐之以刑，民免而无耻；道之以德，齐之以礼，有耻且格。"意思是说：只靠行政措施和刑罚来治理，老百姓也许不敢公然犯法了，但却会变得很不要脸，不知廉耻，一旦有机会，还是会做坏事；而用德与礼来教化，老百姓就会有廉耻之心，品行自然端正，根本就不想做坏事，给他机会他也不会做。

但孔子的理想毕竟不太现实，特别是到了战国时期，社会结构发生了很大变化，社会阶层变异，人口流动频繁，"不要脸"的人也越来越多了。比如一个贵族士大夫，一下子沦落街头成为引车卖浆者，从前那些脸面啊、风度啊还有什么用？索性撕掉脸面赤裸裸干算了，而那些暴发户新贵，根本还没来得及接受"德"与"礼"的教化熏陶，骨子里还是个小人。又比如一个人离乡背井到了一个新地方，以前在家乡谁是谁大家都认识，稍微有点行为不端，七大爷八大姑都站出来指着鼻子骂，脸往哪儿搁？现在到了一个新地方，谁认识谁呀？谁管得着谁呀？于是"不要脸"的人越来越多，这就意味着"礼"越来越不管用，需要动用"法"的地方越来越多，所以战国时期法家大力推动"法治"，是有着客观社会原因的。荀子也看到这一点，所以他不排斥"法"，认为"法"作为一种治理手段是必要的。

但是荀子跟法家的区别，在于他并没有放弃孔子的那个理想，根本目标还是要引导人民提升道德境界、知廉耻、守礼义，成为君子，而不是说：你们道德上、精神上如何我不管，我只要拿个"法"把你们的行动管死就好，所以荀子不同意法家认为"法"是万能的。法家认为：只要有个好的"法"，哪怕君主是个白痴，大臣们是一帮庸才，国家照样能治理得好，根本不需要什么"德"和"礼"了。而荀子则认为"有治人，无治法"。为什么呢？因为"法"是死的，人是活的；"法"是人制订的，靠人来实施，也靠人来解释；"法"不可能针对所有案例，遇到"法"里面没有涉及的情况，还得靠人来"以类举"。所以重要的问题在于执法的人是不是君子，如果执法的人本身就是个小人，再好的"法"到他手上也治理不好国家。"法"只是一些技术性的工具，就像契约、凭证、抽签、抓阄以及各种度量衡的工具，设计出来本来都是为了取信、为了公正，但是如果使用者心术不正，最后反而变成了欺诈和贪腐的工具。所以荀子认为"治生乎君子，乱生于小人"；技术性程序性的"法"不是治之"源"，而只是治之"流"，有德的君子才是"治之源"。

礼法相融，和谐社会

故法而不议，则法之所不至者必废。职而不通，则职之所不及者必队。故法而议，

职而通，无隐谋，无遗善，而百事无过，非君子莫能。故公平者，听之衡也；中和者，听之绳也。其有法者以法行，无法者以类举，听之尽也。偏党而无经，听之辟也。故有良法而乱者，之矣，有君子而乱者，自古及今，未尝闻也。传曰："治生乎君子，乱生乎小人。"此之谓也。

光有法律但不商议研讨，那么法律条文没有涉及的地方就出现了空白；光有各个职位职责的规定而不相互沟通，那么职责没有明确的地方就出现了漏洞。所以要切记有了法律还要商议研讨，明确了职责还要相互沟通，这样才能没有隐藏的谋划，没有遗漏掉的好事，各项事情都没有差错，这除了君子没有人能做到。公平，是处理政事的标准；中正平和，是处理政事的准则。有法律条文可依据的事情就依法执行，没有条文可依据就根据有关法律进行类推，这样处理政事就没有遗漏了。偏私而不遵守常规，就是处理政事的邪道。有好的法国家仍然混乱，这种情况是有的；有了君子国家还混乱，从古到今，没听说过。古书上说："治安产生于君子，动乱产生于小人。"就是说的这个道理。

荀子不仅重视"礼"，而且也重视"法"。《荀子》书中谈到"法"的地方也很多，这是他跟孔子、孟子不同的地方。需要注意的是，荀子所谓的"法"，跟我们今天所说的"法律"，并不是对等的概念。先秦时所说的"法"，最初就只是对犯人判刑并惩罚的办法，后来逐渐包括了对功劳的奖赏，乃至任命考核官吏的办法、君主的行政命令等内容，但跟我们今天所说的"法律"概念的内涵外延并不对应。其实我们今天法律里的有些内容，在古代恰恰是包含在"礼"里面的。"礼"和"法"里面都包含"制度"的因素，荀子是重视这种"制度"因素的，认为理想的社会政治，就是应当能"使群臣百姓皆以制度行"。

荀子虽然有的时候把"礼"和"法"合在一起，称之为"礼法"，而"礼"也的确包含了我们今天所谓法律的部分内容，但在荀子的概念中，"礼"和"法"还是有明显区分的。

首先，"礼"是大原则、大纲领，"法"则是具体的操作程序。荀子认为，朝廷必须"隆礼"，而下面的百官则应当"好法"；"礼节修乎朝，法则度量正乎官"，可见"礼"是朝廷用来把握大方向的，而"法"不过是官吏们办事的细则和规程。荀子在《劝学》篇里说："礼者，法之大分，类之纲纪也。"在《性恶》篇说："礼义生而制法度。"可见"法"必须以"礼"的精神作为依据，不能违背"礼"。就好比现在的刑法、诉讼法等等，不能违背宪法一样，因为宪法是根本大法，是大方向和价值取向之所在，这是荀子跟当时的法家人物的根本区别。

其次，"法"是具有强制性的东西，带有处罚措施；而礼只是指导性的，一个人不遵守礼，不过被人家评论曰"非礼也"而已，不至于被处罚。荀子说："明礼义以化之，起法正以治之。"可见"礼"的作用在"化"，也就是教化，移风易俗，是一种非强制性的影响；而"法"的功能是"治"，治理，行政管理，强制执行。

再次，如果社会上所有的人都自觉遵守"礼"，那所有的人就都是君子了，谁也不会犯罪了，法也就不需要了，但事实上这是不可能的。而由于"礼"是引导性的而非强制性的，要靠个人自觉遵守，所以对那些"元恶"和那些自暴自弃的"小人"是无效的。"礼"只对君子有约束力，对小人不起作用，因此必须要有强制性的"法"来对付小人，所以荀子说："由士以上则必以礼乐节之，众庶百姓则必以法数制之。"这话说得有点绝对，难道百姓里面就没有"君子"？士大夫里面就没有"小人"？不过荀子的意思很清楚，"礼"主要是管社会上层的，"法"则主要是对付社会下层的，这跟《礼记·曲礼上》所谓"礼不下庶人，刑不上大夫"意思是一致的。

人 生 智 慧

◇靠"德"与"礼"来把人民逐步引导成为君子。

◇治生乎君子，乱生乎小人。

◇礼不下庶人，刑不上大夫。

礼法并用，刑赏不过

我：荀老先生，您对政治主张有何高见？

荀子：我曾在《荀子·王制》中提到：王者之论：无德不贵，无能不官，无功不赏，无罪不罚。朝无幸位，民无幸生。尚贤使能而等位不遗；析愿禁悍，而刑罚不过。百姓晓然皆知夫为善于家，而取赏于朝也，为不善于幽，而蒙刑于显也。夫是之谓定论，是王者之论也。

我：您这句话该如何解释呢？

荀子：这句话的意思就是：王者用人的理论是：没有德行就得不到尊贵，没有才能就得不到官位，没有功劳就得不到奖赏，没有犯罪就不会受惩罚。朝廷上没有可以侥幸偷懒的职位，老百姓也没有投机取巧的生活。崇尚贤人任用能人，等级名位不会遗漏；制裁狡诈的人禁止凶悍的人，刑罚运用不会过分。百姓都明明白白知道在家做好事，就可以从朝廷得到奖赏；在暗中做坏事，就会公开受到刑罚。这就叫"定论"——确定无疑的裁断，这就是王者用人的理论。

我：您的意思是说：奖赏不要过分，刑罚也不能滥用，奖赏过分就会让小人讨了便宜，刑罚滥用则可能伤害到君子。如果不幸不得已把事情做过头了，那么宁可是奖赏过分了也不要是刑罚用滥了。与其伤害了好人，不如让坏人得点便宜。

荀子：是的，你说得很对，赏不欲僭，刑不欲滥。赏僭则利及小人，刑滥则害及君子。若不幸而过，宁僭勿滥。与其害善，不若利淫。

　　　　重视教育，公正奖惩

"礼"包含"亲亲"与"尊尊"的精神，讲究亲疏、上下的区别。"亲亲"意味着对自己的父母、家人要比对外人更加亲密、爱护一点，"尊尊"意味着对尊者、长者要格外尊敬、礼让一点，这乃是人之常情，是人群中的自然状态。但是这跟"法"的精神并不吻合，两者有时还会发生冲突。因为"法"强调平等、公正，不管是谁，亲娘老子也好，王子王孙也好，犯了法都一样治罪。比如父亲犯了法，儿子要不要检举揭发呢？在法家看来，当然要揭发，否则就不公平。法家刻薄寡恩，是不讲什么亲情的。但孔子却认为这不好，应该是父为子隐，子为父隐才好。有人曾问孟子，舜做天子，假如舜的父亲杀了人，舜会怎么办？是不是听凭法官把他的父亲依法处决？孟子回答说：舜不可能眼睁睁看着他父亲被处决，他会抛弃天子的职位，私下带着他父亲越狱逃跑。在孔、孟看来，维护父子间的亲情要比维护"法"的公平更重要，甚至比做天子都更重要，因为"亲亲"之爱代表着人类更高的价值。

这种"礼"与"法"的矛盾，随着战国时期社会的变迁变得越来越突出。法家主张以"法"治国，认为仁义礼乐这些东西，也许在以氏族血缘关系为纽带的古代社会曾经有效，但现在已经不管用了，必须靠严刑峻法、厚赏重罚才能治理国家，而在"法"的面前，没有什么"亲亲"的温情，也没有什么"尊尊"的客气，"法不阿贵，绳不挠曲"，"刑过不避大臣，赏善不遗匹夫"。

荀子生活在战国末年，目睹了当时各国的社会变迁和政治变革，对法家的主张也很熟悉，他一方面仍然坚持孔子以"德"和"礼"来治国的理想，另一方面他也以现实主义的态度肯定了"法"作为国家政治制度操作工具层面上的价值和必要性，包括对"法"所必需的平等、公正、客观精神的肯定。他指出"法"应当是"无功不赏，无罪不罚；朝无幸位，民无幸生"，这就是说：赏、罚要跟功、罪相称，而且无论是朝中大臣，还是普通百姓，都不可侥幸例外。他清楚地认识到公平作为执法与施政的原则之重要，指出"公平，职之衡也"，比如选拔人才，一定不能徇私情，"内不可以阿子弟，外不可以隐远人"。

"外不避仇，内不阿亲"，这样才能选拔到优秀的人才。他还强调了"法"作为一种公正的原则的客观性，指出执法者必须"以公义胜私欲"，"怒不过夺，喜不过予，是法胜私也"，不能凭自己一时的喜怒随意增减处罚或奖赏。荀子《君道》篇也强调，理想的政治环境应当是"公道达而私门塞矣，公义明而私事息矣"。像当今社会流行的一些做法，比如不管办什么事都想方设法找个亲戚、朋友、熟人，请客送礼、打电话、递条子，希望能给个方便、开个后门什么的，都属于所谓"私门"、"私事"，是古代儒家所不齿的。所有这些，其实跟当时法家的主张也是一致的。

但是荀子作为儒家大师，跟法家人物还是有根本区别的，区别就在于他虽然不得已接受"法"作为一种治理工具的有效性和必要性，但他内心对"赏庆刑罚"这一套东西还是很鄙视的，他在跟临武君在赵孝成王面前"议兵"的时候，就曾斥责这些东西是所谓"佣徒鬻卖之道"，是古人羞而不道的，不足以用来"合大众、美国家"。"法"是没有办法的办法，要是人人都是君子，本可以不要这一套东西的。他不像法家那样认为"法"是什么最高的原则，而是认为在作为工具的"法"的上面，还有更高的价值，这个价值就是蕴涵在"礼"里面的基于亲亲之爱并推己及人的仁爱精神。

怎么理解呢？因为"法"的所谓公平其实只是一种形式上的公平，运用到极致，有时甚至还会导致实质上的不公平。假设这里有一百个人，但只有够九十个人吃的饭，怎么办？法家的办法就是定出一个统一的规则，叫作"法"，"法"看上去是公平的，让所有的人一律平等竞争，不讲私情，不开后门；胜者就有饭吃，败者就出局。结果怎样？肯定是强者壮者有饭吃，活下来了；孤寡老弱残疾人，竞争不过强者，就饿死了，这样的结果是不是公平合理呢？

出于儒家的仁者情怀，这种情况是不允许发生的，所以在这个优胜劣汰、自由竞争的"公平"法则之上，一定还要有一个人类更高的价值管着。因此荀子在肯定"法"的作用的同时，认为君主还必须坚持用"德"与"礼"来引导这个社会，"选贤良，举笃敬，兴孝弟，收孤寡，补贫穷"，这样才能使得这个社会在整体上实现《礼记·礼运》中所说的"老有所终，壮有所用，幼有所长，鳏寡孤独废疾者，皆有所养"的社会理想。

正是出于这种仁者情怀，荀子认为："赏不欲僭，刑不欲滥。赏僭则利及小人，刑滥则害及君子。若不幸而过，宁僭勿滥。与其害善，不若利淫。"这意思就是说：赏和罚，都不能滥用，如果实在把握不准，那就宁可让坏人得到一点便宜，也不能误伤一个好人。这和那种"宁教我负天下人，休教天下人负我"，"宁可错杀三千，绝不放过一个"的残忍思想是大不一样的。

正是出于这种仁者情怀，荀子坚决反对"以族论罪"、反对"一人有罪，而三族皆夷"的连坐法。"父子相隐"和"以族论罪"的依据都是家庭亲情和血缘纽带，可是儒家赞成"父子相隐"却反对"以族论罪"，法家反对"父子相隐"却实行"以族论罪"，由此我们可以看出有还是没有仁爱精神作为根本价值导向的差别。

也正是出于这种仁者情怀，荀子和孔、孟一样，反对"不教而诛"，认为首先要对民众进行教育，如果事先没有进行教育，等到老百姓犯了法才来惩罚他们，用孟子的话来说，那就等于是设下了陷阱来坑害老百姓。荀子也认为"不教而诛"只会使刑罚越来越繁，这和法家一味主张"严刑峻法"、"以刑去刑"的极端做法也是大异其趣的。也正因为如此，儒家特别重视教育。而法家则搞文化专制主义，"以吏为师"、"以法为教"，当官的就是老师，法条就是教科书，除此之外一切知识分子和文化典籍基本上都可以不要了。

礼法并用，刑赏不过

故刑当罪则威，不当罪则侮；爵当贤则贵，不当贤则贱。古者刑不过罪，爵不逾德，故杀其父而臣其子，杀其兄而臣其弟。刑罚不怒罪，爵赏不逾德，分然各以其诚通。是以为善者劝，为不善者沮；刑罚綦省，而威行如流，政令致明，而化易如神。传曰："一人有庆，兆民赖之。"此之谓也。乱世则不然：刑罚怒罪，爵赏逾德，以族论罪，以世举贤。故一人有罪，而三族皆夷，德虽如舜，不免刑均，是以族论罪也。先祖当贤，后子孙必显，行虽如桀纣，列从必尊，此以世举贤也。以族论罪，以世举贤，虽欲无乱，得乎哉！《诗》曰："百川沸腾，山冢崒崩，高岸为谷，深谷为陵。哀今之人，胡憯莫惩！"此之谓也。

刑罚跟罪行相称就有威信，跟罪行不相称就没有威信；爵位跟贤德相配才尊贵，跟贤德不相配就没有价值。古代刑罚不会超过罪行，爵位也不会超过德行。因此即便杀了他的父亲，还可以任用他的儿子；杀了他的哥哥，还照样任用他的弟弟。刑罚不超过罪行，爵位和奖赏不超过德行，清清楚楚都按各自的真实情况实施，因此做好事的得到鼓励，做坏事的则被阻止。刑罚极其简明，但威力却像流水一样无处不到；政令非常明确，而教化的推行却有如神明一样容易。古书上说："天子一人有善德，亿万人民都靠他。"就是说的这个。乱世却不是这样：刑法超过罪行，爵禄奖赏超过德行，按照家族连坐来定罪，根据家世出生来举拔贤人。因此一旦有一个人犯了罪，父亲母亲妻子三族里的人都要诛杀，即使有个德行如舜一般的人在里面，也逃不了遭受同样的刑罚。一个人如果祖上曾经出过贤人，那他的子孙也必定显赫，哪怕有个劣迹如同桀纣的，官阶照样不会低，这就叫依据家世来举拔贤人。按照家族定罪，依据家世举贤，即使想不乱，有可能吗？《诗经》上说："大小河流沸腾了，崇山峻岭崩溃了；高高的山崖变成了深谷，深深的山谷变成了山陵；哀叹当今世上的人，怎么还不知道警戒呢？"就是说的这个。

人生智慧

◇奖赏不要过分，刑罚也不能滥用。

◇赏和罚，都不能滥用，如果实在把握不准，那就宁可让坏人得到一点便宜，也不能误伤一个好人。

◇故刑当罪则威，不当罪则侮；爵当贤则贵，不当贤则贱。

第五章

荀子与我聊进退荣辱

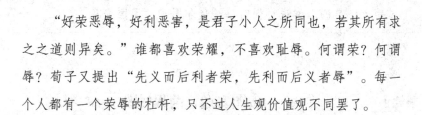

　　"好荣恶辱，好利恶害，是君子小人之所同也，若其所有求之之道则异矣。"谁都喜欢荣耀，不喜欢耻辱。何谓荣？何谓辱？荀子又提出"先义而后利者荣，先利而后义者辱"。每一个人都有一个荣辱的杠杆，只不过人生观价值观不同罢了。

沉溺安逸，自毁进取

【聊天实录】

我：荀老先生，您对贪图安逸有何高见？

荀子：我曾在《荀子·劝学》中提到：《诗》曰，"嗟尔君子，无恒安息。靖共尔位，好是正直。神之听之，介尔景福。"神莫大于化道，福莫长于无祸。

我：您这句话该如何解释呢？

荀子：这句话的意思就是：《诗》云："唉呀，你们君子啊，不要常常歇息着。安心供奉你的职位，爱好正直行为。神灵知道了这些，就会给你大福气。"精神修养没有比融化于圣贤的道德更高的了，幸福没有比无灾无难更大的了。

我：您的意思是说：无论是谁，只要贪图安逸，都会毁掉自己的进取之心，从而毁掉自己的人生。

荀子：是的，你说得很对，"嗟尔君子，无恒安息"。

【解读】 ❦ 贪图安逸，前程尽毁 ❦

不仅不能贪图安逸，还要积极进取，否则就会像《论语》中孔子说的那样："吃饱穿暖，安逸地住着却没有受教育，就与禽兽相差无几了。"饱食终日，无所事事，自然会意志消沉，甚至有可能蜕化成社会的害虫，为人们所不齿。

李斯

秦朝宰相李斯可以说是声名赫赫、不可一世，后来却成了阶下囚，临到行刑的时候，他对他的小儿子说："我跟你还能够牵着咱们那条巷尾巴的黄狗，穿过上蔡县城的东门，到山上去追猎野兔吗？"这是一个"持之盈之"者重新渴望平静恬淡的生活的真实写照，然而为时已晚矣！

"千古一帝"秦始皇，横扫六国，统一江山，天下财富皆归于己。如果按照老子的观点，他应当"功成名遂身退"了。然而，这位始皇帝却偏偏不满足，为了满足自己的奢欲，他在首都附近大兴土木，建造阿房宫、骊山墓，所耗民夫竟达 70 万人以上。据记载，阿房宫的前殿东西宽约 690 米，南北深约 115 米，殿门用磁石砌成，目的是防止来人带兵器行刺秦始皇。除此以外，秦始皇修建大量的宫殿和行宫，仅在咸阳周围就有 270 多座，在关外有 400 多座，在关内有 300 多座。

修建这样庞大的工程耗费大量的人力、物力、财力，据估算，当时服兵役的人数远远超过 200 万，占当时壮年男子人数的三分之一以上。

庞大的工程开支加上庞大的军费开支，造成了秦王朝"男子力耕，不足粮饱，女子纺织，不足衣服，竭天下之资财以奉其政"民不聊生的悲惨局面，百姓们过着"衣牛马之衣，食犬口之食"的痛苦生活，最终，秦始皇的万世皇帝梦只维持了短短 15 年。

秦始皇本想成就千古霸业，结果仅仅维持了十几年而已。

人的自私本性决定了人的行为，大多数人的所作所为都是从自己的利益出发，但是一部分人因为权势或际遇而觉得自己可以没有任何顾忌地去追逐私利，从而走向骄横奢华，以致最后因为私心无度而引火烧身。

自律有度，创功建业

有一些被称为不愧是君子的人，任何时候都能自律有度。他们不光一生平安顺达，而且还能够创建功业，留下美名。春秋时的庆封和晏子，就是一对典型的例子。

齐襄公二十八年，齐国的权臣庆封到吴国，集合他的家族居住下来，聚敛的财物比原来更加丰盈。当时的子服惠伯对叔孙穆子说："上天大概是让淫邪的人发财，这回庆封是又富了。"穆子说："善人发财叫作赏赐，淫邪的人发财叫作祸患，上天会让他遭殃。"昭公四年，庆封被楚国人杀害了。以前他的父亲庆克曾经诬陷鲍庄，当时庆封正在策划攻打子雅、子尾，事情被发现，姓崔的人叛变了，庆封的儿子舍庆封逃蛰吴国(这里说的子雅、子尾是齐国的公子)同一年！

齐国崔姓叛乱，子雅等公子们都失散了，等到庆氏灭亡后，齐王又拉回了这些公子们，于是他们就都各自回到了原来的领地。叛变的事件结束后，齐王赏给晏子邶殿的60个乡邑，他没有接受。

子尾说："富有是人人都想得到的，可是你为什么偏偏不要呢？"晏子回答说："庆氏的城池多得能够满足他的欲望，可他还贪而不忍，所以灭亡了；我的城池不能以满足自己过分的欲望，不要邶殿并不是拒绝富有，而是害怕失去富贵。因为富贵就像布帛那样有边幅，应该有所控制，让它不至于落失人手。"意思是说富人不能随意增加财富，否则将会自取灭亡。

人富了，就容易产生骄横之心，富有而不骄横的人，天下是很少有，富者要忍富，不能因为别人不富有，去欺压别人。

对于贫寒清苦的生活，有些人以为很苦，而不少名士、隐士则有他们不一样的见解，他们把忍受清贫的生活当成了一种修身养性、战胜人性中贪欲的一种方法，他们不以这样为苦，反以这样为乐。

与之相反，对自己人性中最阴暗的一面不加任何抑制地放纵的人，结果往往都像庆封一样，最后都会身败名裂，但偏偏这样的人却代代都层出不穷。

人生智慧

◇嗟尔君子，无恒安息。

◇贪图安逸，自毁前程。

◇饱食终日，无所事事，自然会意志消沉，甚至有可能蜕化成社会的害虫，为人们所不齿。

先义后利，荣誉得之

【解读】　重视礼仪，成就自己

"金钱不是万能的，但是没有金钱是万万不行的"，金钱在人们的现实生活中占有重要地位。但是，我们也不能一味地追求利益，义和利应该是统一的。义中有利，利中有义，经商的人更应重视义，不挣不义之财，更不能见利忘义。

李嘉诚

李嘉诚拥有的第一幢工业大厦、地产大业的基石，让他赢得"塑胶花大王"盛誉的老根据地是北角的长江大厦。20世纪70年代后期，香江才女林燕妮为她的广告公司租场地，跑到长江大厦看楼，发现长江仍在生产塑胶花。此时，塑胶花早过了黄金时代，根本无钱可赚。当时长江地产业已创出自己的名号，盈利已十分可观，就算塑胶花有微薄小利，对长江实业的利润实在是九牛一毛。为什么仍在维持小额的塑胶花生产，林燕妮甚感惊奇，李嘉诚说是为了给以前的老员工留下一些生计，为了让他们衣食丰足。

曾经有一位在李嘉诚公司工作了 10 年的会计，因为不幸患上青光眼，无法继续在公司上班，而且他早已花完了额度之内的医疗费，生活临着极大的困难。李嘉诚关心地询问会计太太是否具有稳定的工作可以维持家庭生活？他支持他去看病，而且说，如果他的生活不够稳定，他可以担保他的太太在他的公司工作，使这家人不必再为生活奔波。

这位患病的会计经过医生的诊治，退休后定居在新西兰。本来这件事就应该这样结束，但值得一提的是，每次李嘉诚从媒体上获知治疗青光眼的方法，都会叫人把文章寄给那位会计，希望对他有所帮助。他的行为使会计的全家都十分感动，那个会计的孩子尚处幼年，大概还没到 10 岁，为了表达全家对李嘉诚的感激之情，孩子自己动手画了一张薄薄的卡片，寄给李嘉诚，礼轻情谊重，由此可见李嘉诚优秀的人品和对员工的关爱之情。

有人看到李嘉诚如此善待员工，不由得感叹道："终于明白老员工对你感恩戴德的原因了。"李嘉诚认为一家企业就像一个家庭，他们是企业的功臣，理应得到这样的待遇。现在他们老了，作为晚辈，就该负起照顾他们的义务。别人夸奖李嘉诚精神难能可贵，不少老板等员工老了一脚踢开，他却没有，这批员工过去靠他的厂养活，现在厂没有了，他仍把员工包下来。李嘉诚急忙否定别人的称赞，解释说："老板养活员工，是旧式老板的观点，应该是员工养活老板，养活公司。"相比较而言，日本的企业，在新员工报到的第一天，通常要做"埋骨公司"的宣誓。李嘉诚却从不勉求员工做终身效力的保证，他总是通过一些小事，让员工认为值得效力终身。他自豪地说，他的公司不是没有跳槽，但是公司行政人员流失率极低，可说是微乎其微。

在商战中，利益高于一切，商人不会从事没有收获的事业，毕竟企业不是慈善机构，所以工厂没有效益，关闭也无可厚非，李嘉诚却继续生产，坚持"员工养活企业，企业应该回报他们"的朴素观点，他是把冷漠商场化无情为有情，把"义"作为经商的道德基础。"君子爱财，取之有道"，对于个人是这样，对于企业更是如此，否则，你的所得便是不义之财，不能长久，甚至还会带来长远的伤害。

先义后利，荣誉得之

"义"是指中国传统文化中的一种道德规范，是约束人们行为的规范和原则。孟子曾说"义，人之正路也"，意思是遵从道义，是一个人应当走的正路。荀子在本文中的观点并不是否定利益，只是反对以不正当的手段来谋取金钱和财富，而是认为先义后利者荣耀，先利后义者耻辱。

义利合一说随墨学的中绝而成为末流，而孔、孟虽然也说"富与贵，是人之所欲也"（《论语·里仁》），甚至"富而可求也，虽执鞭之士，吾亦为之"（《论语·述而》），但他们更强调的是"君子喻于义，小人喻于利"（《论语·里仁》）、"君子义以为上"（《论语·阳货》）、"何必曰利，亦有仁义而已矣！"（《孟子·梁惠王上》）这就是孔子所谓的"见利思义"（《论语·宪问》）、"见得思义"（《论语·季氏》）、"志士仁人，无求生以害仁，有杀身以成仁"（《论语·卫灵公》），也就是孟子所谓的"生，亦我所欲也，义，亦我所欲也。二者不可得兼，舍生而取义者也"（《孟子·告子上》）。

与孔孟相比，荀子更强调义与利的兼得并重。荀子反复强调，求利与求义一样，也具有合理性和正当性："义与利者，人之所两有也。虽尧舜不能去民之欲利"（《荀子·大略》），这一点也为后儒所继承。董仲舒说："天之生人也，使人生义与利。义者，心之养也；利者，体之养也"（《春秋繁露·身之养重于义》）；程颐说："人无利，真是生不得"（《河南程氏遗书》卷十八）；朱熹说："圣人岂不言利？……若说全不言利，又不成特地去利而就害。"（《朱子语类》卷三十六），但与此同时，在义与利相冲突时，荀子毫不含糊地主张弃利而就义，"先义而后利"《荀子·荣辱》、"无以利害义"（《荀子·法行》），即使为此而牺牲生命也在所不辞，绝不苟且偷生、胡作非为，这就是荀子所谓的"畏患而不避义死，欲利而不为所非"。在这一点上，儒家的立场始终是鲜明的，由此而养就了传统社会杀身成仁、舍生取义的浩然正气，见利忘义则为人所鞭笞、鄙夷。如古人对见风使舵、唯利是图的吕布就嗤之以鼻：

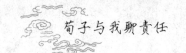

"吕布有航虎之勇，而无英奇之略，轻狡反复，唯利是视。自古及今，未有若此不夷灭也。"（《三国志·吕布臧洪传》）

义利关系在传统伦理思想史上始终占据着至关重要的地位，诚如朱熹所言："义利之说，乃儒家第一意。"（《朱子文集》卷二十四）

概括地说，古代关于义利关系的思想可分为三种：一是孔子、孟子的重义利之辨且突出表现为重义而轻利的倾向，二是墨家的以公义为利，崇义利合一，三是荀子等尚义而不轻利、兼重义利。

孔子认为"君子喻于义，小人喻于利"，他把"义"和"利"作为区别君子和小人的标准。在孔子的眼里，道德高尚的人重义而轻利，见利忘义的人重利而忘义。前者受人尊敬，后者惹人生怨。

追逐财富，期盼发家，这是人之常情。在一个成熟的商业社会里，个人对创造积累财富的努力，也是有益于社会发展进步的。利益是个好东西，谁不喜欢利益呢？"天下熙熙，皆为利来；天下攘攘，皆为利往"，求财可以，但要始终遵循一个原则，面对财富的诱惑，不能动摇，不能利欲熏心，唯利是图必定会招来怨恨。

不管是经商，还是为人处世，都应该遵循一个原则：先义而后利者荣耀。

人生智慧

◇义和利应该是统一的，义中有利，利中有义。

◇先义而后利者荣耀。

◇唯利是图必定会招来怨恨。

摒弃小人，君子风范

【聊天实录】

我：荀老先生，您对君子和小人有何高见？

荀子：我曾在《荀子·不苟》中提到：君子能亦好，不能亦好；小人能亦丑，不能亦丑；君子能则宽容易直以开道人，不能则恭敬缚绌以畏事人；小人能则倨傲僻违以骄溢人，不能则嫉妒怨诽以倾覆人。

我：您这句话该如何解释呢？

荀子：这句话的意思就是：君子有才能美，没有才能也美；小人有才能丑，没有才能也丑；君子有才能就宽容、平易近人、正直，并且用来开导别人，没有才能也会恭敬、谦逊，用敬畏的态度去体奉人；小人有才能就会傲慢、邪僻，并且用骄傲的轻侮的态度待人；小人没有才能也会嫉妒、怨恨，用言语诽谤来颠覆陷害人。

我：您的意思是说：君子终身快乐，没有一天的忧虑。

荀子：是的，你说得很对，"君子是以有终身之乐，无一日之忧"。

【解读】 做人应言行一致

李勉是唐朝人，从小喜欢读书，并且注意按照书上的要求去做，时间长了，就成了习惯，培养出了诚信儒雅的君子风度。

他虽然家境贫寒，但是从不贪取不义之财。

有一次，他出外学习，住在一家旅馆里，正好遇到一个准备进京赶考的书生，也住在那里。两人一见如故，于是经常在一起谈古论今，讨论学问，成了好朋友。

有一天，这位书生突然生病，卧床不起。李勉连忙为他请来郎中，并且按照郎中的吩咐帮他煎药，照看着他按时服药。一连好多天，李勉都细心照顾着病人的起居饮食等日常生活，可是，那位书生的病不但没有好转，反而一天天地恶化下去了。看着日渐虚弱的朋友，李勉非常着急，经常到附近的百姓家里寻找民间药方，并且常常一个人跑到山上去挖药店里买不到的草药。

一天傍晚，李勉挖药回来，先到朋友的房间，看见书生气色似乎好了一些。他心中一阵欢喜，关切地凑到床前问："哥哥，感觉可好一些？"

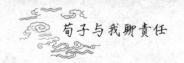
书生说："我想，我剩下的时间不多了，这可能是回光返照，临终前兄弟还有一事相求。"

李勉连忙安慰道："哥哥别胡思乱想，今天你的气色不是好多了吗？只要静心休养，不久就会好的。哥哥不必客气，有事请讲。"

书生说："把我床下的小木箱拿出来，帮我打开。"

李勉按照吩咐做了。

书生指着里面一个包袱说："这些日子，多亏你无微不至的照顾。这是一百两银子，本是赶考用的盘缠，现在用不着了。我死后，麻烦你用部分银子替我筹办棺木，将我安葬，其余的都奉送给你，算我的一点心意，请千万要收下，不然的话兄弟我到九泉之下也不会安宁的。"

李勉为了使书生安心，只好答应收下银子。

第二天清晨，书生真的去世了。李勉遵照他的遗愿，买来棺木，精心为他料理后事。剩下了许多银子，李勉一点也没有动用，而是仔细包好，悄悄地放在棺木里。

不久之后，书生的家属接到李勉报丧的书信后赶到客栈，他们移开棺木后，发现了陪葬的银子，都很吃惊。了解到银子的来历后，大家都被李勉的诚实守信不贪财的高尚品行所感动。

后来李勉在朝廷做了大官，他仍然廉洁自律，诚信自守，深受百姓的爱戴，在文武百官中也是德高望重。

毋庸置疑，李勉是一个君子。千百年来，正义、善良因君子之为而生，和平、美好、真缘君子风范凛然伫立于地。所以，做人应言行一致，要不屑于名和利，为官不听信谗言媚语，不让利益迷惑了心智，始终不渝地保持着一双明亮的眼睛，一颗坚贞的心。

❧ 摒弃小人，君子风范 ❧

"君子"这个词，本义是"君之子"，在春秋以前，"君子"基本上都是指上流社会有身份的人，而与之相对的"小人"，也就是指不属于上流社会的平民百姓。在贵族等级社会里，君子、小人的身份基本上是生下来就注定了的，而且基本上没有改变的可能：出身于上流贵族家庭就是君子，出身于下层社会就是小人。君子基本上是衣食不愁的阶层，享有一定的政治经济特权，因而"礼"对君子的衣食住行、言行举止，要比对小人有更严格的要求，而小人大多从事体力劳动，或者其他服务性行当，如做买卖等，小人在政治上没有什么权利，"礼"对小人的要求，也比较低一点，这就是所谓"礼不下庶人"。

有的时候，如果一个君子不太遵守礼仪，举止粗鲁，说话做事跟他的身份不相称，别人就会说：你看他，哪像个君子？简直是个小人！也有的时候，一个小人也会表现出杰出的才干和高尚的品德，令那些君子感到自愧不如。

到了春秋时期，礼崩乐坏，社会阶层发生了"高岸为谷，深谷为陵"的巨大变动，贵族地位衰落，平民力量上升，作为固定的社会地位和身份的"君子"、"小人"的界限就变得不是很清楚了。《左传》里面说当时出现了"君子称其功以加小人，小人伐其技以冯君子"的局面，也就是说，君子们不得不一改谦虚礼让的君子风度，厚着脸皮为自己评功摆好，以证明自己有资格处于高于小人的社会地位；而小人们也不再老老实实甘居社会底层，而是纷纷炫耀自己的技能，表明凭自己的本事完全应该享有比君子更高的社会地位。于是"君子"和"小人"这两个概念的内涵也渐渐发生变化，逐渐从区分两个固定的不同社会阶层的含义，转变到评价个人内在道德素质的意义上去了。也就是说，是"君子"还是"小人"，渐渐跟家庭背景、社会阶层、身份职业等都没有关系了，而主要是看个人的道德素质了。

一天，荀子为韩非、李斯等弟子讲解"君子与小人的区别"。

韩非问："先生，君子是一种什么样的人呢？"

荀子回答说："概括而言，君子就是明了礼义，并能亲身实践的人。"

"君子学习渊博的知识，且每天检查和反省自己。"

"君子尊重别人，但不奢求被别人尊重。"

"君子讲究诚信，不以不被人相信为耻。"

"君子不会被金钱名誉诱惑。"

"君子不诽谤别人，也不怕被人诽谤。"

"君子拒绝贿赂，小到小禽小犊不要，大到连整个国家给他都不要。"

"君子道德高尚，很容易交许多朋友，君子在朋友之间施行仁义。"

"君子为了'礼'、'义'，可以牺牲自己。"

"君子称赞别人的美德，但绝不阿谀奉迎，溜须拍马。"

"君子指出别人的过失，但绝不挑剔别人。"

"君子啊！他的言行犹如日月，人皆仰视。"

李斯问："先生，那小人是一种什么样的人呢？"

荀子回答说："概括而言，小人就是好利、好嫉妒、好声色，不学礼义，不修养身心，任其本性发展下去的人。"

"小人从来不说真话，不讲诚信，到处搞欺骗。"

"小人唯利是图，大发不义之财。"

"小人嫉恨别人，栽赃陷害别人，好私斗。"

"小人一旦掌握了权力，便会耀武扬威，不可一世也。"

"小人独断专行，听不进别人的劝告。"

"小人排挤贤良有功的人，陷害不与他们同流合污的人。"

"小人只想独享荣华富贵，从不懂得与人分享。"

"小人甚至会公然犯法，成为强盗。"

"小人在国家混乱时，会杀父弑君，卖国投敌。"

毫无疑问，荀子赞赏君子，而鄙视小人，荀子教导他的弟子们：做君子，而不做小人。

荀子借用孔子的话告诉我们："君子……有终身的快乐，而没有一天的忧愁。小人……有终身的忧愁，而没有一天的快乐。"

君子为人所尊敬，小人为人所不齿；君子凡事顺利，小人灾祸连连。在现在生活中，究竟是选择做一个君子，还是做一个小人，有智慧的人会毫不犹豫地做出正确的选择。

"君子"、"小人"的概念内涵发生上述变化，跟孔子也有很大关系。孔子经常跟他的弟子们谈论什么是君子，什么是小人，要求弟子们要做"君子儒"，不要做"小人儒"。孔子所说的君子、小人，虽然有时还是跟身份和社会地位有点关系，但他更强调的是二者在内在道德素质方面的差别。自孔子之后，"君子"、"小人"概念就基本上用来区分个人道德素质，跟身份、地位没什么关系。也就是说，不管你的官做到多大，如果你缺德，你仍然是个"小人"；而平头百姓，道德素质高，也就是"君子"了。因此，不管是谁，只要努力修养道德，完善自我道德人格，都可以成为"君子"。儒家学说的一个重要方面，就是想叫人人都成为道德完善的君子。

荀子所说的"君子"、"小人"，主要还是从道德素质的意义上来说的。他认为君子、小人在天生的人性上，在先天的素质、智力、能力方面，是没有什么区别的，之所以成为君子或小人，完全是后天所受到的不同影响及所形成的不同习惯的结果，荀子把个人在不同的处境和环境中接受不同的影响叫作"注错习俗"。另外，荀子认为，君子和小人作为人，基本的欲望也没有什么不同，只不过他们用来满足自己欲望的途径和手段是不一样的。也正因为如此，成为君子还是小人，个人是可以选择的，任何人都可以通过学习、接受教育、道德修养，使自己成为君子。

另一方面，一个人一旦成了"君子"，就应当承担起顶天立地、与天地参、治理天下，乃至为民父母的责任。因为在荀子的理想社会图景中，君子是社会的管理者和领导者。所以在《荀子》书中，"君子"有时也指理想社会中德位相称的在位者。他说："君子者，天地之参也，万物之总也，民之父母也。无君子，则天地不理，礼义无统，上无君师，下无父子，夫是之谓至乱。"换句话也就是说，君子理应获得跟他的才干和道德水准相应的社会地位和身份，并承担相应的社会责任。只不过这个社会地位和身份不再是一种可以继承的家族遗产，而是后天靠个人的努力"为之，贯之，积重之，致好之"的结果。

君子只管修炼培养自己内在的品德和才能,不去推销、炫耀自己,更不要说去变着法儿炒作自己。君子耿直、忠良、光明磊落、胸襟坦荡……小人奸邪、卑鄙、污浊、偏激、狡诈……为什么有的人情愿当小人,而不愿当君子呢?其实,人人原本的意愿都是当君子,之所以选择当小人,归根结底是受利益的驱使。

人生智慧

◇君子是以有终身之乐,无一日之忧。

◇君子就是明了礼义,并能亲身实践的人。

◇人人原本的意愿是当君子,之所以选择当小人,归根结底是受利益的驱使。

人生有欲,无争无祸

【聊天实录】

我:荀老先生,您对无争则无祸有何高见?

荀子:我曾在《荀子·礼法》中提到:人生而有欲,欲而不得,则不能无求,求而无度量分界,则不能不争。争则乱,乱则穷。

我:您这句话该如何解释呢?

荀子:这句话的意思就是:人一生下来就有欲望,有了欲望不能满足,就要去争取,追求,追求过分了而没有一定的限度和界限,就势必要发生争执。只要发生了争斗就会造成混乱,混乱就会造成穷困。

我:您的意思是说:人因为欲望而争夺,争来争去。结构等来的只能是气愤、悔恨和仇怨。

荀子:是的,你说得很对,无争则无祸。

放下争夺，获得轻松

人们之所以产生纷争，是由于欲望过于强烈，过于看重财利和地位。其实这些都是身外之物，争到与争不到又有多大的关系？

得到了不一定是福，失去了未必是祸，要用辩证的思想去对待名利和地位。无休止的争夺，是引起纠纷和祸害的根源。

对于纷争，古人提倡要克制这种心理和行为。

贾谊在《鹏鸟赋》中说："豁达的人很达观，无所求。而贪婪的人为利而死，烈士为名而亡。"

许名奎在《忍经》中说："好权的人争权于朝廷，好利的人争利于市场，争来争去永无休止，就好像杀人夺物之人逞强而不怕死。钱财能给人带来好处，同样也能坑害人。人们一直没有想明白，因此而丧失生命。权势能使人得到宠爱，也能使人备受侮辱。人们为什么对此不好好深思，而最终被诛呢？"

而荀子对纷争则更加鄙视，他在《荀子·性恶》中说："一味地争夺，不怕死亡受伤，不怕对方势力强大，只要看见有利可图就贪得无厌，这是和猪狗一样的勇敢啊！"

荀子告诉我们：智者有深远的见解，不去争夺外物，把利看成污浊的粪土，把权力看得轻如鸿毛。认为污浊的东西，自然就能比较容易避开；轻视一样东西，也能很容易地抛开它。避开了利则能使人无恨，抛了权则能让自己轻松。其实，还有什么比知足常乐更让人快乐的呢？

要知道，在日常的生活和经营过程中，利益是创造出来的，是以诚实劳动作为基础的，不是靠争。争来争去，双方失和，谁也不见得能够获得更多和更大的利益，何必争呢？

荀子提醒我们，不争才能无祸，不争才是更高明的做法。

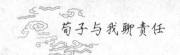

⤜ 人生有欲，无争无祸 ⤛

齐景公

战国时，齐国有三个大力士，一个叫公孙捷，一个叫田开疆，一个叫古治子，号称"齐国三杰"。他们勇猛异常，仗着齐景公的宠爱，为所欲为。当时，齐国的田氏势力越来越大，他联合国内几家大贵族，打败了掌握实权的栾氏和高氏，威望越来越高，直接威胁着国君的统治。田开疆正属于田氏一族，齐相晏子很担心"三杰"为田氏效力，危害国家，想把他们除掉，又怕国君不听，反倒坏了事，于是心里暗暗拿定了主意：用计谋除掉他们。

一天，鲁昭公来齐国访问，齐景公设宴招待他们。鲁国是叔孙大夫执行礼仪，齐国是晏子执行礼仪。君臣四人坐在堂上，"三杰"佩剑立于堂下，态度十分傲慢。正当两位国君喝得半醉的时候，晏子说："园中的金桃已经熟了，摘几个来请二位国君尝尝鲜吧！"齐景公传令派人去摘。晏子说："金桃很难得，我应当亲自去摘。"不一会儿，晏子领着园吏，端着玉盘献上6个桃子。景公问："就结这几个吗？"晏子说："还有几个，没太熟，只摘了这6个。"说完就恭恭敬敬地献给鲁昭公、齐景公每个人一个金桃。鲁昭公边吃边夸金桃味道甘美，齐景公说："这金桃不易得到，叔孙大夫天下闻名，应该吃一个。"叔孙大夫说："我哪里赶得上晏相国呢！这个桃应当请相国吃。"齐景公说："既然叔孙大夫推让相国，就请你们二位每人吃一个金桃吧！"两位大臣谢过景公。晏子说："盘中还剩下两个金桃，请君王传令各位臣子，让他们都说一说自己的功劳，谁功劳大，就赏给谁吃。"齐景公说："这样很好。"便传下令去。

话音未落，公孙捷走了过来，得意扬扬地说："我曾跟着主公上山打猎，忽然一只吊睛大虎向主公扑来，我用尽全力将老虎打死，救了主公性命，如此大功，还不该吃个桃吗？"晏子说："冒死救主，功比泰山，应该吃一个桃。"公孙捷

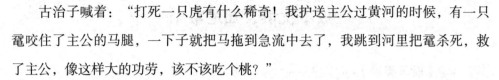

接过桃子就走。

古治子喊着："打死一只虎有什么稀奇！我护送主公过黄河的时候，有一只鼋咬住了主公的马腿，一下子就把马拖到急流中去了，我跳到河里把鼋杀死，救了主公，像这样大的功劳，该不该吃个桃？"

景公说："那时候黄河波涛汹涌，要不是将军除鼋斩怪，我的命就保不住了。这是盖世奇功，理应吃个桃。"晏子急忙送给古治子一个金桃。

田开疆眼看金桃分完了，急得跳起来大喊："我曾奉命讨伐徐国，杀了他们的主将，抓了500多俘虏，吓得徐国国君称臣纳贡，邻近几个小国也纷纷归附咱们齐国，这样的大功，难道就不能吃个桃子吗？"晏子忙说："田将军的功劳比公孙将军和古治将军大10倍，可是金桃已经分完，请喝一杯酒吧！等树上的金桃熟了，先请您吃。"齐景公也说："你的功劳最大，可惜说晚了。"田开疆手按剑把，气呼呼地说："杀鼋打虎有什么了不起！我跋涉千里，出生入死，反而吃不到桃，在两国君主面前受到这样的羞辱，我还有什么脸活着呢？"说着竟挥剑自刎了。公孙捷大吃一惊，拔出剑来说："我的功小而吃桃子，真没脸活了。"说完也自杀了。古治子沉不住气说："我们三人是兄弟之交，他们都死了，我怎能一个人活着？"说完也拔剑自刎了，人们要阻止已经来不及了。

鲁昭公看到这个场面无限惋惜地说："我听说三位将军都有万夫不当之勇，可惜为了一个桃子都死了。"

为了一个桃子竟然连丢三命，这便是纷争的结果。老子在《道德经》中说："只要不与别人相争，天下就没有人能与你争。"纷争有害而无益，因此我们必须远离纷争。

人生智慧

◇无争则无祸。

◇无休止的争夺，是引起纠纷和祸害的根源。

◇只要不与别人相争，天下就没有人能与你争。

放下忧惧，知足常乐

【聊天实录】

我：荀老先生，您对人们追求自己的欲望有何高见？

荀子：我曾在《荀子·正名》中提到：故向万物之美而不能嗛也。假而得间而嗛之，则不能离也。故向万物之美而盛忧，兼万物之美而盛害。如此者，其求物也，养生也？粥寿也？

我：您这句话该如何解释呢？

荀子：这句话的意思就是：享受着万物之美而感觉不到满足，即使有瞬间的满足，仍然无法摆脱烦恼。享受着万物之美却还忧虑，拥有着优厚的资源却成了祸害。像这样追求物质利益，究竟是为了保养生命，还是损害生命呢？

我：您的意思是说：凡事都一分为二地来看，就能淡化胸中的不平。

荀子：是的，你说得很对，古人曰："知足者常乐。"

【解读】　　　不懂知足，宁静丢之

北宋儒学家周敦颐要求受学于他的程颢、程颐兄弟"寻孔颜乐处、所乐何事"(见《宋史·道学传》)，由此，"寻孔颜乐处"也成为宋明理学家津津乐道的问题。

"孔颜乐处"何在？"所乐"又是何事呢？《论语》里有两段话可以视为对于"孔颜乐处"的经典描述：

饭疏食饮水，曲肱而枕之，乐亦在其中矣。(《论语·述而》)

一箪食，一瓢饮，在陋巷，人不堪其忧，回也不改其乐。(《论语·雍也》)

吃的是粗茶淡饭，住的是僻巷陋室，颜回却依然自得其乐。快乐不在于物质享受，而在于情操的追求，只要心中有对道的追求，则虽处在贫穷的环境中，也照样可以悠然自在，保持快乐的心境。这是一种安贫乐道、达观自信的处世态度与人生境界。《论语》又载孔子对自己的描述："其为人也，发愤忘食，乐以忘忧，不知老之将至云尔。"（《论语·述而》）由此可见，所谓"孔颜乐处"，不是乐其贫，而是乐其道也。

电视剧《闲人马大姐》中的刘奶奶几乎无人不晓，她的扮演者金雅琴，如今已是八十高龄的老人了，旺盛的精力、敏捷的思维，谁见了都会赞叹不已。

谈到养生的话题，金老说："开朗乐观、心情舒畅是身体健康的重要因素，而忧愁郁闷则是人体衰老的催化剂。"金老不论在什么情况下，都始终保持着开朗乐观的心境，顺利时是这样，身处逆境也是如此。在"文革"中，整天挨批斗的金雅琴曾经风趣地说，全当是演一出戏了。她认为，人生不如意十常八九，不要去计较，随遇而安，淡泊名利，这样就会发现生活的美好，才能知足常乐，怡然自得。

狄更斯

英国大文豪狄更斯曾劝导世人说："莫把烦恼放心上，免得白了少年头；莫把烦恼放心上，免得未老先丧生。"诺贝尔医学奖获得者卡瑞尔博士也曾说："不知如何克服忧虑的人，往往英年早逝。"人无泰然之习惯，必无健康之身体，这就注定了忧郁的林黛玉不能命久，也注定了被称为"千古伤心"之人的纳兰性德会英年早逝。

当今社会，人人都对身心健康无比重视，但落实到实际中，人们往往只注意到了饮食、医药的效用，却忽略了心态对健康的影响。殊不知，豁达乐观、避免忧愁才是保养身心之道。一个人如果每天在惶恐、忧虑中度过，那么无论对饮食多么讲究，都难逃精力耗尽、生气全无的命运。

所以，知足的含义并不在于我们拥有多少财富，而是在于我们的心境。我们的一生有太多的幸福，只要具备宽容、知足的态度，不要总是担心自己得到的太少，能够索求有度，让自己丢掉那些不值得带上的包袱轻装上路，人生的旅途就会变得轻松快乐。

"一念之欲不能制，而祸流于滔天"，这是《圣经》上的一句箴言。知足与贪婪凶残、阴险卑鄙、阿谀奉承高度绝缘。知足者包罗万象，谦谦为怀，遇喜怒哀乐皆泰然处之，尝酸甜苦辣均受之如饴。相反，不懂知足，为自己的得、失、名、利计较的人，只会被各种各样、没完没了的焦躁和烦恼困扰，内心岂能宁静安详！

❧ 放下忧惧，知足常乐 ❧

中国有一句俗话："知足者常乐。"凡事都一分为二地来看，才能淡化胸中的不平。有得就有失，有失亦有得，这是日常生活的辩证法，问题是如何看待"得"与"失"，抛弃一些尘世的烦扰，留一份开阔的天空给心灵安个家。其实快乐与金钱、权势、名声、地位都无关，真正能给我们带来快乐的是一份淡泊的心境！我们只要放下该放手的东西，就会拥有每天阳光清新的日子、一份仁厚清静的心境，就会无憾无悔地走到生命尽头，其实这就是一种超然与豁达。

荀子认为：心怀忧惧，则会寝不安眠、食不甘味，对外界一切美好的事物都失去兴趣，甚至听而不闻、视而不见。科学家的研究成果为荀子的说法提供了科学依据。研究显示，一个人的情绪会影响到其对不同味道的敏感度。在一项有关大脑化学物质平衡与味觉关系的研究中，研究者给20名志愿者服用两种抗抑郁药，并测试他们对不同味道的敏感性，结果发现服用能提高血液中复氨酸含量药物的志愿者对甜味和苦味更敏感，服用能提高血液中去甲肾上腺素含量药物的志愿者对苦味和酸味鉴别力提高，而那些焦虑程度高的志愿者对苦味和咸味则不太敏感。此前有研究表明，抑郁症患者其大脑中的复氨酸或去甲肾上腺素水平相对较低。

中医讲"气"，《黄帝内经》认为："许多疾病都是由于气机失调引起的。愤怒则气上逆，欢喜则气舒缓，悲伤则气消沉，恐惧则气下陷，遇寒则气收敛，受热则气外泄，受惊则气紊乱，过劳则气耗散，思虑则气郁结。"可见，身体健康与否，与人的心情有着直接关系。而现代医学研究也一致认为，忧虑是影响人身心健康的大敌，它不但会诱发溃疡、高血压、心脏病等诸多生理疾病，还会造成抑郁症等心理疾病。

据说，古时候，残忍的将军要折磨他们的俘虏时，常常把俘虏的手脚绑起来，放在一个不停往下滴水的袋子下面……水滴着、滴着……夜以继日，最后，这些不停滴落在头上的水，变得好像是用锤子敲击的声音，使那些人精神失常。而忧虑就像不停往下滴的水，通常会使人心神丧失而自杀，这也是每年因为忧虑而死于自杀的人，比死于种种常见传染病的人还要多的重要原因。

当然，这不是荀子的关注点，荀子所要表达的是：人若过于追求外在的物质享受，则难免沉溺于欲望与失望的交替轮换中，心怀忧惧而不得安宁，"向万物之美而不能嗛也"，这样，即使封侯称君，又与穷困潦倒的盗贼何异呢？荀子称之为"以己为物役"，即人为物所支配，失去了独立人格，成为物欲的奴隶，这在荀子看来是最可悲的。

君子循于理，故常舒泰；小人役于物，故常忧戚。庄子也认为被物所役的人生是可悲的，庄子喟然反问道："人为物役，心为形使，终身役役而不见其成功，苶然疲役而不知其所归，可不哀邪？人谓之不死，奚益？"（《庄子·齐物论》）被功名利禄束缚而奔波劳碌，不知道人生的归宿在哪里，这样的人生不可悲吗？这样生不如死，活着又有何意义呢？正是为了摆脱心灵的束缚，庄子才"乘物以游心"（《庄子·人世间》），寄情山水、遨游天地，追求人生的逍遥和精神的自由。

人生智慧

◇不假思索地胡乱猜疑是流言的根源。

◇做人必须培养自己温和敦厚的品德。

身外无物，万事平常

【聊天实录】

我：荀老先生，您对流言蜚语有何高见？

荀子：我曾在《荀子·正名》中提到：心平愉，则色不及佣而可以养目，声不及佣而可以养耳，疏食菜羹而可以养口，粗布之衣、粗纳之履而可以养体。

我：您这句话该如何解释呢？

荀子：这句话的意思就是：内心平静愉快，所视不过平常之物而仍可养眼，所听不过平常之声而仍可养耳，所食不过粗茶淡饭而仍可养口，所穿不过敝衣烂履而仍可养身。

我：您的意思是说：用一颗平常心去对待、解析生活，就能领悟生活的真谛，才会体悟平平淡淡才是真。

荀子：是的，你说得很对，"外重物而不内忧者，无之有也。"

【解读】 太过在乎，注定失败

"熙熙攘攘为名利，时时刻刻忙算计。"所求愈多，所患也就愈多；太在乎事情能否成功，太在乎成败会给自己带来什么，太在乎别人怎么评价自己，而恰恰忽略了事情本身。在这样的重荷之下，结果往往事与愿违，越想得到，却往往越易失去。

美国斯坦福大学的一项研究表明，人大脑里的某一图像会像实际情况那样刺激人的神经系统。比如，当一个高尔夫球手击球前一再告诫自己"不要把球打进水里"时，他的大脑里就会出现"球掉进水里"的情景，这时候球大多真会掉进水里。

与斯坦福大学的研究成果相呼应，心理学上有一个著名的"瓦伦达心态"。瓦伦达是美国一个著名的高空走钢索的表演者，他在一次重大的表演中不幸失足身亡。他的妻子事后说：我知道这一次会出事的，因为他上场前不停地念叨"这次太重要了，不能失败"，而以前每次成功的表演，他总是专注于走钢丝这件事本身，而不去管这件事可能带来的后果。

中国古代也有一个类似的故事。大家都知道"后羿射日"的传说，据说后羿练就了一身百步穿杨的本领，箭箭射中靶心，几乎从不失手。人们争相传颂他高超精湛的射技，夏王闻听后也欲一睹为快。一天，夏王把后羿召入宫中，他指着一块一尺见方、靶心直径大约一寸的兽皮箭靶对后羿说："今天请你来展示一下您的本领，这个箭靶就是你的目标。如果射中，赏赐你黄金万两：如果射不中，削减你一千户的封地。"听了夏王的话，后羿面色凝重地走到离箭靶百步的地方，取箭搭弓，开始瞄准。想到自己这一箭出去可能发生的结果，一向镇定的后羿呼吸变得急促起来，拉弓的手也开始微微发抖，瞄准再三终于松开了弦，箭应声而出，钉在离靶心足有几寸远的地方。后羿脸色苍白，再次弯弓搭箭，射出的箭偏得更加离谱。夏王掩饰不住心头的疑惑，问左右道："这个神箭手平时百发百中，为什么今天表现会如此失常呢？"左右解释说："后羿平日射箭，不过是一般练习，在一颗平常心之下，水平自然可以正常发挥。可是今天他射出的成绩直接关系到他的切身利益，叫他怎能静下心来充分施展技术呢？看来，一个人只有真正把赏罚名利置之度外，才能成为当之无愧的神箭手啊！"

何谓道？道即是平常心。人世间最难得的就是拥有一颗平常心，不为虚荣所诱、不为权势所惑，不为金钱所动，不为美色所迷，不为一切的浮华沉沦。

身外无物，万事平常

有一个人曾经问慧海禅师："禅师，你可有什么与众不同的地方呀？"

慧海禅师答道："有！"

"那是什么？"这个人问道。

慧海禅师回答："我感觉饿的时候就吃饭，感觉疲倦的时候就睡觉。"

"这算什么与众不同的地方，每个人都是这样的呀，有什么区别呢？"这个人不解地问。慧海禅师答道："当然是不一样的了！他们吃饭的时候总是想着别的事情，不专心吃饭。他们睡觉的时候也总是做梦，睡不安稳。而我吃饭就是吃饭，什么也不想，我睡觉的时候从来不做梦，所以睡得安稳。这就是我与众不同的地方。"

慧海禅师继续说道："世人很难做到一心一用，他们总是在利害得失中穿梭，囿于浮华宠辱，产生了'种种思量'和'千般妄想'。他们在生命的表层停留不前，这成为他们最大的障碍，他们因此而迷失了自己，丧失了'平常心'。要知道，生命的意义并不是这样，只有将心融入世界，用平常心去感受生命，才能找到生命的真谛。"

在禅宗看来：一个人能明心见性，抛开杂念，将功名利禄看穿，将胜负、成败看透，将毁誉得失看破，就能达到时时无碍、处处自在的境界，从而进入平常的世界。

在今天物欲横流、处处充满诱惑和陷阱的社会中，能保持一颗平常心并非易事。在平常心的世界里，一切都被看得平平常常，即"身外无一物，万事皆平常"。

王楠

我国著名的乒乓球运动员王楠就有着这样一颗平常心，她认为：在乒乓球比赛中，输赢都是很正常的，谁也不可能只赢不输，重要的是保持一颗平常心，保持一份良好的心态，这对于像乒乓球这样的对抗比赛尤为重要。在第45届世界乒乓球赛女子单打决赛中，王楠在先输两局的情况下，凭借自己过人的心理素质，在最后三局比赛出色地发挥了自己的水平，连胜三局，最终取得了女子单打的世界冠军。

拥有一颗平常心，就拥有了一种豁达，一种超然。失败了，转过身揩干痛苦的泪水；成功了，向所有支持者和反对者致以满足的微笑。

其实，无论是比赛还是生活都如同弹琴，弦太紧会断，弦太松弹不出声音，保持平常心才是悟道之本。

现在的人们为了追求所谓幸福的日子，不惜透支健康、支付尊严、出卖人格以换取票子、车子、房子、权力等，到垂暮老矣之时，就会发觉年轻时孜孜以求的东西是那么虚无与缥缈，这时你会对生命产生新的感悟，终于明白平常心是真谛，是福气。

拥有一颗平常心，就不会浮躁，不会焦灼，不会被欲望占满，更不会让灵魂搁浅在无氧的空间里。拥有一颗平常心就拥有一种正确的处世原则，一份自我解脱、自我肯定的信心与勇气，不会高估自己，也不会自甘堕落。拥有一颗平常心就不会只追求物质的奢华，而把自己的灵魂淹没在如潮的尘海中。因为更多的时候，生活不是让我们追求外在的繁华，而是求得内心的平静与安宁。

所以说，用一颗平常心去对待、解析生活，就能领悟生活的真谛，才会体悟平平淡淡才是真！"外重物而不内忧者，无之有也。"患得患失、过分计较自己的利益，往往会成为成功的心理障碍。保持平常心，不落入彀中，少一分虑患，即多一分安宁，多一份幸福。

人生智慧

◇熙熙攘攘为名利，时时刻刻忙算计。

◇人世间最难得的就是拥有一颗平常心。

◇外重物而不内忧者，无之有也。

第六章

荀子与我聊人生积累

　　"锲而舍之，朽木不折；锲而不舍，金石可镂。"荀子论述学习与做事的态度和方法，强调一个"积"字，二是强调一个"一"字。所谓"积"是长期的时间和精力的投入，是反复不断的训练与实践。所谓"一"就是学习与做事不可有浮躁之心，不要三心二意。

先事虑事，先患虑患

【聊天实录】

我：荀老先生，您对被人批评有何高见？

荀子：我曾在《荀子·大略》中提到：先事虑事，先患虑患。先事虑事谓之接，接则事优成。先患虑患谓之豫，豫而祸不生。事至而后虑者谓之后，后则事不举。患至而后虑者谓之困，困则祸不可御。

我：您这句话该如何解释呢？

荀子：这句话的意思就是：在事情发生之前就要对事情有所考虑，在祸患发生之前就要对祸患有所考虑。在事情发生之前有所考虑的叫作迅速，迅速则事情就能圆满完成。在祸患发生之前对祸患有所考虑的叫作预见，有预见祸患就不会发生。事情来了之后才考虑的叫作落后，落后了事情就办不成。祸患来了才考虑的叫作穷困，穷困则祸患就无法抵挡。

我：您的意思是说：大家一定要在事情发生之前先做好准备，防患于未然。

荀子：是的，你说得很对，古人曰："未雨绸缪。"

【解读】　　　　　❧　防患于未然　❧

周武王灭商朝后，没有杀掉商纣王的儿子武庚，而是继续封他为殷君，让他留在商的旧都，但对他又不放心，所以让自己的三个弟弟管叔、蔡叔和霍叔，分封在商旧都的东面、西面和北面，以便监视武庚和商朝的遗民，称为"三监"。

武王的弟弟周公旦以及太公、召公等，帮助武王灭商立了大功，武王把他们留在京城镐辅政，其中周公旦最受武王宠信。

过了两年，武王患了重病，大臣们都非常忧愁。忠于武王的周公旦特地祭告周朝祖先,表示愿意代替哥哥去死,只望武王病愈,祝罢,命人将祝词封存在石室里,不准任何人泄密。

说来奇怪,周公旦祝祷后,武王的病情一度有了好转,但是,不久又发病去世。年幼的太子姬诵被拥立为国王,周公旦受武王遗命摄政。

周公旦的摄政,引起了管叔等三个叔叔的妒忌。他们放出话来,说周公旦企图夺取成王的王位,这些流言蜚语很快传到成王耳朵里,从而引起了成王的疑虑。周公旦知道后,对太公和召公说:"如果我不讨伐他们,就无法告慰于先王!"

但是,周公旦考虑到一时很难向成王说清楚,又为了解除他对自己的疑虑,就离开镐京,前往东都洛邑。

武庚不甘心商朝的灭亡,他见周氏兄弟之间发生了矛盾,就派人和管叔等"三监"联络,挑拨他们与周公旦的关系,与此同时,他积极准备起兵反叛。

周公旦在洛邑住了两年,其间他调查清楚了武庚暗中与管叔等勾结的情况,便写了一首诗送给成王。这首诗的诗名叫《猫头鹰》。它的前两节是这样的:

猫头鹰啊猫头鹰!

你已抢走了我的儿,不要再毁我的家。

我多么辛苦殷勤哟,为哺育儿女已经全累垮!

趁着天还没有下雨,

我就忙着把桑根剥下,

加紧修补好门窗。

因为下面的人呀,有时还会把我欺吓!

周武王

这首诗以母鸟的口吻哀鸣,反映了周公旦对国事的关切和忧患。诗中的猫头鹰是指武庚,哀鸣的母鸟则是周公旦自己。

不料,年轻的成王并没有看懂这首诗的含义,因此没有理解周公旦的苦衷。后来,他无意之中在石室里发现了周公旦的祝词,深受感动,立即派人把周公旦请回镐京。这时,成王才知道武庚与三叔相互勾结的内情,派周公旦出兵讨伐。最后,杀了武庚、管叔和霍叔,蔡叔在流放中死去,周王朝得到了巩固和发展。

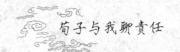

所谓"未雨绸缪"，即是趁着天还没有下雨，先把窝巢缠绑牢固，比喻事先做好准备，防患于未然。周公旦便是懂得"先事虑事，先患虑患"的人，如果不是他未雨绸缪，年轻成王的下场可想而知。

人无远虑，必有近忧

人宜远虑，历为儒家所重视。

孔子云："人无远虑，必有近忧。"人如果不考虑长远，那么忧患一定会在近期出现。

荀子曰："先事虑事，先患虑患。"在事情发生之前就要对事情有所考虑，在祸患发生之前就要对祸患有所考虑。

概括而言，荀子的话中，包含了两层含义。

(1) 先事虑事

荀子曰："先事虑事谓之接，接则事优成。"在事情发生之前有所考虑的叫作迅速，迅速则事情就能圆满完成。

正如《礼记·中庸》中所说："凡事预则立，不预则废。"无论做什么事，事先要有所准备才能成功，否则就会失败。

凡事应未雨绸缪，否则，平时不做充分的准备，当事情发生之后才去想应对之策，显然太晚。"平时不烧香，临时抱佛脚"，临渴掘井，往往事与愿违。

做学问，书到用时方恨少，是由于平时读书太少所致；干事业，到手的机遇抓不住，往往是因为平时没有做充分准备。

荀子说："事情来了之后才考虑的叫作落后，落后事情就办不成。"所以，凡事做好充分准备，才能有备无患。

"先事虑事"还包含着一种"事先筹划"的意识。做事情要周全，事先预定一个完整的计划，事情就容易办成。

(2) 先患虑患

荀子曰："先患虑患谓之豫，豫而祸不生。"在祸患发生之前对祸患有所考虑的叫作预见，有预见祸患就不会发生。

其实，荀子这里所说的是一种"居安思危"的忧患意识。所谓"居安思危"，即在安定的环境里，要考虑到有可能出现的危难。

生活中，许多因素并不是人可以完全把握的，祸患、灾难随时都有可能发生。所以，人们在安定的时候，应保持谨慎，对此应有所预见，有所警惕并有所防备，以免在灾祸来临之时，因自己毫无防备而措手不及，轻则摔跤跌倒，重则招致灭顶之灾。

荀子举例说："鯈、鳞这两种鱼，喜欢浮出水面晒太阳。在沙滩上搁浅后又想回到水中，那么就来不及了。遭遇祸患后才想谨慎，也就没有什么可补益的了。"

荀子又说："祸患来了才考虑的叫作穷困，穷困则祸患就无法抵挡。"

人不能居安思危，往往就会麻木地陶醉在一种舒适的生活中，幻想自己的生活永远风平浪静。但是，我们不能坐等危机的到来，而应先患虑患。

人生智慧

◇人无远虑，必有近忧。

◇事情来了之后才考虑的叫作落后，落后事情就办不成。

◇凡事作好充分准备，才能有备无患。

不积跬步，无以千里

【聊天实录】

我：荀老先生，您对积累和发展有何高见？

荀子：我曾在《荀子·劝学》中提到：不积跬步，无以至千里；不积小流，无以成江海。

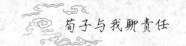

我：您这句话该如何解释呢？

荀子：这句话的意思就是：不一步一步地积累，就达不到千里之远；不一点一滴地汇聚，就成不了大江大河。

我：您的意思是说：学习没有量的积累，就没有质的飞跃，这不仅对于治学，对于我们的工作、我们的人生同样有借鉴意义。

荀子：是的，你说得很对，这不仅是一种治学的精神，也是一种铁杵磨针、百折不挠的韧劲。

【解读】　　脚踏实地，就能成功

"积"是长期的时间和精力的投入，是反复不断的训练与实践，也就是后人常说的"功夫"。"功夫"一词在汉语中既指时间，同时也指长时间积累的结果。冰冻三尺非一日之寒，那些武术大师的"功夫"是夏炼三伏、冬炼三九，长年累月"积"出来的。如果"功夫不到家"，那就是因为时间花得不够。荀子认为不管学什么，要想学好，都得长期积累。《儒效》篇说："人积耨耕而为农夫，积斲削而为工匠，积反货而为商贾。"农、工、商各行各业，要干得好，都得"积"。同样"君子"、"圣人"也是靠学习"积"出来的："积礼义而为君子"，"积善而全尽，谓之圣人。……故圣人也者，人之所积也"。

人的天生材质并无多大差别，即便智商略有高低，后天的积累功夫也可以弥补其不足，这就是荀子所谓"驽马十驾，功在不舍"，俗语所谓"笨鸟先飞"的含义。这对于激励人们树立自信、努力学习，无疑具有积极的启发意义。后世佛家修道，有所谓"渐"、"顿"二法。

"渐"是"渐修"，就是讲长期修炼积累的功夫；"顿"是"顿悟"，是说一旦灵感爆发，突然开窍，朝彻旦通。这种顿悟的现象有时是会出现，但其实也是建立在长期积累基础上的，是积少成多、量变导致质变的反应。如果平时没有学习积累的功夫，只等着有一天早上醒来会突然大彻大悟，那恐怕只能是一种幻想。

成功之路都是一步一个脚印走出来的，目标的实现不是一蹴而就的。只有拥有一丝不苟地做小事的态度和精神，拥有踏踏实实做小事的决心和恒心，才能做成大事，眼高手低者最终只能一事无成。愚公移山的方法今天也许显得有些迂腐，但愚公移山的精神在任何时代都是不过时的。

荀子这样告诫韩非："不从半步一步的路程开始积累，就不能到达千里以外的地方；不汇聚小流，就没有办法形成江河及大海。千里马跳跃一次，也不能到十步那么远。劣马连续十天能走很远的路程，功绩在于它不放弃。刻一件东西如果半途而废，就连腐朽的木头也不能折断，刻一件东西如果持之以恒，就连坚硬的金属和石头也能雕刻出花纹来。"

《圣经》上有这样一则故事：

耶稣带着他的门徒彼得远行，途中发现一块旧马蹄铁，耶稣让彼得捡起来，彼得却懒得弯腰，没去理它，于是，耶稣自己捡了起来，然后，用它换了18颗樱桃。出城后，二人继续往前走，经过茫茫荒野。耶稣猜到彼得渴得够呛，就让藏于袖中的樱桃悄悄掉出一颗，彼得一见，赶紧捡起来吃了，耶稣再掉一颗，彼得就再捡一次，就这样，彼得狼狈地弯了18次腰。之后，耶稣笑着对彼得说："你要是此前弯一次腰，就不会在后来没完没了地弯腰了。"

确实，如果弯一次腰就能解决问题，当然谁都不愿意选择弯18次。彼得之所以会狼狈地弯18次腰，就在于他鼠目寸光，不善于从"小"见"大"，只想到旧马蹄铁是废物，不值得自己弯腰，却没有想到可以用它换钱，用钱来买樱桃。

我们有时候恰恰需要从不被自己看重的事情做起，只有老老实实地"弯下腰"将这些事情做好，才会逐步培养起对它们的兴趣，最终有所收获，有所成就，很多稍纵即逝的机遇，也往往就在弯腰的那一瞬间被拾起。

老子有言："天下难事必作于易，天下大事必作于细。"要知道，你的志向无论多么远大，要实现它，也必须从一点一滴的小事做起。所以，做人千万不能好高骛远，只知抓着那个终极目标不放。有时候，从低处着手，反而更有利于目

标的实现。集近成远，积小成大。成功之路就在自己脚下，即使理想再辉煌、目标再高远，如果不脚踏实地去走，终究也会一事无成。

不积跬步，无以千里

荀子曰："跬步而不休，跛鳖千里；累土而不辍，丘山崇成。"半步半步走而不停止，跛了脚的鳖也能走到千里之外；堆积泥土而不中断，丘山终能堆成。

"跛鳖千里"、"丘山崇成"，都是坚持不懈、从量变到质变的结果。所以，有志之人应该懂得从低处做起，只有这样，才能踏踏实实、一步一个脚印地走向成功。

维斯卡亚公司是 20 世纪 80 年代美国最为著名的机械制造公司，其产品销往全世界，代表着当今重型机械制造业的最高水平。许多人毕业后到该公司求职均遭拒绝，原因很简单：该公司的高技术人员爆满，不再需要各种高技术人才，但其令人垂涎的待遇和足以自豪、炫耀的地位仍然向那些有志的求职者闪烁着诱人的光环。

史蒂芬是哈佛大学机械制造业的高才生，和许多人的命运一样，在该公司每年一次的用人测试会上被拒绝。史蒂芬并没有死心，他发誓一定要进入维斯卡亚重型机械制造公司。于是，他采取了一个特殊的策略——假装自己一无所长。

他先找到公司人事部，提出为该公司无偿提供劳动力，请求公司分派给他任何工作，他都不计任何报酬来完成。公司起初觉得这简直不可思议，但考虑到不用任何花费，也用不着操心，于是便分派他去打扫车间里的废铁屑。

一年来，史蒂芬勤勤恳恳地重复着这种简单却劳累的工作，为了糊口，下班后他还要去酒吧打工。这样，虽然得到老板及工人们的好感，但仍然没有一个人提到录用他的问题。

90 年代初，公司的许多订单纷纷被退回，理由均是产品质量问题，为此公司蒙受了巨大的损失。公司董事会为了挽救颓势，紧急召开会议商议对策。会议进行了很长时间却仍未见眉目，这时史蒂芬闯入会议室，提出要见总经理。

在会上，史蒂芬对这一问题出现的原因做了令人信服的解释，并且就工程技术上的问题提出了自己的看法，随后拿出了自己对产品的改造设计图。这个设计非常先进，恰到好处地保留了原来机械的优点，同时克服了已出现的弊病。

总经理及董事会的董事见到这个编外清洁工如此精明在行，便询问他的背景及现状，之后，史蒂芬被聘为公司负责生产技术问题的副总经理。

原来，史蒂芬在做清扫工时，利用清扫工到处走动的特点，细心察看了整个公司各部门的生产情况，并一一做了详细记录，发现了所存在的技术性问题并想出了解决的办法。为此，他花了近一年的时间搞设计，获得了大量的统计数据，为最后一展雄姿奠定了基础。

年轻人需要有远大的志向，但这志向的实现并非一朝之功，没有基础的积累，就妄想一步登天是不可能的。登天需要阶梯，没有结实的梯子，就算你有孙悟空一个筋斗翻十万八千里的能耐，若没有驾驭云朵的基本功，也会从天上摔下来。

人 生 智 慧

◇笨鸟先飞。

◇天下难事必作于易，天下大事必作于细。

◇没有基础的积累，就妄想一步登天是不可能的。

锲而不舍，金石可镂

【聊天实录】

我：荀老先生，您对被人批评有何高见？

荀子：我曾在《荀子·劝学》中提到：骐骥一跃，不能十步；驽马十驾，功在不舍。锲而舍之，朽木不折；锲而不舍，金石可镂。

我：您这句话该如何解释呢？

荀子：这句话的意思就是：千里马跳跃一次，也不能到十步那么远。劣马连续十天能走很远的路程，功绩在于它不放弃。刻一件东西如果又放弃它，就连腐朽的木头也不能折断，刻一件东西如果不放弃，就连坚硬的金属和石头也能雕刻出花纹来。

我：您的意思是说：一时的激情成不了大器，水滴石穿需要持久，铁杵成针需要坚持，要想实现目标，唯有持之以恒。

荀子：是的，你说得很对，半途而废是成功者的大忌，任何事情的完成都不会一帆风顺。

【解读】 持之以恒，就能成功

诺贝尔 1833 年出生于瑞典斯德哥尔摩一个发明家的家庭，通晓俄文、瑞典文，还有英、法、德文。在圣彼得堡，他初次见到硝化甘油，硝化甘油的爆炸性引起他极大的兴趣，从此，他便开始对炸药进行艰苦的研究。

诺贝尔努力寻找硝化甘油爆炸的引爆物，经历了许多失败，父亲和哥哥嘲笑他固执，他不急躁，不灰心，耐心地分析失败的原因，经过锲而不舍的反复试验和细致分析，诺贝尔终于发现了用少量的一般火药导致硝化甘油爆炸的方法，由此他第一次获得了瑞典专利权。

1867 年秋，他开始用雷酸汞做引爆剂，失败了几百次。成功的那一天，"轰"的一声巨响，诺贝尔的实验室被送上了天，他自己也被炸得鲜血淋漓。以鲜血为代价，换得了成功，由此，他发明了雷管。

但是更可怕的事情发生在斯德哥尔摩诺贝尔住宅附近的实验室，硝化甘油的爆炸使从事实验的 5 个人丧生，诺贝尔当时不在实验室，得以幸免于难。这次事故，使他极为悲痛，对他的毅力和理智都是一次严峻考验。许多人开始对他的研究进行责难，连他的亲人也劝他放弃这危险的实验，但诺贝尔绝不愿半途而废，他决心完成对硝化甘油在爆破工程上实际应用的研究，使炸药能更好地为人类造福。在他的不懈努力下，硝化甘油终于可以运用于实际，并很快有了广泛的市场。

半途而废是成功者的大忌，任何事情的完成都不会一帆风顺，总会有许多困难，只有保持持之以恒的决心，坚定不移地贯彻始终，才能最终到达成功的彼岸。

～ 锲而不舍，金石可镂 ～

唐代名相魏征在《谏太宗十思书》中有"善始者实繁，克终者盖寡"之说，细细思量，不足为怪。原因就在于：无论做大事还是小事，难事还是易事，能够"锲而不舍"、坚持到底者终属凤毛麟角。《尚书》讲"为山九仞，功亏一篑"(《尚书·旅獒》)，孟子也说："有为者譬若掘井，掘井九仞而不及泉，犹为弃井也。"(《孟子·尽心上》) 做学问、干事业，贵在目标专一、矢志不移，最忌三心二意、见异思迁，贵在持之以恒、永不懈怠，最忌浅尝辄止、一曝十寒，否则必然或是半途而废，或是功败垂成。

当遇到麻烦特别是很棘手的问题时，大家一定感到万分无奈和沮丧，这时，我们一定要遵循一个非常简单但做起来并不太容易的基本原则——持之以恒。

很多人都有一个远大的理想和目标，并且为之而努力奋斗。他们每一天都用心思考，努力去做，但由于生活过于艰难，他们屡战屡败，越来越倦怠、气馁，终致半途而废。而过后他们才发现，如果再咬咬牙多走几步，很快就能到达成功的终点了。

重要的是怎样才能培养出这种不放弃、不气馁的精神，其中一个办法是永远不要把"失败"说出口，一旦你说出失败，你就很可能会说服自己从心理上去接受失败。

美国人海耶士·钟士，是1960年高栏比赛的风云人物，一场又一场的比赛，一场又一场的胜利，创下了许多纪录，成为体坛上轰动一时的人物。因此，他顺理成章地参加了当年在罗马举行的奥运会。他参加110米栏比赛,全世界人都认为金牌非他莫属。

但出乎意料的是,他并没有取得冠军,而只得个第三名,这对他来说无疑是个极大的打击。他的脑海里闪过的第一个念头就是:"我该从此放弃比赛吗?"要再过4年才会有奥运会,也只有那时,他才有再次表现的机会。而且,他已经拥有所有其他比赛的高栏冠军,没有必要再受4年更艰苦的训练。退出比赛看似是最好的选择,因为刚好可以在事业上寻求发展。

很多人都以为钟士会做出这种举动,但海耶土·钟士并没有这样做。"对自己一生追求的东西,"他说,"你不能够事事讲求逻辑,轻易说放弃。"于是,他又开始了艰苦的训练,每天坚持3小时,从不间断。付出就有收获,在接下来的几年里,他在60码和70码高栏项目上再次打破了纪录。

1964年2月22日,在纽约麦迪逊广场花园,他宣布这是他最后一次参加室内比赛。钟士奔向60码的高栏,场内一片寂静,大家的情绪都很紧张,所有人的目光都聚集在他身上。突然一片欢呼声,他赢了,突破了自己以前的最高纪录。钟士走回跑道上,沉默低头站了一会儿,那是他向观众致谢。然后场上17000名观众都起立为他喝彩,钟士热泪盈眶,很多观众也落下了眼泪。一个人遭遇了失败的创伤,依然不放弃自己的梦想,继续苦苦追寻,最后终于取得了成功,那些为他落泪和叫好的人们佩服的就是他这种不服输的精神。

成功之道在于持之以恒,如果不能坚持下去如何能够有所成就。我们都知道,成功者与失败者之间的距离只有一点点。就像人们烧水一样,失败者只把水烧到99摄氏度,而成功者却比失败者多坚持了一会儿,把水烧到了100摄氏度。失败者摔倒后就不会再站起来,他们已经让失败占据了上风,把所有的自信都打碎了。而成功者摔倒后他们立刻站起来,把失败的原因找出来,然后想方设法地去解决这些问题。

我们的一生中会遇到许多困难,当你在遇到困难时,只要坚持下去就会找到解决困难的办法,就像艾德蒙·希拉里一样,在失败以后,他并没有因此而放弃,而是在成长中坚持着打败珠穆朗玛峰的信念，最终攀登上这座世界最高峰。

人生智慧

◇为山九仞，功亏一篑。

◇半途而废是成功者的大忌。

◇成功之道在于持之以恒，如果不能坚持下去如何能够有所成就。

韬光养晦，坚韧不懈

【聊天实录】

我：荀老先生，您对韬光养晦有何高见？

荀子：我曾在《荀子·宥坐》中提到：女庸安知吾不得之桑落之下。

我：您这句话该如何解释呢？

荀子：这句话的意思就是：你怎么知道此时困窘的我将来不会得志于世呢？

我：您的意思是说：现在的庸庸碌碌不代表将来也会是这样。

荀子：是的，你说得很对，孔子"藏器于身"、藏志于怀，最终成为"至圣先师"，其孜孜不倦、百折不挠的追求以两千年"儒术独尊"的方式得到了丰厚的回报。

【解读】　　确定目标，韬光养晦

　　想成就一番大事，必须有坚忍不拔的精神。倘若现在时机还不成熟，显露锐气反而会给自己带来灾难，那就应该收敛锐气，练好韬光养晦的功夫。

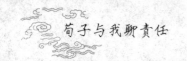

所谓"韬晦"，就是在时机不成熟时，有效地把自己的实力和意图隐藏起来，等待机会。在我国历史上，有不少成功地运用"韬晦"待机之计克敌制胜的例子。

麦克唐纳快餐馆的董事长克罗克没读完中学就出来做工，以维持生存。后来，他在一家工厂当上了推销员，生活状况有了明显的改善。他在推销产品过程中结交了许多朋友，积累了大量有关经营管理方面的宝贵经验，后来，他决定创办自己的公司。

通过市场调查，克罗克发现当时美国的餐饮业已远远不能满足已变化了的时代要求，急需改革，以适应亿万美国人的快餐需求。但是，克罗克面临的首要问题就是资金问题，对于一贫如洗的克罗克来说，自己开办餐馆根本就不可能。最后，他终于想出了一个好办法：他在做推销员工作时，曾认识了开餐馆的麦克唐纳兄弟，自己可以到他们的餐馆中学习经验，以实现自己的理想。于是，克罗克找到麦氏兄弟，讲述自己目前的窘境，恳请麦氏兄弟帮忙，最后博得了对方的同情，答应他留在餐馆做工。

克罗克深知这两位老板的心理特点，为了尽早实现自己的目标，他又主动提出在当店员期间兼做原来的推销工作，并把推销收入的5%让利给老板。

为了取得老板的信任，克罗克工作异常勤奋，起早贪黑，任劳任怨。他曾多次建议麦氏兄弟改善营业环境，以吸引更多的顾客；并提出配制份饭、轻便包装、送饭上门等一系列经营方法，扩大业务范围，增加服务种类，获取更多的营业收入；还建议在店堂里安装音响设备，使顾客更加舒适地用餐；他还大力改善食品卫生，狠抓饮食质量，以维护服务信誉；认真挑选店堂服务员，尽量雇佣动作敏捷、服务周到的年轻美貌姑娘当前方服务员，而那些牙齿不整洁、相貌平常的人则安排到后方工作，做到人尽其才，确保服务质量，更好地招待顾客。克罗克为店里招徕了不少顾客，老板对他更是言听计从。餐馆名义上仍是麦氏兄弟的，但实际上餐馆的经营管理、决策权完全掌握在克罗克的手中。

不知不觉，克罗克已在店里干了六个年头。时机终于成熟了，他通过各种途径筹集到了一大笔贷款，然后跟麦氏兄弟摊牌，最终克罗克以270万美元的现金，买下麦氏餐馆，由他独自经营。克罗克入主快餐馆后，经营、管理更加出色，很快就以崭新的面貌享誉全美，经过二十多年的苦心经营，总资产已达 42 亿美元，成为国际十大知名餐馆之一。

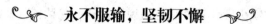

永不服输，坚韧不懈

亚伯拉罕·林肯总统的成功，是一个最能说明坚持就是成功的实例了，我们先来看看亚伯拉罕·林肯总统的成功历程吧！

1816 年，他的一家不幸被赶出了居住的地方，他担起了家庭的重担。

1818 年，生活还不稳定的他承受了失去母亲的痛苦。

1831 年，林肯十多万的积蓄化为泡影，他经商失败了。

1832 年，在经商失败后他竞选州议员，这次他又遭受了打击，这时的他不但丢了工作，还背负了一定的债务。

1833 年，林肯又向朋友借了一部分钱经商，这次的经商未到一年就破产了，这次的破产使林肯背负了用 17 年才还清的债务。

1834 年，林肯成功了一次，他竞选州议员幸运地成功了。

1835 年，林肯的爱情得到了肯定，在他即将和爱人结婚时，爱人却离他而去，爱人的死让林肯伤透了心。一年后，他因为伤心过度精神完全崩溃，在病床上待了 6 个月才得以康复。

1838 年，身体康复的林肯竞争州议员的发言人，但由于他刚刚康复所以被拒绝了。

1840 年，通过不断的竞争，他成为州议员候选人，可是他仍遭挫败。

1843 年，他鼓起勇气参加全国大选，由于支持者太少，他落选了。

1946 年，再一次的大选，幸运女神降临到他的头上，他当选了。

1848 年，想获取国会议员的连任，但没有得到认可。

1854 年，竞争美国参议员，他还是被无情地挡在了门外。

1856 年，他竞选美国副总统，得到了不到 100 张的投票。

1858 年，再度竞选美国参议员，已经年近 60 岁的他又失败了。

1860 年，已经 60 岁的他当选为美国总统。这次他获得了最大的成功，也是他一生中唯一一次美满的成功。

面对自己的多次失败，林肯总统只说了这样一句话："我的失败只不过是滑了一跤，并不是死掉爬不起来了。"

林肯总统的成功，正是因为他从不放弃、持之以恒的精神。八次选举次次失败，两次经商也失败，在爱人死后甚至精神崩溃的经历都没有打倒林肯。在许多对候，他本可以放弃，但是他没有放弃，正因为如此，所以他成为美国历史上最伟大的总统之一。

林肯总统的例子给了我们这样一个启示：只有拥有永不屈服、百折不挠的精神才能获取成功，因为永不屈服、百折不挠的精神正是一个人获得成功的基础。

永不屈服、百折不挠的精神塑造了林肯总统坚韧的生命，让他取得了成功。现在的年轻人，都身怀学识，他们具备了成就事业的各方面的能力，可最后他们仍然不能有所成就，主要原因就是他们缺少了坚持的恒心。在遭受到一些小困难与挫折时立刻退缩、停止不前，这种情况下如何能取得成功呢？取得成功需要具备两个条件：一是坚定不移的精神，二是忍耐。只有具备了这两个条件才会得到他人的信任，才会在失败以后再站起来。

"有耐心的人，无往而不利。"这是富兰克林说的。塑造坚韧的生命需要特别的勇气，需要对理想和目标的努力追求，同样需要坚持到底、永不放弃的精神。

正如荀子所说："你怎么知道此时困窘的我将来不会得志于世呢？"告诫我们，现在的困窘并不代表以后不得志。只要我们有明确的目标，有坚韧不懈的精神，暂时的困窘只不过是韬光养晦罢了。

◇女庸安知吾不得之桑落之下。

◇有耐心的人，无往而不利。

◇现在的困窘并不代表以后不得志。

经历挫折，收获成果

【聊天实录】

我：荀老先生，您对经历挫折有何高见？

荀子：我曾在《荀子·宥坐》中提到：居不隐者思不远，身不佚者志不广。

我：您这句话该如何解释呢？

荀子：这句话的意思就是：处境不窘迫的人往往不能高瞻远瞩，没经过失败挫折的人往往志向狭小。

我：您的意思是说：有成功就有失败，有失败也同样会有成功，成功与失败是相辅相成的。

荀子：是的，你说得很对，古人曰："失败是成功之母。"

【解读】 　　　　**不怕失败，坚持到底**

这是个成功者的故事，也是一个失败过 18 次的故事。莎莉·拉菲尔是美国著名的广播员，在她 30 年的广播职业生涯中，她被辞退过 18 次，可是 18 次的失败换来了她更大的成就。

每一次的失败莎莉都会鼓起勇气，再一次把自己放眼于最高处，确立比上次更大的目标。正因为她的这种折不断、压不弯的意志，让她获得了两次重要主持人奖项。莎莉这样讲述自己的失败经历："我曾经被辞退过18次，在这18次辞退中，我曾想过退出，但我坚持走了过来，反而让它们成为鞭策我勇往直前的一种动力。"

天下哪有不劳而获的？如果能利用种种挫折与失败，来促使我们更上一层楼，那么一定可以实现我们的理想。看过世上那些伟人经历的人一定会知道，他们的功业彪炳史册，但都经受过一连串的无情打击，只是因为他们都坚持到底，才终于取得辉煌成果。

"失败是为了下一个成功。"这是拿破仑说的话。成功固然重要，但是失败的经历也同样重要，只有在失败之中才能找到获取成功的经验。每个经历过失败的人都把失败的经验总结再总结，失败的经验，给我们提供了许多宝贵的东西，让我们知道了如何让未来的生活过得更有意义。

有一部分失败者，他们对自己的失败总是怀痛在心，看到相似的人或事时，他们会想起那段不快乐的事；有人提起时，总是会令他们无法克制自己的情绪，让自己又一次掉入深渊，让那些失败的痛苦一直消磨着自己的意志。

失败往往有唤醒睡狮、激发人潜能的力量，引导人走上成功的道路。爱迪生说过："我喜欢成功的感觉，但失败也是我需要的，对于我来说成功与失败都具有同样的价值，只是它们的取向不一样。只有在失败以后，我才能找到成功的方法。"这是他在许多次失败以后总结出的一条宝贵经验。从他的话中，我们可以得到这样的启示：只有不害怕失败，深知失败意味着什么，才有可能获取成功。成功之路有千万条，而勤奋、思考、钻研是一把打开成功之门的金钥匙。

医学家李时珍，不仅救死扶伤，还花了一生的心血写了一本流传千古的《本草纲目》。但在这成功的喜悦下，有谁能想到李时珍为了写《本草纲目》付出了怎样的艰辛？他不畏严寒酷暑，走遍了祖国的名山大川，采集了许多从未使用过的稀少药材。有一次，李时珍从古书上读到：大豆可以解毒。于是，为了消除疑问，他先给小狗吃了毒药，再给它吃大豆解毒，可结果小狗还是死了。李时珍决定亲身试验，以便做出正确的判断。家人都十分为他担心，劝他不要冒险，可李时珍毫不畏惧，毅然吞毒，待毒性发作后，让家人给他吃大豆解毒。经过多次试验和反复的钻研，终于发现，大豆确实可以解毒，但是必须加上甘草，解毒效果才能发挥出来。

每个人的成功之路都不可能一帆风顺，都会走一些弯路，都要为成功付出一定的代价，这个代价就是失败。成功的人也会失败，但他们之所以是成功者，就在于他们失败后不是为失败而哭泣流泪，而是从失败中总结教训，并从失败中站起来，发愤上进，终究取得成功。

失败，是人生路上的障碍，是人生深奥的一门科学：它可把弱者的精神摧垮，把弱者的脊梁压弯，但也可使强者的灵魂再生，使强者的事业走向顶峰。

荀子曰："居不隐者思不远，身不佚者志不广。"当我们遭受失败后，一味地自责、抱怨或者偃旗息鼓甚至自暴自弃，都是不可取的。其实，没有谁可以随随便便成功的，不经历风雨是不可能见到彩虹的。失败是成功之母，只有积累了一个一个的失败砖石，才能垒成成功之塔。

✣ 失败是成功之母 ✣

诸葛亮的《诫子书》可作为本句最好的诠释，兹录《诫子书》全诗如下：夫君子之行，静以修身，俭以养德。非淡泊无以明志，非宁静无以致远。夫学须静也，才须学也，非学无以广才，非志无以成学。淫慢则不能励精，险躁则不能治性。年与时驰，意与日去，遂成枯落，多不接世，悲守穷庐，将复何及！

有成功就有失败，有失败也同样会有成功，成功与失败是相辅相成的。一个没有失败过的成功者，不一定

诸葛亮

能守得住现有的成就，而一个失败过的成功者，他定能守住自己现有的事业。

我们常常说：失败是成功之母。但是这句话的真正含义也只有那些具有积极心态、意志坚强、自信主动的人才能真正地领悟。

每个人都会遭遇不同的挫折，我们不可能避免这些挫折的缠绕，因为我们始终有自己追求的目标、前进的方向。有越高的追求目标，受到的挫折压力也就越大，这是成功者们都经历过的，也是我们所要面对的。

挫折对于那些消极的人来说是灭顶之灾，而对于那些领悟了失败是成功之母所包含的意义的人来说，挫折只会把他们锻炼得更加成熟与坚强。

一位成功者充满自信地说过："失败意味着三种情况，一是我们选择的路不通，二是某种原因的阻碍，只是我们还没找到，三是差一点儿坚持。"是啊，失败并不是死亡，失败与成功只是相隔一线。即使当前失败了，只要有再来一次的勇气，获得成功并不是难事。

没有经过痛苦与磨难的人，他的人生不是一个完整的人生。世上没有任何一个幸福之人不曾经历过挫折与困难，也没有任何一个成功者的伟大成就不经历过失败与磨难。翻开那些伟大成功者的历史，就可以见证他们经过了多少风吹雨打，吃过了多少酸甜苦辣。

未曾有过失败的成功不是真正的成功，因为只有经过一次次的失败才能积累起获取成功的经验。所以失败是通往成功路上必须经历的一道坎，跨过这道坎成功就会到来。丘吉尔说过一句至理名言："被克服的困难就是胜利的契机。"的确，伟大的成功都是在无数次的失败以后才得到的。

人生智慧

◇失败是为了下一个成功。

◇成功与失败是相辅相成的。

◇被克服的困难就是胜利的契机。

坚持自我，专心致志

【聊天实录】

我：荀老先生，您对被人批评有何高见？

荀子：我曾在《荀子·劝学》中提到：目不能两视而明，耳不能两听而聪。

我：您这句话该如何解释呢？

荀子：这句话的意思就是：眼睛不能同时看清楚两种东西，耳朵不能同时听清楚两种声音。

我：您的意思是说：只要集中精力去做一件事情，就能事半功倍。

荀子：是的，你说得很对，古人曰："一心不能二用。"

【解读】 专注也能成功

一个人一生只专注于一件事，这是事业成功的黄金法则。当一个人倾注全部心血于某一个点时，他极有可能硕果累累，大有成就。正如当太阳光反射在凹面镜时，所有热都会凝聚于一点，这一点的能量将达到最高，以至于可以燃起辉煌的火焰。

在荷兰，有一个初中刚毕业的年轻人，来到一个小镇，找到了一份替镇政府看大门的工作。也许是工作太轻闲，他又太年轻，他得打发时间。他选择了又费时又费工的打磨镜片的工作作为业余爱好，就这样，他磨呀磨，一磨就磨了60年。他是那么专注和细致，那么锲而不舍，他磨出的复合镜片的放大倍数，比专业技师的都要高。借着他研磨的镜片，他终于发现了当时科技界尚未知晓的另一个广阔的世界——微生物世界。

从此，他声名大振，只有初中文化的他，被授予巴黎科学院院士的头衔，就连英国女王都亲自到小镇拜会了他。

创造这个奇迹的小人物，就是科学史上鼎鼎大名、活了90岁的荷兰科学家列文虎克。他老老实实地把手头上的每一块玻璃片磨好，用尽毕生的心血，认认真真地致力于每一个平淡无奇的细节的完善，终于在他的细节里看到了属于他的"上帝"。

唯有聚精会神地专注于一件事情，专心致志地去努力，才有获得成功的机会。

专注于某一件事情，哪怕它很小，努力做得更好，总会有不寻常的收获。

一个人没有学历、没有工作经验，但只要有一项特长、一处与众不同的地方，就可能得到社会的承认，拥有其他人不能获得的东西。

有时候，一个人自诩有多种技能，但由于蜻蜓点水，钻研不透，反而不如拥有一项专长的人受青睐。专注于某一件事情，尽力把它做到无可挑剔，我们可能比技能虽多但无专长的人更容易获得成功。

专心致志，宁静致远

俗话常说的"一心不能二用"。学习成效与用心程度是成正比的，只有集中注意力，才能确保知识、信息源源不断地输入大脑。孟子就以两人拜同一围棋高手为师而学习效果迥异为例，中肯地劝诫人们学习必须专心致志：弈秋，通国之善弈者也。使弈秋诲二人弈，其一人专心致志，惟弈秋之为听；一人虽听之，一心以为有鸿鹄将至，思援弓缴而射之，虽与之俱学，弗若之矣。为是其智弗若与？曰：非然也（《孟子·告子上》）。

学习知识如此，道德修养同样也是这样："专心"才能致志，"宁静"方可致远。

人的大脑活动具有明确的指向性和集中性，即在同一瞬间大脑活动的神经中枢活动中心只能将注意集中在某一方向。美国科学家的最新研究发现，大脑神经系统中存在一个"瓶颈"区，正是这一特殊区域阻碍了人脑同时处理多项任务的能力，一旦同时处理两项任务，哪怕是非常简单的任务，大脑处理信息的效率都会严重下降，这在神经科学中称作"双任务干扰"，这为人不能同时有效地做两件事提供了科学依据。

荀子论述学习的态度和方法，有两点特别给人留下深刻印象，一是强调一个"积"字，二是强调一个"一"字。所谓"积"就是说要锲而不舍，长期积累，所谓"一"就是要用心专一、专心致志。

荀子讲学习还强调一个"一"字，就是要专一、专注。这有两层意思：一是说不要浮躁，不要三心二意。另一层意思是说学习的内容要专一，不要今天学这个明天学那个。《劝学》篇说"鼫鼠五技而穷"，"鼫鼠"（蝼蛄）有五种技能，为什么还"穷"呢？唐代杨倞的注释说：它会飞却飞不上屋顶，会爬却爬不到树顶，会游泳却不能渡河，会挖洞却藏不住自己的身体，会跑却没有人跑得快。看起来什么都会一点，但没有一样管用，最终还是不能保护自己，所以陷于困窘。就好像一个人学了很多东西，但都是业余水平，没有一项很专业，因此缺乏自己的核心竞争力。虽然我们现在提倡全面发展，但最好还是一专多能，有一个主攻方向，这或许也是我们可以从荀子学习理论中得到的一点启示。

在《劝学》中，荀子分别从求学与做事的角度说明了这一点：

1. 求学需要专心致志

荀子曰："无冥冥之志者，无昭昭之明。"没有专心致志的思想，就不能洞明事理。

在荀子看来，求学需要专心致志，不能分心过多，否则再怎么勤奋学习也不可能学好。

然而，生活中就是有这样一些人，他们今天学习书法，明天学习音乐，一会儿觉得哲学智慧高深，一会儿又觉得数学思路明晰。然而，在每一种学问上都如蜻蜓点水，浅尝辄止。样样都知道一点，却又都知之不深。看似知识渊博，其实术业不专，学问不精，丝毫不值得恭维。

读书学习，追求博学是一件好事，但是一定要注意学一门要精一门，专心致志，才能探究到深刻精妙的境界。

(2) 做事需要专心致志

荀子曰："无恬恬之事者，无赫赫之功。"没有埋头苦干的精神，就没有显赫的功绩。

在荀子看来，做事的道理与求学的道理相同，要想成就一番事业，就必须专心致志。

然而，有些人却急于求成，急功近利，不专注于自己的目标，却关心着别人的成功，不量体裁衣，却人云亦云，今天做点儿这个，明天干点儿那个，到头来，只能一事无成。

荀子提醒我们：不必为自己没有超人的智慧和才华而烦恼，因为，只要你执着于一个目标，专心致志地前行，也一样会取得成功。

其实，世界上许多成大事者都是一些资质平平的人，而不是才智超群、多才多艺的人。那些看似愚钝的人有一种顽强的毅力，有一种在任何情况下都坚如磐石的决心，有一种不受任何诱惑，不偏离自己既定目标的专注力。正是这种专心致志的精神使平庸者最终获得成功，而所谓的聪明人恰恰缺乏这种专心致志的精神而最终导致失败。

人生智慧

◇一心不能二用。

◇无恬恬之事者，无赫赫之功。

◇只要执着于一个目标，专心致志地前行，也一样会取得成功。

第七章

荀子与我聊人生成败

"物至而应，事起而辨……若是则可谓通士矣。"许多人在遇到危急的情况时，总是以激烈的情绪来应对，但事实上，这样不仅不能解决问题，反而会使问题变得更加复杂，所以，面对突如其来的事情，首先要做的是保持镇定，机智的应对。

能屈能伸，方成智者

【聊天实录】

我：荀老先生，您对成为智者有何高见？

荀子：我曾在《荀子·仲尼》中提到：君子与时屈伸，柔从若蒲苇，非慑怯也。

我：您这句话该如何解释呢？

荀子：这句话的意思就是：君子适应时势能屈能伸，柔顺得像蒲苇一样，这不是胆小怕事。

我：您的意思是说：人应根据时势，需要屈时就屈，需要伸时就伸。

荀子：是的，你说得很对，屈伸之道是一种智者的处世智慧。

【解读】 **懂得屈伸，冷静面对**

在现实生活中，大的政治环境、社会环境是正常的、清明的，但也难免遇到小环境不好的情况。比如，有的单位人际关系很复杂，在这种情况下，你不妨"愚钝"一些，不去说三道四，不锋芒毕露，不四处树敌，不卷入人际关系的是非之中。如果实在不行，三十六计，走为上计。再如，生活中发现了坏人坏事，不要鲁莽地硬碰硬，而是要冷静以对，通过有利于保护自己的渠道与坏人坏事做斗争。

事实上，荀子并不是教我们耍诈，而是教导我们在恶劣的环境中如何既坚持正义，又保护自己。

有一位图书情报专业毕业的硕士研究生，被分到上海的一家研究所工作，从事标准化文献的分类编目工作。他认为自己是学这个专业的，自认为比那些原班人马懂得多，刚上班时，领导也摆出一副"请提意见"的派头，这种气度让他受

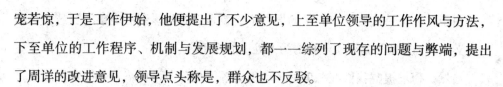

宠若惊，于是工作伊始，他便提出了不少意见，上至单位领导的工作作风与方法，下至单位的工作程序、机制与发展规划，都一一综列了现存的问题与弊端，提出了周详的改进意见，领导点头称是，群众也不反驳。

可结果呢，不但没有一点儿改变，他反倒成了一个处处惹人嫌的人，被单位掌握实权的某个领导视为狂妄、骄傲乃至神经病，一年多竟没有安排他具体做什么事。

后来，一位同情他的老太太悄悄对他说："小陈，我当初也同你一样，使我一辈子抬不起头，你还是换个单位吧，在这儿你把所有的人都得罪了，别想有出息。"

于是，这位研究生只好炒领导的鱿鱼，跳槽了。

临走时，领导拍着他的肩膀说："太可惜了！我真不想让你走，还准备培养你当我的接班人哩！"那位研究生一边玩味着"太可惜"三个字，一边苦笑着离开了。

大巧若拙，大勇若怯，为人处世善于隐藏者，比之锋芒毕露者，不知高明多少倍。故事中的青年，正是由于不懂得屈伸之道，才忘记了谦逊和隐藏锋芒，最终自己害了自己。

能屈能伸，方成智者

荀子十分赞赏宁武子，认为他那种聪明的表现别人还能做到，而他在乱世中为人处世的那种包藏心机的愚笨表现则是别人难以做到的。

宁武子是春秋时卫国有名的大夫，姓宁，名俞，武是他的谥号。

宁武子经历了卫国两代的变动，由卫文公到卫成公，两个朝代国家局势完全不同，他却安然做了两朝元老。

卫文公时，国家安定，政治清明，他把自己的才智能力全都发挥了出来，是个智者。

卫成公时，政治黑暗，社会动乱，他仍然在朝中做官，却表现得十分愚蠢鲁钝，好像什么都不懂，但就在这愚笨外表的掩饰下，他为国家做了不少事情。

荀子曾不止一次赞叹宁武子的那种不惜装愚来做利国利民之事的智慧，从这个意义上讲，宁武子是不折不扣的为人处世的高手。

当然，荀子提醒我们在恶劣的环境里柔顺得像蒲苇一样，不是向环境屈服，不是真的浑浑噩噩，更不是改变自己的信念和操守，而是以退为进，以愚守智，不去做无谓的牺牲，不去授人以柄，而是麻痹对方，养精蓄锐，等待时机。

管仲，生于世风日下的东周末期，他不得志时，曾参加战役三次都败北而逃，和朋友鲍叔牙一同经商，常多取一分利益，他的朋友鲍叔牙并未因此看轻他，知他家贫，要留下性命做大事。后来他见齐桓公，齐桓公问他富国强兵之道，他开口就说："礼义廉耻，国之四维，四维不张，国乃灭亡。"

其实管仲心中藏有很大的原则、很高的见识。他辅佐桓公九合诸侯一匡天下，多用权术，领兵伐楚之时，仅责其未贡包茅给周朝廷，因为他知道，责楚以一个小事，大家才好退兵。否则真正打起来，齐也赢不了楚。再后来，齐桓公生活越来越奢侈，他也跟着越来越奢侈，意思是要为主公"分谤"，不能让老百姓都只责备桓公。

齐桓公亲近易牙、竖刁、开方三个小人，每日沉溺女乐，管仲也不谏阻。他说，人君大权在握，难免要图些享受，势难阻止，只要在施政方面还能照顾人民，也能信任臣下去做，其个人的沉溺不必太去干涉，免得君臣之间闹僵了，反而坏了事情。

直到临死之时，才劝桓公远离那三个小人。桓公问他为何从前没说，管仲说，我知主公喜欢他们，只要我在，那三个人大概也不会作乱，所以我也不必禁止主公亲近他们。但我快要死了，主公宜自己小心。

荀子借用《诗经》中的话总结说："左之左之，君子宜之；右之右之，君子有之。"该向左就向左，君子能适应它；该向右就向右，君子也能适应它。荀子说，为人处世达到这样的境界，也就掌握了与时屈伸的处世之道了。

的确，假若你聪明能干，在环境好的情况下，可以尽情发挥；可在环境恶劣时，如果聪明过分显露，就可能招致灾祸。环境恶劣时，应该将聪明隐藏起来，从而有效地保护自己，减小外界的阻力，不露声色地做些踏踏实实的事情。因此说，想成大事，能屈能伸助你顺利获得成功。

人生智慧

◇大巧若拙，大勇若怯。

◇左之左之，君子宜之；右之右之，君子有之。

◇想成大事，能屈能伸助你顺利获得成功。

福事则和，祸事则静

【聊天实录】

我：荀老先生，您对喜事和祸事有何高见？

荀子：我曾在《荀子·仲尼》中提到：福事至则和而理，祸事至则静而理。

我：您这句话该如何解释呢？

荀子：这句话的意思就是：有喜事时平和地对待，有灾祸时冷静地处理。

我：您的意思是说：祸患往往与幸福相临，人们有时甚至还不知道祸福产生的原因。

荀子：是的，你说得很对，敬戒无忌。庆者在堂，吊者在闾。祸与福邻，莫知其门。

【解读】　　　　福祸相依，谨慎行事

荀子"福祸相依"的理论，包含着深刻的人生道理。睿智的荀子是在提醒我们：在遭受祸患时，不为祸患所吓倒，要有战胜祸患的信心；在享受幸福时，也需小

心谨慎，不为幸福所迷惑，始终如一地按照做人做事的准则去行事。

朱元璋一生多次面临危机，越是危机时刻越能显出他的冷静和机智。能有机谋首先要胆大心细，在突发事件面前不慌乱，在短时间内分清利害，找准最正确的路径，而不是慌不择路，勇而无谋。

这就是朱元璋云游四海时不断感悟出来的成就一番事业的经验，这里有件事足以看出朱元璋的足智多谋。

元至正十四年(1354 年) 春，郭子兴、彭大、赵均用等矛盾重重，为了争权夺利，你不让我，我不让你，聪明的朱元璋准确地判断时局，认定再与这样的人纠缠在一起，不会有什么出路，更无前途可言，迟早还可能成为牺牲品，他决定寻机独立发展，自立一片天地。这时，正好定远张家堡驴牌寨有 3000 兵马，孤立无援，想来投奔起义军，朱元璋就自告奋勇，带领一队人马求见这个驴牌寨的寨主。刚走到定远界，忽然间，驴牌寨营中摆列出军阵，杀气腾腾。见是寡不敌众之势，朱元璋的随从吓得胆战心惊，几个部卒十分恐慌，打算掉头逃跑。

朱元璋一声喝住了他们，说道："彼众我寡，你能跑到哪儿去? 只要撒马过来，哪个也逃不掉。你们不要怕，都随我前去，各等命令，见机行事。"几个人才镇静下来。这时营中走出两个将领，见朱元璋高坐马上，威风凛凛，毫无畏惧，也无屈从之态。将领问话，朱元璋并没有亲口应答，而是命人回答说："从濠州来，与你们主帅议事!"看罢阵势，两个将领知道这伙人非同一般，便返了回去。

一会儿，出来请他们进寨。朱元璋对寨主说："郭元帅听说将军粮饷艰难，别人想趁火打劫，特派我来相告：能相从则一起到濠州同聚，不然，请暂时移兵回避一下，免得遭人暗算。"朱元璋一席话不卑不亢，既有警告又有关心，打动了寨主的心，他本来也是想投靠的，只是放不下架子罢了，这回有人给了台阶下，此时不下更待何时? 他决定准备一下就前往濠州。见事已毕，朱元璋就回到濠州。但三天后，有人报告说，那寨主反悔了，正向别处转移。朱元璋急率 300 步骑赶到，对寨主说："郭元帅派我带来 300 人马助你一臂之力。"寨主将信将疑，防备愈严。

朱元璋见此情状，想到已非言语所能打动，便决定以计袭取。

他让一个兵士向寨主报告说，寨中有人杀伤了朱总管的人，朱总管请寨主去验看现场。待寨主赶到，朱元璋的兵一下将他围住。朱元璋再次要他立即下定决心，寨主成了俘虏，也就只能顺水推舟，驴牌寨营盘被一把火烧毁，经过改编，这3000兵马就隶属于朱元璋的麾下。

福事则和，祸事则静

福与祸是事物的两个方面，是不可分割的。福也好，祸也罢，有时就发生在瞬间，福祸的对立和转化也往往是一念之差。人生在世如果不懂得这其中的道理，就会受到福祸的捉弄。

人生中有很多事情常会变得扑朔迷离，让人茫然失措、诚惶诚恐或是迷失方向，而在很多时候又会出现峰回路转。当我们正踌躇满志、洋洋得意时，却突然遭遇一盆冷水，浇得我们失魂落魄；当我们正在低迷徘徊或是沮丧消沉时，却突然柳暗花明意外获得成功，让我们欣喜若狂。

人生处在顺境和得意时，最容易张扬。张扬是许多没有远见的人的共性，他们本来就没有大志向也没有大目标，只是在一种虚荣心的驱使下向前奔跑，目的只是想博得众人的喝彩。所以众人的掌声一响便认为达到了人生目标，便想躺在掌声中生活，他们认为自己可以不必再奔跑，可以昂头挺胸地在人群中炫耀了。得势的时候要不时地提醒自己"福兮祸之所伏"，慎言慎行，宽容礼让，才能保持其成功长盛不衰，即便从顺境陷入逆境，也能做到不惊不诧，应付自如。

张扬也可以说是一种误解，一种把暂时的得意看成永久得意的误解，一种把暂时的失意当成永久失意的误解。低调的人明白，这个世上永远没有永恒的事物，一切都是暂时的、相对的，所以也就没有什么值得张扬的事情。

太张扬的人，没有自己的追求和目标，有了一点点的得意便以为人生的荣耀不过如此。这些人中也有许多有才华的人、有实力的人和有发展前途的人，如果这些人能够踏踏实实地做人，可能会成就一番事业，可他们却往往因为目光短浅而在张扬中夭折。

福祸相依蕴涵了物极必反的哲理，物极必反是指事物发展到极致时，就会向相反方向转化。

1. 从福到祸

人在得意忘形之际，往往看不见近身的灾难。生活就是这样，当它一脸和气地对我们时，我们往往觉得事事都顺，一笔可观的款项揣进腰包的感觉，就像是喝了蜜一样，透心的甜。随之我们可能就忘乎所以了，殊不知，张狂过后该是怎样的结局？！要知道"福"的负面就是"祸"，过于张狂了，"祸"也许就会随之而至，那时，我们是否能够经得起这福去祸至的压力呢？

淡化利欲是应对不测的万全之策，凡事看淡些，看轻些，别贪一时之欢。好事降临时要记住居安思危的道理，淡泊利欲的诱惑才是处世的自然之理。要做到淡泊、睿智，以平常心待之，这样，当不幸降临时，我们才能应对自如，才不会被突然降临的不幸压倒。

2. 从祸到福

常在河边走，怎会不湿鞋？每个人在生活中都会遇到意外的打击或失败。考验一个人真正的品格和能力，就是看他如何面对失意的日子。如果放大不愉快，那么他将度日如年，举步维艰；如果他藐视困难，积极应对，则很快走出困境。

因此，面对祸最重要的是态度：摒弃对于造成"祸"之根源和责任的纠缠，直面祸患，积极应对，妥善处理，或许我们可以因"祸"得"福"，因为危机往往是危险在前，机遇随后。

人 生 智 慧

◇福兮祸之所伏。

◇淡化利欲是应对不测的万全之策。

◇危机往往是危险在前，机遇随后。

避己之短，扬己之长

【聊天实录】

我：荀老先生，您对避己之短，扬己之长有何高见？

荀子：我曾在《荀子·大略》中提到：无用吾之所短，遇人之所长，故塞而避所短，移而从所长。

我：您这句话该如何解释呢？

荀子：这句话的意思就是：不要用自己的短处，去应对别人的长处。所以，遇到阻碍时就要回避自己的短处，一有举动，就要尽量发挥自己的长处。

我：您的意思是说：利用自己的长处，避免自己的短处，善于变化，就容易成功。

荀子：是的，你说得很对，古人曰："以退为进。"

【解读】　　以退为进，自我保护

从前，西西里有位国王叫里昂提斯，他的皇后赫米温妮既美丽又贤惠，两人相处得非常和睦。

有一次，里昂提斯邀请自己的老朋友——波希米亚国王波力克希尼斯来西西里做客。他吩咐皇后赫米温妮要殷勤地招待他的老朋友，皇后按他的意思盛情厚待了客人。波力克希尼斯住了好久之后，预备回去了。赫米温妮又应丈夫的要求与他一起真心挽留客人多住一些日子。波力克希尼斯为赫米温妮的好客和温柔委婉的话所打动，便决定再多住上几个星期，于是悲剧就开始了。

尽管里昂提斯国王清楚赫米温妮对波力克希尼斯的热情和殷勤都是自己所关照的，但是，一种难以克制的嫉妒心逐渐在他心中暴露出来，竟然怀疑皇后对他不忠，与他的朋友有暧昧关系。本来是热烈忠实的朋友，最体贴入微的丈夫，现在忽然变成了野蛮的、没有人性的怪物。

他密令大臣卡密罗去毒死波力克希尼斯，卡密罗知道国王被嫉妒心冲昏了头，他悄悄地告诉了波力克希尼斯实情，并帮助他逃离了西西里，里昂提斯国王更加生气，就把全部的怒火发泄到皇后赫米温妮身上，他下令把皇后关到大牢里，给予种种折磨。

皇后身怀六甲，进了监牢不久便生下一个女儿。皇后希望娇弱可爱的新生命能够打动国王，但国王不但没有任何怜悯之意，反而命人把孩子送到荒僻的海岸抛弃掉。不仅如此，残忍的国王还当着全朝大臣的面公审皇后，决定判她死罪，这时，由于对母亲受辱一直闷闷不乐的王子终因忧虑过度而死去，皇后也受刺激昏迷倒地，但国王仍无动于衷，叫臣下暂时把皇后带下。

在此情况下，皇后知道自己不死，国王不会放过她，于是与一直帮助她的好心人宝丽娜商议避难之策。宝丽娜出了一个主意，叫皇后装作死去，然后她去把这个消息告诉国王。

国王听说皇后死了，这才有点醒悟，开始后悔自己对皇后太残忍了。现在他想一定是他的虐待使赫米温妮感到世无宁日，于是他相信她是清白无辜的了，从此，国王陷于深深的悔恨之中凄凉地苦度着岁月。

皇后的女儿被一位牧羊人救走扶养成了一个美丽的姑娘，牧羊人根据她身上所带的宝石，送她到西西里去与父亲里昂提斯相识，女儿长得与她的母亲几乎一模一样，因此，里昂提斯一见自己的女儿，既高兴又伤心，他伤心自己错怪妻子，悔恨自己将妻子虐待致死，里昂提斯高兴的是，女儿终于没有被自己害死，现在父女团圆之际，不由得更加思念起善良的妻子来。

目睹了这一切的宝丽娜也不禁被这个情景所感动，她觉得国王已经真正后悔，他也受到了足够的惩罚，应该把真情公开出来了。于是，她把隐居多年的皇后赫米温妮叫出来，说出了真相，让他们夫妻、母女相见。国王激动万分，真诚地请皇后原谅他的过失，从此衷心改正，一家人又像从前那样和睦、欢乐。赫米温妮虽然受了许多年苦，但她的坚忍的德行终于得到了补偿。

赫米温妮皇后为了保全自己的性命，避免进一步的迫害，不得不暂时装死，直到国王醒悟，情况不再危及自己的性命，再露出真相，从而达到夫妻破镜重圆的目的，这是以退为进的求变谋略，也是自我保护的应变韬略之术。

在无法赢取竞争对手的情况下，不妨故意先输他一把，在对手消停下来之后，迅速出击，做赢他。这就是人们常说的扬长避短的行事谋略，也是自我保护的应变韬略之术。

毫无疑问，人的先天条件是有差别的，有的人天资聪颖，有的人天生反应迟缓；有的人用一小时就能学会的知识，对另一些人也许花一天也学不会，要承认这种先天的差别。一个人越早发现和正确判断自己能力的水平，就越能找到自己所处的最佳位置，及早做出正确判断，把精力用于其他方面，也许能成为某个领域的佼佼者。

认清自己，扬长避短

有一天，齐王要田忌和他赛马，规定每个人从自己的上、中、下三等马中各选一匹来赛，并约定，每有一匹马取胜可获千两黄金，每有一匹马落后要付千两黄金。当时，齐王的每一等次的马比田忌同等次的马都要强，因此，如果田忌用自己的马与齐王同等次的马比，则田忌必败无疑。

但是结果田忌并没有输，反而赢了一千两黄金。这是怎么回事呢？原来，在赛马之前，田忌的谋士孙膑给他出了一个主意，让田忌用自己的下等马与齐王的上等马比，用自己的上等马与齐王的中等马比，用自己的中等马与齐王的下等马比。田忌的下等马当然会输，但是上等马和中等马都赢了。

还是同样的马匹，由于调换了一个比赛的出场顺序，就取得了转败为一胜的结果，之所以如此，正是因为田忌运用了扬长避短的策略。

我们每个人都有自己的短处，也都有别人不具备的长处。充分发挥自己的长处，

就容易取得成功。即使是能力不强，或者智力、体力上有缺陷的人，也有他人所不及的长处，一样可以通过努力获取成就。

然而令人惋惜的是，生活中有这样一种人，他们往往没有将自己的才干发挥在他们能做得最好的工作上，而是将他们的才干用错了地方，这也就是为什么许多人本应获取成功，而实际上却碌碌无为的原因。

如果撇开了自己最擅长的工作不干，便等于抛弃了自己所拥有的最重要的竞争优势。在别的工作上，即使自己努力克服弱点，至多也不过使自己得到一个"业余专家"的美称。

荀子并不赞成这样做，他主张在自己擅长的领域中力求专精。由此就要求我们注意以下几点：认清自己真正的才能；以自己最擅长的方面为基础，去谋求最佳的发展；不断学习，不断吸收新的知识，与时俱进，充实和提高自己。

人生智慧

◇人无远虑，必有近忧。

◇以退为进是自我保护的应变韬略之术。

◇充分发挥自己的长处，就容易取得成功。

细微之处，产生祸患

【聊天实录】

我：荀老先生，您对祸患皆源于细微有何高见？

荀子：我曾在《荀子·大略》中提到：祸之所由生也，生自纤纤也。是故君子蚤绝之。

我：您这句话该如何解释呢？

荀子：这句话的意思就是：祸患产生的地方，往往是细微之处。所以，君子要及早地消除它产生的原因。

我：您的意思是说：不能对小事情有所疏忽，应该慎对微小的变化。

荀子：是的，你说得很对，要想远离灾祸，就必须做到防微杜渐。

【解读】　　　　　千里之堤毁于蚁穴

工作中任何一个细节出了差错，都会事关全局，牵一发而动全身，每一件细小的事情所产生的后果都会被不断扩大，它们就不再是微不足道的小事情。

小郭是知名大学的毕业生，以优异成绩考入一家省级机关。

他胸中豪情万丈，一心只想鹏程万里。

不料上班后才发现，每日无非是些琐碎事务，既不需太多智能，也看不出什么成果，心便渐渐地冷了下来。

一次单位开会，部门同仁彻夜准备文件，分配给他的工作是装订和封套。

处长再三叮嘱："一定要做好准备工作，别到时弄得措手不及。"

他听了更是不快，心想：初中生也会的事，还用得着这样嘱咐，根本没理会。

同事们忙忙碌碌，他也懒得帮忙，只在旁边看报纸。

文件终于交到他手里。他开始一件件装订，没想到只订了十几份，订书机"喀"地一响，订书订用完了。

他漫不经心地抽开装订书订的纸盒，脑中轰的一声——里面是空的。

立刻发动所有人翻箱倒柜，不知怎的，平时满眼皆是的小东西，现在竟连一根都找不到。

那时已是深夜11点半，文件必须在次日8点大会召开之前发到代表手中。

处长咆哮道："不是叫你做好准备的吗？连这点小事也做不好，大学生有什么用啊。"

他低头无言以对，脸上却像挨了一掌。

几经周折，他在凌晨4点找到一家通宵服务的商务中心，终于赶在开会之前，对同事们微笑着，将文件整齐漂亮地发到代表手中。

没人知道，他已是彻夜未眠。事后，他灰头土脸地等着训斥，没想到平时严厉得不近人情的处长，却只说了一句："记住，工作面前，人人平等。"

那句话是小郭一生受用不尽的一句话，让他深刻地领悟到：用十分的准备迎接三分的工作并非浪费，而以三分的态度来面对十分的工作，将带来不可逆转的恶果。是的，千里马失足，往往不是在崇山峻岭，而是在柔软青草地。

面对突如其来的事情，不知如何处理，这时候我们开始埋怨自己倒霉，主要就是因为我们平时没有注意到细节问题。做事注重细节才能成功，导致人生失败大都在细微之处。有时应对事情不是主要的，而是应该锻炼自己注意细节的习惯。平时养成了这样一种习惯，事情来了也就容易应对了，最起码知道问题出在哪里，吃一堑才能长一智。

千里之堤毁于蚁穴，祸乱皆根源于被忽略的细微之处，因此，必须做到防微杜渐。防微杜渐不易做到，但只要保持谨慎，正如《易经》所说："君子乾乾，夕惕若，厉无咎。"那么，即使在厄难中也能自保无虞。"物至而应"没有什么诀窍，有了这种意识，祸患就不会来了。做大事更是如此，如果忽视细节，就会踏入失败的深渊；如果把握住细节，成功就会降临。

防微杜渐，才能成事

涓涓细流可以穿透岩石，参天大树是由嫩芽小树逐渐长成，人们常因忽略微小的细节，而造成祸患。如果从小的方面着手，在祸患还在萌芽时注意防止并消除它，就能够安定，情况就会好转。

概括而言，荀子所说的"防微杜渐"表达了两层含义：其一是防止对微小的忽略，其二是杜绝在渐渐中演变。"微"即细小，就像蝼蚁洞穴很小，一般不引人注意。但是，蚁穴的危害却极大。在河水上涨时，因蚁岁会发生管涌，堤堰内部被淘空而发生溃决事故。"渐"即慢慢地，是一种从量变到质变的过程，这种过程慢得不易使自己感知，也不易使别人察觉。但"渐"是一种足以致命的慢性病，初始阶段并无疼痛，但等达到一定程度时，往往已病入膏肓，回天乏术，后悔晚矣！

《史记·扁鹊传》中有这样一个故事：

扁鹊

扁鹊，战国时勃海郡郑地人，原名秦越人。"扁鹊"一词原本为古代传说中能为人解除病痛的一种鸟，秦越人医术高超，百姓敬他为神医，便称他为"扁鹊"，渐渐地，就把这个名字用在秦越人的身上了。

扁鹊云游各国，为君侯看病，也为百姓除疾，名扬天下。他的医术十分全面，无所不通。在邯郸听说当地人很尊重妇女，他便做了妇科医生；在洛阳，因为那里的人很尊重老人，他就做了专治老年病的医生；秦越人最爱儿童，他又在那里做了儿科大夫。无论在哪里，他都因高超的医术深受人们的欢迎。

有一次，扁鹊来到了齐国，蔡桓公知道他名声很大，便宴请扁鹊。

扁鹊见到蔡桓公后，说："大王有病，就在肌肤之间，不治会加重的。"蔡桓公不相信，而且很不高兴。

五天后，扁鹊再去见他，说道："大王的病已经到了血脉，不治会加重的。"蔡桓公仍不信，而且更加不悦。

又过了五天，扁鹊又见到蔡桓公时说："大王的病已到了肠胃，不治会更重。"蔡桓公十分生气，转头便走。

五天又过去了，这次扁鹊一见到蔡桓公，就赶快避开了。蔡桓公十分纳闷，便派人去问。扁鹊说："病在肌肤之间时，可用熨药治愈；在血脉，可用针刺、砭石的方法达到治疗效果；在肠胃时，借助火剂汤的力量也能达到。可病入骨髓，就无法医治了。现在大王的病已在骨髓，我无能为力了。"

第七章　荀子与我聊人生成败

159

果然，五天后，蔡桓公身患重病，忙派人去找扁鹊，这时扁鹊已经离开了齐国，不久，蔡桓公便病死了。

"扁鹊见蔡桓公"的故事告诉我们：凡事都应防微杜渐，把问题消灭于萌芽之中，不然当问题变得不可收拾的时候只能追悔莫及。

人生智慧

◇凡事都应防微杜渐。

◇祸乱皆根源于被忽略的细微之处。

◇涓涓细流可以穿透岩石，参天大树是由嫩芽小树逐渐长成。

把握时机，见机行事

【聊天实录】

我：荀老先生，您对审时度势有何高见？

荀子：我曾在《荀子·儒效》中提到：造父者，天下之善御者也，无舆马则无所见其能。

我：您这句话该如何解释呢？

荀子：这句话的意思就是：造父是天下最善于驾车的人，但若没有马则无以显示其出众的才能。

我：您的意思是说：一个人的成功往往取决于天时、地利、人和等多种因素。

荀子：是的，你说得很对，古人曰："巧妇难为无米之炊。"

【解读】 ～◆ 处处留心皆机遇 ◆～

有一次，日本索尼公司名誉董事长井深大到理发店去理发，他一边理发一边看电视，由于他躺在理发椅上，所以他看到的电视图像只能是反的。就在这时，他突然灵机一动。心想："如果能制造出反画面的电视机，那么，即使躺着也能从镜子里看到正常画面的电视节目。"有了这些想法，他回到索尼公司之后就组织力量研制和生产了反画面的电视机，并把自己研制出来的电视机投放到市场上去销售。果然这种电视机受到了理发店、医院等许多特殊用户的普遍欢迎，因而取得了成功。这则事例给我们的启示就是功夫不负有心人，只要我们能够处处留心，那么就有很多的机会在向我们招手。

处处留心皆机遇，要做生活当中的有心人，是因为机会往往来得都很突然或者很偶然，因此，只有留心、用心的人才有可能在机会来临的一瞬间捕捉到它。比如说，世界上第一个防火警铃就是在实验室的一次实验中偶然发明的。第一个防火警铃的发明者杜妥·波尔索当时正在试验一个控制静电的电子仪器，忽然他注意到他身边的一个技师所抽的香烟把仪器的马表弄坏了。开始时，杜妥·波尔索的第一反应是非常懊恼，因为马表坏了必须中止实验，重新再装上一个马表。但他很快地就想到，马表对香烟的反应可能是一个非常有价值的资讯。这个只是一瞬间发生的看似很不起眼的偶然事件，就促使杜妥·波尔索发明了第一个防火报警警铃，在消防领域做出了突破性的贡献。

审时度势，相机行事，灵活应变，也是经济活动中的一种重要策略。19世纪中叶，美国加利福尼亚州发现了金矿，消息传开，掀起了一股淘金热，一个17岁的农夫亚默尔也准备去碰碰运气。找金子的地方是荒无人烟的小山谷，气候干燥，水源奇缺，人们苦于没有水喝。许多人一面找金子，一面抱怨："谁要是让我饮一顿凉水，老子送给他金币也干。"找矿的人们抱怨的话，使年轻的亚默尔受到启发，他想，如果卖水给这些人喝，也许比找金子赚钱更快。于是，他毅然放弃了挖金，开始挖水池，再把远处的河水引进来，装进桶或壶里，卖给找金矿的人们。当时有人讥笑他，亚默尔全不在意。结果，许多人因没挖到金子而饥寒交迫，而亚默尔却卖水赚了6000多美元，成为当时一个小小的富翁。

不少经营者也注意相机行事，随机应变，从而走上了致富之路。

可谓"机不可失，时不再来"，往往最先发现、最先下手的人最先得益。如果鼠目寸光地盯住眼前的利益，那么，机遇也许就永不会再现。遇到所谓真正伟大的机遇是很难得的，机遇往往是化整为零地呈现在我们面前，如果不抓住看似微小的机遇，那丧失的可能就是一个大的机遇。

把握时机，见机行事

"时"是中国文化中一个很独特的观念，强调把握时机，见机而作。

巧妇难为无米之炊，一个人的成功往往取决于天时、地利、人和等多种因素。善射如后羿者，离开了良弓，其射艺也无处施展，天下谁人又能识后羿呢？可见，若既无天时，又无地利，一个人纵然有百种本事、万般能耐，怕也只能徒然叹息英雄无用武之地。正因为如此，历史上留下了无数文人喟叹"欲济无舟楫"、抒发怀才不遇情怀的感遇诗篇，如秦韬玉的"苦恨年年压金线，为他人作嫁衣裳"，张九龄的"徒言树桃李，此木岂无阴？"岑参的"四时常作青黛色，可怜杜花不相识"，等等。其中最令人慨叹的是空怀一身武艺却只能借词抒怀的辛弃疾，他梦寐以求建功立业，"醉里挑灯看剑，梦回吹角连营"，醒来自怜"可怜白发生"！还有至死不忘报国的陆游："此生谁料，心在天山，身老沧洲！"壮志未酬身先死，他谆谆叮嘱儿孙"王师北定中原日，家祭无忘告乃翁"！

好的射手要有良弓，好的骑士要有良马，给有才者施展抱负的天地，给有能者创造施展才华的条件，人尽其才，物尽其用，才能既无英雄无用武之地之憾，也无用武之地无英雄之困。

在《不苟》篇中，荀子指出"君子以义屈信变应"，这里荀子又强调"与时迁徙，与世偃仰"，认为随世而迁、与时俱进是圣人的特点。

"与时迁徙，与世偃仰"，不是像墙头草一样随风倒，更不意味着人就可以自暴自弃，甚至同流合污、为虎作伥，"迁徙"、"偃仰"是以"义"为原则的，是以坚持原则为前提的。

例如，春秋战国时期贤士奔走列国，"良禽择木而栖，良臣择主而侍"，"用之则行，舍之则藏"（《论语·述而》），但与此同时，"道"却是士人出处仕隐的原则和标准：

《论语·泰伯》："危邦不入，乱邦不居。天下有道则见，无道则隐。"

《论语·宪问》："邦有道，谷。邦无道，谷，耻也。"

《论语·卫灵公》："邦有道则仕，邦无道则卷而怀之。"

因而，对君子而言，最重要的莫过于修身养性、"守死善道"（《论语·泰伯》），养精蓄锐，待时而动，如孟子所谓"穷则独善其身，达则兼济天下"（《孟子·尽心上》）。白居易在给友人的信中也语重心长地写道：大丈夫所守者道，所待者时。时之来也，为云龙，为风鹏，勃然突然，陈力以出；时之不来也，为雾豹，为冥鸿，寂兮寥兮，奉身而退。进退出处，何往而不自得哉？故仆志在兼济，行在独善（《白居易与元九书》）。

机遇是一个美丽而性情古怪的天使，她来到我们身边的时候总是悄然来临，以致我们有时可能并未觉察到她的降临。因此，我们若稍不留心她就将翩然而去，不管我们怎样地扼腕叹息，她却从此杳无音讯，一去不再复回。

成大事的人之所以能够抓住成功的机遇，完全是由于他们在生活中处处都很留心，当机遇来临的时候，他们就能迅速做出反应，从而把机遇牢牢地抓在自己的手中。

捕捉机遇一定要处处留心，独具慧眼。其实只要我们仔细留心身边的每一件小事，每一件小事当中都可能蕴藏着相当的机会。有雄心成大事的人绝不会放过每一件小事，他们对什么事情都极其敏感，能够从许多平凡的生活事件中发现很多成功的机遇。

人生智慧

◇审时度势，相机行事，灵活应变，也是经济活动中的一种重要策略。

◇机不可失，时不再来。

◇捕捉机遇一定要处处留心，独具慧眼。

临危不乱，处变不惊

【聊天实录】

我：荀老先生，您对应变有何高见？

荀子：我曾在《荀子·解蔽》中提到：物至而应，事起而辨。

我：您这句话该如何解释呢？

荀子：这句话的意思就是：事情来了能应对自如，事情发生了能妥善处理。

我：您的意思是说：真正把一切都看淡的人才能处事不惊，喜怒不形于色。

荀子：是的，你说得很对，古人曰："人定胜天。"

【解读】　　　面不改色，冷静面对

云居禅师每天晚上都要去荒岛上的洞穴坐禅。有几个爱捣乱的年轻人便藏在他的必经路上，等到禅师过来的时候，一个人从树上把手垂下来，扣在禅师的头上。

年轻人原以为禅师必定吓得魂飞魄散，哪知禅师任年轻人扣住自己的头，静静地站立不动。年轻人反而吓了一跳，急忙将手缩回，此时，禅师又若无其事地离去了。

第二天，他们几个一起到云居禅师那儿去，他们向禅师问道："大师，听说附近经常闹鬼，有这回事吗？"

云居禅师说："没有的事！"

"是吗？我们听说有人在晚上走路的时候被魔鬼按住了头。"

"那不是什么魔鬼，而是村里的年轻人！"

"为什么这样说呢？"

禅师答道："因为魔鬼没有那么宽厚暖和的手呀！"

他紧接着说："临阵不惧生死，是将军之勇；进山不惧虎狼，是猎人之勇；入水不惧蛟龙，是渔人之勇；和尚的勇是什么？就是一个字，'悟'。连生死都已经超脱，怎样还会有恐惧感呢？"

毋庸置疑，临危不乱，处变不惊，是一种能力的表现，是一种智慧与博学的体现，是一种儒雅的大将风度。在任何时候，我们都应该以一种平和的心态来面对各种紧急情况，只有这样，我们才能够把事情处理得妥当圆满。

能在意外变故的惊吓和美好事物的引诱面前面不改色、毫不动心，那么这样的人即使不能有一番非常大的作为，也必将能干大事。没有这种心理素质，就会心神不宁，患得患失，这样怎么能在混乱中抓住先机，寻找正确的出路呢？

处事不惊，不形于色

人的一生，很多时候都风平浪静并不会有太大的变故，但也会不可避免地遇到危险和紧急的情况，往往这个时候，一个人如何行事，就能反映出他修养的高低。

真正把一切都看淡的人才能处事不惊，喜怒不形于色。有些人说，那我在公共场合练习做丢脸的事行不行？这样虽然可以让我们锻炼得脸皮厚些，但也容易变得没有羞耻心，到最后不仅不会处变不惊，反而把自己也给练丢了。所以不要想些歪念头，处变不惊需要经历，需要时间的历练，需要去悟。

如果真想学本事，那么就尝试着让自己高兴时不要得意忘形，碰到难题时也不要急得跺脚，不管别人说什么做什么，都不要急于表达自己的意见，冷静应对，给自己充分的思考时间，那么自然能理智的应对事物，自然不会把喜怒挂在脸上了。

与人交往，伤害别人总是那么短暂的一瞬间；做事决策，错误的总是细微的失误。一个人难的不是偶尔做事谨慎，而是一贯如常。我们的喜怒情愫能影响周围的人，甚喜时炫耀自我，甚怒时迁怒于人，恐怕世人皆有吧！所以说不形于色是要做到常态，而不能仅凭一时之兴。

北宋苏洵在其作《心术》中说："泰山崩于前而不变色，麋鹿兴于左而目不瞬，然后可以制利害，可以待敌。"世界上很少有天塌下来也不惊慌的心态，所以成功的人总是少数。

一个临危不乱、处变不惊的人，在遇到变乱之时会勇敢地面对现实，从容不迫地接受一切，而不是丧失斗志，听天由命。

荀子反对"天命论"，主张"人定胜天"。他认为，人那种悠闲镇定的心态和行为，并不是天生就有的，而是后天修养的结晶。缺少了这种修养，遇变乱之事，就会一败涂地；拥有了这种修养，则会镇定自若地处事应变。

荀子还具有长远的眼光，他认为，在无变乱时，就要有提防之心，居安思危，如此，才能防止意外变故的发生。

懂得随机应变，不但可以让本身实力陡增，同时也能让对手变弱，这是在危机中取胜的技巧之一，熟知如何运用诀窍，自然能使自己的前程一片坦途。

遇到突发事件，千万不能慌乱，要冷静机智地去处理，在短时间内分清利害，找准最正确的路径，从而化危机于无形。生活中，许多人在遇到危急的情况是，总是以激烈的情绪来应对。但事实上，这样不仅不能解决问题，反而会使问题变得更加复杂，所以，面对突如其来的事情，我们首先要做的是镇定。

人生智慧

◇泰山崩于前而不变色。

◇临危不乱，处变不惊，是一种能力的表现。

◇真正把一切都看淡的人才能处事不惊，喜怒不形于色。

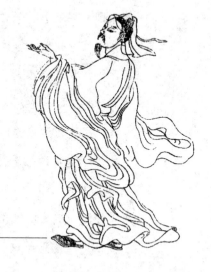

第八章

荀子与我聊天人关系

"天行有常，不为尧存，不为桀亡。"荀子首先充分肯定了事物发展变化的规律性，认为自然万物有自己运动发展的客观规律，不以人的意志为转移，把"天道"与"人道"区分开来，强调在尊重自然的基础上利用和改造自然，肯定了人的主观能动性，表现出人定胜天的大无畏气魄。

天主出生，人定胜天

我：荀老先生，您对死生有命，富贵在天有何高见？

荀子：我曾在《荀子·天论》中提到：强本而节用，则天不能贫；养备而动时，则天不能病；循道而不贰，则天不能祸。

我：您这句话该如何解释呢？

荀子：这句话的意思就是：如果人勤奋耕作，省俭节约，那么天也不能使其贫穷；如果人注意营养、锻炼身体，那么天也不能使其疾患；如果人按照一定的规律和程序办事而不出差错，那么天也不能使其遭祸。

我：您的意思是说：人的吉凶福祸，并不取决于天，而取决于人做什么以及如何做。

荀子：是的，你说得很对，天行有常，不为尧存，不为桀亡。

【解读】　　　勇于奋斗，实现理想

自从传言有人在萨文河畔散步时无意发现金子后，这里便常有来自四面八方的淘金者。他们都想成为富翁，于是寻遍了整个河床，还在河床上挖出很多大坑，希望借助它们找到更多的金子。诚然，有一些人找到了，但另外一些人因为一无所得只好扫兴归去。

也有不甘心落空的，便驻扎在这里，继续寻找，彼得·弗雷特就是其中的一员。他在河床附近买了一块没人要的土地，一个人默默地工作。他为了找金子，已把所有的钱都押在了这块土地上。他埋头苦干了几个月，直到土地全变成坑坑洼洼，他失望了——他翻遍了整块土地，但连一丁点儿金子都没看见。

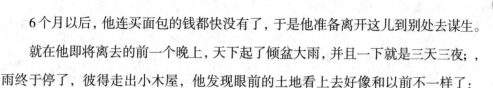

6个月以后，他连买面包的钱都快没有了，于是他准备离开这儿到别处去谋生。

就在他即将离去的前一个晚上，天下起了倾盆大雨，并且一下就是三天三夜；，雨终于停了，彼得走出小木屋，他发现眼前的土地看上去好像和以前不一样了：坑坑洼洼已被大水冲刷平整，松软的土地上长出一层绿茸茸的小草。

"这里没找到金子，"彼得忽有所悟地说，"但这土地很肥沃，我可以用来种花，然后拿到镇上去卖给那些富人，他们一定会买些花装扮他们华丽的客堂。如果真这样的话，我一定会赚许多钱，有朝一日我也会成为富人……"

彼得仿佛看到了将来，他美美地撇了一下嘴说："对，不走了，我就种花！"

于是，他留了下来，花了不少精力培育花苗，不久田地里长满了美丽娇艳的各色鲜花。

他拿到镇上去卖，那些富人们一个劲地称赞："噢，多美的花，我们从来没见过这么美丽鲜艳的花！"他们很乐意付少量的钱来买彼得的花，以便使他们的家庭变得更富丽堂皇。

5年后，彼得终于实现了他的梦想——成了一个富翁。

"我是唯一的一个找到真金的人！"他时常不无骄傲地告诉别人，"别人在这儿找到黄金之后便远远地离开了，而我的'金子'也是在这块土地里，只等诚实的人用勤劳去采集。"

由此可以看：天不能主宰人，人可以驾驭自己。人生在世，出身不由己，要想实现自己的理想，必须勇于奋斗，不为宿命论所蒙蔽。

天主出生，人定胜天

"死生有命，富贵在天"，这是宿命论。在人类社会早期，生产力落后，认识水平低下，对自然及其规律所知甚少，因此，对"天"、"命运"诚惶诚恐。

在强权统治的社会，这种宿命论甚至起到了精神鸦片的作用，统治者竭力宣传它，如周武王伐纣，宣扬"商罪贯盈，天命诛之"；伐纣成功，又宣扬"天体震动，用附我大邑国"。这种宿命论历代传承，统治者把自己装扮成"天子"，天生具有富贵享福的命运，以此来麻痹被统治阶级。

除此之外，生活中那些懒惰不思进取者、奋斗失败不愿振作者，也以此来安慰自己。

荀子所处的时代，社会上天命鬼神思想流行，认为天有意志能够主宰人类的吉凶祸福；天道和人事相互感应，天象的变化轰由人的善恶引起的，也是人间祸福的预兆，天是人类道德的范本天道是人类效法的对象。对此，荀子针锋相对、旗帜鲜明地指出"天行有常，不为尧存，不为桀亡"。

荀子是批判和反抗这种宿命论的先行者，他分别论述了日月四季的变化、水旱等自然现象，批判了"治乱在天"的思想，提出日月、星辰、时序的气象变化在夏禹、夏桀的时代是相同的，可见安定、混乱并不在天，而是人为的结果。

荀子曰："强本而节用，则天不能贫；养备而动时，则天不能病；循道而不贰，则天不能祸。"意思是如果人勤奋耕作，省俭节约，那么天也不能使其贫穷；如果人注意营养、锻炼身体，那么天也不能使其疾患；如果人按照一定的规律和程序办事而不出差错，那么天也不能使其遭祸。所以说，人的吉凶福祸，并不取决于天，而取决于人做什么以及如何做。

在2000多年前的战国时期，荀子对自然、对人生能有如此深刻的认识，实在难能可贵。

荀子认为整天崇拜"天"的伟大，思考"天"的神秘，还不如实实在在考虑考虑我们人怎么来合理利用"天"赐予我们的自然资源，怎么样建构我们人自己的"人道"，把人类社会建设好，为人类谋幸福。所以荀子说："道者，非天之道，非地之道，人之所以道也，君子之所道也。"

人 生 智 慧

◇天行有常，不为尧存，不为桀亡。

◇人的吉凶福祸，并不取决于天，而取决于人做什么以及如何做。

◇道者，非天之道，非地之道，人之所以道也，君子之所道也。

怨天尤人，得不偿失

【聊天实录】

我：荀老先生，您对怨天尤人有何高见？

荀子：我曾在《荀子·荣辱》中提到：自知者不怨人，知命者不怨天；怨人者穷，怨天者无志。

我：您这句话该如何解释呢？

荀子：这句话的意思就是：有自知之明的人不埋怨别人，知道命运的人不埋怨天；埋怨别人的人常处于困境，埋怨天的人没有志向。

我：您的意思是说：怨天尤人就像精神的烈性毒药，只会带来更大的痛苦，并且使前进的动力逐渐消耗殆尽，最终形成恶性循环。

荀子：是的，你说得很对，怨天尤人不可取。

【解读】 ❧ **放下抱怨，改变现状** ❧

有一头驴子掉到了一个陷阱里，怎么也爬不上来。主人看它已经是一头老驴子了，懒得去救它了，就自顾自地走了。驴子一开始还试图爬上去，后来看到主人放弃了自己，也放弃了求生的希望。后来，驴子发现有人往陷阱里面倒垃圾，驴子很生气，一个劲地抱怨自己倒霉：先是掉到了陷阱里，然后被主人扔掉，现在就是死也不能死得舒服点——每天有那么多垃圾扔进井里，臭气熏天。可抱怨归抱怨，每天仍有人不断地往陷阱里倒垃圾。

有一天，驴子决定改变自己的人生态度，它闭上了抱怨的嘴巴，每天都把垃圾踩到自己的脚下，并且从垃圾中寻找残羹来维持自己的生命，而不是任由自己被垃圾埋掉。终于一天，垃圾堆积到一定高度时，驴子重新回到了地面上。

　　其实，现实中不凡也有一些和"驴子"一样的人，在困难面前总是选择抱怨，从而使困难越来越多，压得自己喘不过气来，最后被逼上绝路时，才猛然惊醒：抱怨是没有用的，抱怨只会让自己更加无助；与其在不如意时一味地抱怨，不如尝试着去改变自己，改变现状，将生活变得如意起来。没有一种生活是完美的，也没有一种生活会让人完全满意，虽然我们做不到从不抱怨，但我们可以让自己少一些抱怨，多一些积极的心态去努力进取。因为如果抱怨成了一个人的习惯，就像搬起石头砸自己的脚，于人无益，于己不利，那样，生活就成了牢笼一般，没有了空间，处处不顺，处处不满，人生就会很累。与其抱怨，不如自由地生活，自由地生活着，本身就是最大的幸福。

　　在人生的旅途中，最糟糕的境遇往往不是贫困，也不是厄运，而是精神和心境处于一种无知无觉的疲惫状态。本来活得好好的，各方面的环境都不错，然而我们却常常心存不满。工作着的时候，我们渴望着过一种自由自在、肆意放松的生活，真正无所事事时，我们又企盼着工作时的那份充实和忙碌。有些人慢慢地在这样的心态中，开始习惯了抱怨。这些都是不可取的，怨天有人，是无知者的行为，是没有志向的人。

　　有智慧的人从不怨天尤人，因为他们知道，任何事情，除了受客观条件制约外，都是自己的所作所为造成的。所以，切莫怨天尤人，要改变现状，相信人定胜天，事在人为。

怨天尤人，得不偿失

　　整天心怀怨气的人，总感觉生活对他不公平，而又希望一些神奇的力量改变那些使他产生怨恨的事情，使他得到补偿。从这个意义上来说，怨天尤人是对已发生之事的一种心理反抗或排斥。

　　怨天尤人的结果是自毁形象，得不偿失，就算抱怨的是真正的不公正与错误，它也不是解决问题的好方法，因为它很快就会转变成一种习惯情绪。一个人习惯的觉得自己是不公平的受害者，就会定位于受害者的角色上，并可能随时寻找外在的借口，想方设法去为自己辩护。

习惯性的怨天尤人一定会带来自怜，而自怜又是最坏的习惯。有人说这类人只有在苦恼中才会感到适应，在这种埋怨和自怜的习惯作用下，他们会把自己想象成一个不快乐的可怜虫或者牺牲者。

一个人如果总是愤愤不平，他就不可能把自己想象成自立、自强的人。怨天尤人的人把自己的命运交给别人，把自己的感受和行动交给别人支配。怨天尤人几乎是无道理可言的，就像毒蛇缠身，很难摆脱出来。若是有人给他快乐他也会怨天尤人，因为对方不是照他希望的方式给的；若是有人感激他，而且这种感激是出于欣赏他或承认他的价值，他还会怨天尤人，因为别人欠他的这些感激的债并没有完全偿还；若是生活不如意，他更会怨天尤人，因为他更会觉得生活欠他的太多。

其实，产生怨天尤人的真正原因是自己的情绪反应。只有自己才有力量克服它，如果我们能理解并且深信：怨天尤人与自怜不是取得成功与幸福的方法，我们便可以控制并改变这种习惯。

人 生 智 慧

◇人定胜天，事在人为。

◇怨天尤人的结果是自毁形象，得不偿失。

◇产生怨天尤人的真正原因是自己的情绪反应。

贫穷志广，宝贵体恭

【聊天实录】

我：荀老先生，您对贫穷有何高见？

荀子：我曾在《荀子·修身》中提到：君子贫穷而志广，富贵而体恭，安燕而血气不惰，劳倦而容貌不枯，怒不过夺，喜不过予。

我：您这句话该如何解释呢？

荀子：这句话的意思就是：困难不丧志，得意不骄狂；舒适时不懒惰，疲惫时不委顿；有火气能自制而不挂相，逢喜悦心平和不乱许愿。

我：您的意思是说：真正有远大志向的人，是不会因为贫穷而改变的。

荀子：是的，你说得很对，君子贫穷而志广。

【解读】

贫而无志，才是贫穷

原宪

春秋时，原宪住在鲁国，一丈见方的房子，盖着茅草；用桑枝做门框，用蓬草做成门；用破瓮做窗户，用破布隔成两间；屋顶漏雨，地面潮湿，他却端坐在那里弹琴。

子贡驾着马车，穿着白大褂，紫红的里子，小巷子容不下高大的马车，他便走着去见原宪。

原宪戴顶破帽子，穿着破鞋，倚着藜杖在门口与子贡交谈。

子贡见原宪落魄的样子，便笑着问："先生生了什么病吗？"

原宪回答说："我听说，没有钱叫作贫，有学识而无用武之地叫作病，现在我是贫，不是病。"

子贡听后，脸上露出羞愧的表情。

荀子告诫韩非、李斯等弟子，子贡自以为了不起，听了原宪对于贫穷的看法，使他羞愧不已。因为他自己实际上有病——心病，不能从高层次看待贫穷的问题，也忍受不了贫穷的生活，更不理解原宪处于穷困之中却胸怀大志。

荀子认为：贫穷并不可怕，可怕的是"贫而无志"。也就是，没有远大志向，精神上的贫穷才是真正的贫穷。

事实也的确如此，对一个人来说，可怕的不是贫穷，而是自己对贫穷的妥协，志向的丧失。一个人如果没有志向这个"擎天柱"的支撑，其灵魂大厦必将会面临倒塌，他也就会随之胡思乱想，更可怕的是因此而走上邪路，那么，他将永无翻身之日，永远处于贫穷之中。

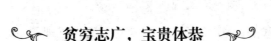 贫穷志广，宝贵体恭

在荀子看来，"贫穷而志广"固然可贵，但"宝贵而体恭"也不失为君子的风范。

法国富翁巴拉昂去世后，《科西嘉人报》刊登了他的一份特别遗嘱：

"我曾是穷人，但当我去世走进天堂时，我却是一个大富翁。在跨入天堂之门前，我不想把我的致富秘诀带走。在法兰西中央银行，有我一个私人保险箱，那里面藏有我的秘诀，保险箱的三把钥匙在我的律师和两位代理人手中。

"谁若能通过回答'穷人最缺少的是什么'，猜中我的秘诀，他将得到我的祝贺。当然，那时我已不可能从墓穴中伸出双手为其睿智欢呼，但他可以从那只保险箱里荣幸地拿走100万法郎，那是我给予他的掌声。"

遗嘱刊出后，《科西嘉人报》收到大量信件。绝大部分的人认为，穷人最缺少的是金钱。穷人还能缺少什么？当然是钱了。还有一部分人认为，穷人最缺少的是机会，穷人最缺少的是技能，穷人最缺少的是帮助和关爱，总之，答案五花八门。

一年后，也就是巴拉昂逝世周年纪念日，律师和代理人按巴拉昂生前的交代，在公证部门的监督下打开了那只保险箱。

在48561封来信中，一位叫蒂勒的小姑娘猜对了巴拉昂的秘诀。蒂勒和巴拉昂都认为，穷人最缺的是野心，即成为富人的野心。

颁奖之日，主持人问9岁的蒂勒，为什么想到野心，而不是其他。她说："每次，我姐把她11岁的男友带回家时，总是警告我：'不要有野心！不要有野心！'我想，也许野心可以让人得到自己想得到的东西。"

从这个例子可以看出，富人也并不是生来就是富人，他们也是通过自己的努力一步步走向富裕的。

"非淡泊无以明志，非宁静无以致远。"这是诸葛亮54岁时写给他8岁儿子诸葛瞻的《诫子书》。这既是诸葛亮一生经历的总结，更是对他儿子的要求。在这里用现代话来说："不把眼前的名利看得轻淡就不会有明确的志向，不能平静安详全神贯注的学习，就不能实现远大的目标。"

"淡泊以明志，宁静而志远"，这是一句富含哲理的话。这同"要想取之，必先与之"，"欲达目的，需先迂回曲折"的道理一样，现在的"淡泊"、"宁静"求清净，不想有什么作为，而是要通过学习"明志"，树立远大的志向，待时机成熟就可以"致远"，轰轰烈烈干一番事业。

人 生 智 慧

◇淡泊以明志，宁静而志远。

◇君子贫穷而志广。

◇欲达目的，需先迂回曲折。

大人不华，君子务实

【聊天实录】

我：荀老先生，您对天人之分有何高见？

荀子：我曾在《荀子·天论》中提到：君子敬其在己者，而不慕其在天者，是以日进也。

我：您这句话该如何解释呢？

荀子：这句话的意思就是：君子注重自己的努力，而不羡慕上天的恩赐，所以天天进步。

　　我：您的意思是说：只要注重自己的主观努力，竭尽所能承担起自己的职责，而不是徒然羡慕、消极等待上天的恩赐，就能够不断进步。

　　荀子：是的，你说得很对，不要等待奇迹发生，现在开始实践自己的梦想。

【解读】　　　　停止幻想，立刻行动

　　有一位名叫丽莎的美国女孩，她的父亲是波士顿有名的外科整形医生，母亲在一家声誉很好的大学担任教授。她的家庭对她有很大的帮助和支持，她完全有机会实现自己的理想。她从念中学起，就一直梦想当电视节目的主持人。她觉得自己具有这方面的才能，因为每当她和别人相处时，即使是陌生人也愿意亲近她并和她长谈。她知道怎样从人家嘴里"掏出心里话"，她的朋友们称她是他们的"亲密的随身精神医生"。她自己常说："只要有人愿给我一次上电视的机会，我相信自己一定能成功。"

　　但是，她为达到这个理想而做了些什么呢？其实什么也没有！她在等待奇迹出现，希望一下子就当上电视节目的主持人。

　　丽莎不切实际地期待着，结果什么奇迹也没有出现。

　　谁也不会请一个毫无经验的人去担任电视节目主持人，而且节目的主管也没有兴趣跑到外面去搜寻天才，都是别人去找他们。

　　另一个名叫乔锐的女孩却实现了丽莎的理想，成了著名的电视节目主持人。乔锐之所以会成功，就是因为她知道"天下没有免费的午餐"，一切成功都要靠自己的努力去争取。她不像丽莎那样有可靠的经济来源，所以没有傻傻地等待机会出现。她白天去做工，晚上在大学的舞台艺术系上夜校，毕业之后，她开始谋职，跑遍了洛杉矶每一个广播电台和电视台。但是，每个地方的经理对她的答复都差不多："不是已经有几年经验的人，我们是不会雇用的。"

但是，她不退缩，也没有等待机会，而是走出去寻找机会。她一连几个月仔细阅读广播电视方面的杂志，最后终于看到一则招聘广告：北达科他州有一家很小的电视台招聘一名预报天气的女孩子。

乔锐是加州人，不喜欢北方。但是，有没有阳光，是不是下雨都没有关系，她希望找到一份和电视有关的职业，干什么都行！她抓住这个工作机会，动身到北达科他州。

乔锐在那里工作了两年，之后在洛杉矶的电视台找到了一个工作。又过了五年，她终于得到提升，成为她梦想已久的电视节目主持人。

为什么丽莎失败了，而乔锐却如愿以偿呢？

因为丽莎在10年当中，一直停留在幻想上，坐等机会，而乔锐则是采取行动，最后，终于实现了理想。

幻想只会使任何轻松的事情变得困难重重，唯有把握现在，立刻行动，任何困难都可化为轻松。

❧ 大人不华，君子务实 ❧

宋代理学家程颢说："病学者厌卑近而骛高远，卒无成焉。"（《宋史·道学传一·程颢传》）其实，好高骛远、眼高手低不仅是学者的毛病，也是所有人的通病。

汉代王符在《潜夫论》中说："大人不华，君子务实。"临渊羡鱼，不如退而结网。与其不度德、不量力地好高骛远、好大喜功，不如把理想放得低一些，却孜孜不倦地追求，把目标定得近一些，却一步一步地去接近。"终日抄药方而不能疗一疾，终日写路程而不能行一步"（清·申涵光《荆园小语》），连篇累牍地抄写药方而不用药，什么病也治不好；挖空心思地设计行程而不上路，一步也不能前进。

有一个古老的说法是这样的："没有任何想法比这个念头更有力量，那就是时候到了！"创造出天地万物的全能上帝不会毫无缘故地赋予你希望、梦想或创意，除非你行动的时机已到!

大多数的人只能庸庸碌碌地过一生,并不是因为他们懒惰、愚笨或习惯做错事,大多数人不成功的原因在于他们没有做对事情,他们不晓得成功和失败的分别何在。要达到成功的第一条守则就是:开始行动,向目标前进!而第二条守则是:每天继续行动,不断地向前进!

行动的步骤应该有哪些?把它们一一列出来,然后,开始逐项实行。今天马上行动!明天也不能懈怠!每天都要持续行动,起步向前走!

正如英国一位国教教主所说:"我年少时意气风发,踌躇满志,当时曾梦想要改变世界,但当我年事渐长,阅历增多,我发觉自己无力改变世界,于是我缩小了范围,决定先改变我的国家。但这个目标还是太大,我发觉自己还是没有这个能力。接着我步入了中年,无奈之余,我将试图改变的对象锁定在最亲密的家人身上,但上天还是不从人愿,他们个个还是维持原样。当我垂垂老矣,我终于顿悟了一些事:我应该先改变自己,用以身作则的方式影响家人。若我能先当家人的榜样,也许下一步就能改善我的国家,将来我甚至可以改造整个世界,谁知道呢?"

行动是敲开成功之门的有力手段,或者说,只坐在那儿想打开人生局面,无异于痴人说梦,只有靠自己的双手行动起来,才能有成功的可能性。临渊羡鱼,不如退而结网来得更加实际。

人生智慧

◇大人不华,君子务实。

◇临渊羡鱼,不如退而结网。

◇只有靠自己的双手行动起来,才能有成功的可能性。

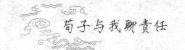
不行不至，不为不成

【聊天实录】

我：荀老先生，您对行动有何高见？

荀子：我曾在《荀子·修身》中提到：道虽小，不行不至；事虽小，不为不成。

我：您这句话该如何解释呢？

荀子：这句话的意思就是：路途虽然很近，但不走就不会到达；事情虽然很小，但不做就不会成功。

我：您的意思是说：没有达到自己的目标，往往不是因为思维能力差，而是因为行动能力弱。

荀子：是的，你说得很对，行动才能成功。

【解读】　　心动不如行动

心动不如行动。很多人有一些前景非常看好的发明，有的在生意上有一些非常有创意的想法，然而，他们总是迟迟不肯行动，以致最终都被别人抢了先机。不要为自己寻找借口，我们要从今天开始，从现在开始。不要总是等待时机，外界的条件永远不可能尽善尽美。如果有了目标，需要的就是马上行动。固执于细节，我们将一事无成。

找出我们内心真正的渴望，找准我们的目标，而后，义无反顾地完成它。不要逃避，不要放弃，要始终如一，坚守目标，要把一切艰难挫折当作使自己更强大、更坚决的机会。只要我们不放弃尝试，我们就永远不会失败。

要随时准备做出艰难的决定，要从日常生活中最细小的事情做起。重要的不在于行动有多浩大，而在于是否去行动，是否能够坚持，直到目标完成。不要经受不住各种诱惑，中途放弃。

完成了一个目标之后，再接着往下一个目标努力。

事实上，成功的最大阻碍来自一个人的惰性。如果我们希望控制环境，而不是让环境控制我们，那么，就密须克服惰性，必须行动，只有行动才能帮助你实现自己的目标。

但是，在所谓的风平浪静的生活中，我们也许经常听到一些老实人这样的话："我要等等看，情况会好转的。"成功的最大敌人就是凡事等待明天。对于有些人来讲，这似乎已经成为他们习以为常的生活方式，他们总是明日复明日，因而总是碌碌无为。

蒙田曾指出："那些真正的哲人、圣者，在探求真理方面很伟大，他们在行动上也一定很伟大……无论举出什么样的证据和例子，我们都可以看出，他们的精神是那样崇高，他们的心灵是那样充实，他们的灵魂是那样高洁，他们就像知识的海洋……这些哲人、智者高高地在太空中遨游。"如此，行动对一个人的重要性已是不言而喻。

德谟斯特斯是古希腊的雄辩家，有人问他雄辩之术的要领是什么。

他说："行动。"

第二点呢？"行动。"

第三点呢？"仍然是行动。"

对成功者而言，拖延是最具破坏性也是最危险的恶习。那些成功人士奉行这样的格言："拖延、迟缓无异于死亡。"一旦开始拖拉，我们就很容易再次拖延，直到它们变成根深蒂固的恶习。可悲的是，拖延的恶习也有累积性，唯一的解决良方，就是行动。当真的放手去做时，我们会发现，我们正迅速改变自身的状况。正如英国首相及小说家本杰明·狄斯雷利所说：行动未必总能带来幸福，但没有行动一定没有幸福。

成功总是青睐意志坚定、行动迅速的人，这种人不但善于做出决定，而且善于执行决定，只有行动了，才知道自己的方向对不对。

成功者也不是完人，会有各种各样的缺点，但他了解自己的思想。如果我们瞻前顾后，习惯犹豫不决，不知道自己真正需要什么，那么将永远不可能成功。成功者知道自己需要什么，并且努力追求。他会犯错误，会遇到挫折，但他总是迅速地站起来，继续前行。

拖延，是恐惧的产物，成功的克星，不会发出光芒。要想克服恐惧，就必须毫不犹豫地起而行动，心里的烦躁才会一扫而光，减缓恐惧心理，遇到情况时不慌不忙。

"马上行动起来，现在必须行动"，我们要一遍又一遍，每一小时、每一天都要重复这句话，一直等到这句话成为像我们自己呼吸的次数一样多，而跟在它后面的行动，要像我们眨眼睛一样迅速。任何时刻，当感到推拖苟且的恶习正悄悄地向我们靠近，甚或已缠上我们，使我们动弹不得，我们都需要用这句话提醒自己。

生命中真正的财富往往属于那些能以积极行动寻求的人。成功不会由挂着锦旗勋章、伴着敲锣打鼓的队伍送来的，它只属于长期艰苦努力埋头苦干的人。采取主动，就能创造自己的机会，缜密思考策划的行动，是没有任何东西可以取代的。

立即行动！在人生每一个阶段的各个方面都要积极地立即行动。它可以帮助我们做应该做却不想做的事情，对不愉快的工作不再拖延，抓住稍纵即逝的宝贵时机，从而实现梦想，完善我们的人生。"明日复明日，明日何其多。"一个人的生命中，拥有的只有今天和现在的行动，而不是明日又明日的等待。

梦想是成大事者的起跑线，决心是起跑时的号角，行动才是竞赛者到达终点的过程，唯有坚持到最后一秒，才是成功。一次行动胜于千百个念头，成大事的关键在于行动。不要等待"时来运转"，也不要由于等不到而恼火和委屈，要从小事做起，要用行动争取胜利。

不行不至，不为不成

有这样一个有趣的故事：

古时，在四川的偏远地区有两个和尚，一个贫穷，一个富裕。

有一天，穷和尚对富和尚说："我想到南海去，你看怎么样？"

富和尚说："你凭什么去呢？"

穷和尚说："我一个水瓶、一个饭钵就足够了。"

富和尚说："我多年来就想租条船沿着长江而下，现在还没做到呢，你怎么能做到？！"

第二年，穷和尚从南海归来，把到过南海的事告诉富和尚，富和尚深感惭愧。

穷和尚和富和尚的故事，说明了一个简单的道理：说一尺不如行一寸。

其实，心动并没有错，错的是许多人只有心动而没有行动，因此常常是竹篮打水一场空。当然，也有些人是想得多干得少，这些人只比那些纯粹的"心动专家"强一点而已。

在荀子看来：一百次心动，不如一次行动。行动才会产生结果，行动才有可能成功。任何目标、计划，嗾使有付诸行动才有意义。

拿破仑说："想得好是聪明，计划得好更聪明，做得好是最聪明又最好。"成功要有明确的目标，这没有错，但这只相当于给我们的汽车加满了油，弄清了前进的方向和线路。要想抵达目的地，还得把车开动起来，并保持足够的动力。

成功者不是一个只有梦想、只做计划、只善空谈的人，他是行动者，是一个会把梦想和计划付诸行动的人。我们目睹了无数有天赋的人的失败，他们不能有效利用自己的能力，其中的原因就在于，他们回避变化，害怕变化，他们随遇而安，不思进取，对于未来不能确定的事情不肯投入，害怕自己受伤害，害怕面对不确定。

变化并非一定就是负面的，全看我们是否能主动采取行动，掌握它，支配它。不会行动的人，只有等待变化来把他吞没。

与其被动地卷入变化中，不如主动去行动。

心动不如行动，虽然行动不一定成功，但不行动必定失败。

◇心动不容行动。

◇说一尺不如行一寸。

◇与其被动地卷入变化中，不如主动去行动。

拥有自知，认识自己

【聊天实录】

我：荀老先生，您对拥有自知有何高见？

荀子：我曾在《荀子·儒效》中提到：凡事行，有益于理者，立之；无益于理者，废之：夫是谓中事。凡知说，有益于理者，为之；无益于理者，舍之：夫是之谓中说。

我：您这句话该如何解释呢？

荀子：这句话的意思就是：所有的事情和行为，有益于治理的就去做，无益于治理的就不做，这就叫作正确地处理事情。凡是知识和学问，有益于治理的就确立，无益于治理的就舍弃，这就叫正确地对待学说。

我：您的意思是说：不知道的就问，不会的就学，虽然有才学但必能谦让，这样才算有道德。

荀子：是的，你说得很对，不知则问，不能则学，虽能必让，然后为德。

【解读】　　　❧ **保持清醒，找准方向** ❧

齐威王的相国邹忌长得相貌堂堂，身高8尺，体格魁梧，十分漂亮。与邹忌同住一城的徐公也长得一表人才，是齐国有名的美男子。

一天早晨，邹忌起床后，穿好衣服、戴好帽子，信步走到镜子面前仔细端详全身的装束和自己的模样。他觉得自己长得的确与众不同、高人一等，于是随口问妻子说："你看，我跟城北的徐公比起来，谁更漂亮？"

他的妻子走上前去，一边帮他整理衣襟，一边回答说："您长得多漂亮啊，那徐先生怎么能跟您比呢？"

邹忌心里不大相信，因为住在城北的徐公是大家公认的美男子，自己恐怕还比不上他，所以他又问他的妾，说："我和城北徐公相比，谁漂亮些呢？"

他的妾连忙说："大人您比徐先生漂亮多了，他哪能和大人相比呢？"

第二天，有位客人来访，邹忌陪他坐着聊天，想起昨天的事，就顺便又问客人说："您看我和城北徐公相比，谁漂亮？"客人毫不犹豫地说："徐先生比不上您，您比他漂亮多了。"

邹忌如此做了三次调查，大家一致都认为他比徐公漂亮，可是邹忌是个有头脑的人，并没有就此沾沾自喜，认为自己真的比徐公漂亮。

恰巧过了一天，城北徐公到邹忌家登门拜访，邹忌第一眼就被徐公那气宇轩昂、光彩照人的形象怔住了。两人交谈的时候，邹忌不住地打量着徐公，他觉得自己长得不如徐公。为了证实这一结论，他偷偷从镜子里面看看自己，再调过头来瞧瞧徐公，结果更觉得自己长得比徐公差。

晚上，邹忌躺在床上，反复地思考着这件事。既然自己长得不如徐公，为什么妻、妾和那个客人却都说自己比徐公漂亮呢？想到最后，他总算找到了问题的答案。邹忌自言自语地说："原来这些人都是在恭维我啊！妻子说我美，是因为偏爱我；妾说我美，是因为害怕我；客人说我美，是因为有求于我。看来，我是受了身边人的恭维赞扬而认不清真正的自我了。"

人都喜爱听好话和奉承话，不自知的人听到好话和奉承话，信以为真，飘飘然，觉得自己很伟大，他没有考虑在这些话的背后，说这话的人的目的是什么。相反，有自知之明的人，能在一片赞扬声中保持清醒的头脑，不会因几句奉承而迷失了方向。

不行不至，不为不成

在《荀子·子道》中记载了一段孔子与其弟子的谈话。子路进来，孔子问道："由！有智慧的人应该怎样？讲仁德的人应该怎样？"

子路回答说："有智慧的人让人了解自己，讲仁德的人让人爱自己。"

孔子说："你可以称为儒士了。"

子贡进来，孔子问道："赐！有智慧的人应该怎样？讲仁德的人应该怎样？"

子贡回答说："有智慧的人了解别人，讲仁德的人爱别人。"

孔子说："你可以称为儒士中的君子了。"

颜渊进来，孔子问："回啊！有智慧的人应该怎样？讲仁德的人应该怎样？"

颜渊回答说："有智慧的人能认识自己，讲仁德的人懂得自爱。"

孔子说："你可以称为明达的君子了。'

荀子借用孔子及其弟子的谈话告诉我们：人贵有自知之明。

所谓自知，即知道自己，了解自己。把人的自知称之为"贵"，可见人是多么不容易自知；把自知称之为"明"，又可见自知是一个人智慧的体现。

人之所以不自知，正如庄子所说"目不见睫"。人的眼睛可以看见百步之外的东西，却看不清自己的睫毛，正所谓"不识庐山真面目，只缘身在此山中"，这便是人不自知的原因。

那么，我们该如何做到自知呢？

1. 孤独地面对自己

许多人总是陷于无穷无尽的日常事务和人际关系中，这使他们根本无暇去了解自己。在纷繁复杂的高速运转中，我们不妨给自己放个假，让自己隐退，孤独地只有自己，让内心的真我有一个展现的时间和机会。

2. 与自己良好对话

要真正了解自己，必须养成与自己"对话"的良好习惯。我们需要每天抽出一点时间留给自己，当我们一个人独处时，我们可以把自己那刻的感觉、感情、想法等在心中一一过滤，审视一下自己的心态是否平衡，了解自己真正在想些什么，怎样做才能使自己心安理得，出现问题最主要的原因是什么，知道自己为人处世的缺陷等。

3 通过别人了解自己

设法了解自己在别人心目中的形象，我们可以向亲人或较亲近的朋友询问自己在他们心中的印象，听听他们对自己各方面的看法。我们可以通过身边的人对我们的态度、评价，扪心自问："我做错了什么？""我做对了什么？""我什么做得还不够？"……但需切记，对于别人合理、善意的批评，应该冷静地予以接受。

需要提醒的是，人要知道自己，了解自己，不但要知道自己多高、多重、多胖、多瘦、多美、多丑这些外在的东西，而且要知道自己是一个什么样的人，有什么优点和缺点。自己应该走什么样的路，合适干什么等，也就是说要找准自己的社会角色定位。从某种意义上而言，后者比前者更加重要，也更难清楚地认识。

人生智慧

◇有自知之明的人，能在一片赞扬声中保持清醒的头脑，不会因几句奉承而迷失了方向。

◇要真正了解自己，必须养成与自己"对话"的良好习惯。

◇要找准自己的社会角色定位。

第章

荀子与我聊社会理想

　　"轻田野之税，平关市之征。省商贾之数，罕兴力役，无夺
农时，如是，则国富矣。"减轻农田的税收，整治关卡集市的
赋税，减少商人的数量，少兴劳役，不耽误农时，像这样，那
么国家就会富裕了，这叫作用政策使民众富裕。

仁义道德，成就王道

我：荀老先生，您对成为王者有何高见？

荀子：我曾在《荀子·王霸》中提到：挈国以呼功利，不务张其义、济其信，唯利之求，内则不惮诈其民而求小利焉，外则不惮诈其与而求大利焉，内不修正其所以有，啖啖然常欲人之有。如是，则臣下百姓莫不以诈心待其上矣。上诈其下，下诈其上，则是上下析也。如是。则敌国轻之，与国疑之，权谋日行，而国不免危削，綦之而亡，齐闵、薛公是也。

我：您这句话该如何解释呢？

荀子：这句话的意思就是：带领着全国民众去追逐利益，不致力于伸张道义、成就信用；而是唯利是图，对内则肆无忌惮地欺诈他的人民以追求小利，对外则毫无顾忌地欺骗他的盟国以追求大利，在内不好好管理自己已有的土地财富，却常常想取得别人所拥有的土地财富。像这样，那么臣下、百姓就没有不用欺诈的用心去对待君主的了。君主欺诈臣民，臣民欺诈君主，这就是上下离心离德。像这样，那么敌国就会轻视他，盟国就会怀疑他，即使天天在搞权术谋略，而国家也免不了危险削弱，到了极点，国家就灭亡了，齐闵王、孟尝君就是这样。

我：您的意思是说：王者高于霸者的地方则在于硬实力基础上的软实力，即超出经济利益和物质财富基础上的道义原则和伦理力量，乃至具有感染力的博爱精神，这些将会使人类社会作为一个整体而更为长久地发展下去。

荀子：是的，你说得很对，成就王道的核心因素是仁义道德。

【解读】 　仁义道德，成就王道

　　成就王道的核心因素是仁义道德，这是儒家的普遍认识。"王天下"这样一种观念开始于孟子，其具体的史实佐证主要就是尧、舜、禹三代圣王，以及商汤、周武这样以"百里之地"为基础，最终获取天下的人。儒家在这里的惯常逻辑是，这些圣王有着高尚的个人道德修养，并且按照这种修养的要求去治理国家，让自己管辖境内的老百姓能够体会到仁义道德的关怀，衣食无忧，这样就形成了政治上的感召力，使得周围的百姓都心向往之。与此同时，处在他们对立面的，则往往是一个残暴无道的统治者，他不仅弃道德伦理于不顾，而且用反道德的手段来进行统治。于是，从百姓到其他的诸侯，都渐渐背离了这样一个统治者，而归附于有着高尚道德的圣王，最终圣王振臂一呼，天下群起而讨伐暴君，最终确立了圣王对于天下的统治地位和治理方式。之所以产生了这种"王天下"的观念，首先是因为当时的天下处在一个分裂的状态，人们饱受战乱之苦。

　　其次，则是因为仁义道德的普遍式微，人们对于社会的未来感到一定程度的绝望。在这一点上，其实荀子与孟子一样，期盼着那种既能够一统天下，又能够按照仁义道德的方式来治理天下的圣王的出现。这样的统一不仅是形式上的，更是思想意识上的，荀子与其他儒者一样，也认为能够使人心悦诚服来归顺的方式要比以武力统一的方式好得多。但在这里不得不说，荀子与其他儒家一样，似乎忽略了一个基本的事实，就是在那个时代，很难期盼这样一种"王天下"的过程。因为，似乎并没有一个像商汤、周武那样道德高尚的诸侯，而且战国时代的大多数国君在其获得权力的过程中或多或少都有计谋与武力的参与，因而，那种真正能让人心向往之的道德楷模并没有出现在权力核心当中。倒是荀子的学生韩非对此看的更为透彻，提出了"上古竞于道德，中世逐于智谋，当今争于力气"。于是乎，那种仅仅通过仁义道德来"王天下"理想，更多地只存在于逻辑观念中。

　　也许荀子多少也发现了理想与现实的差距，因此，对于当时流行的"霸道"

采取了一种较为缓和的态度，而并没有将"王"、"霸"截然对立起来。在荀子看来，实现"霸道"的核心在于"信"。这个"信"的内容也很丰富，他不仅包括在外交中对诺言与契约的遵守，还有国内政治策略和社会秩序的稳定。就像荀子说的，对外取信于诸侯，对内取信于民众。从某种意义上说，"信"的确立其实是一个利益均衡的结果，也就是我们在前面提到的，通过相对稳定的社会秩序和较为合理的社会角色来进行利益的分配。这至少可以使得境内的人们各司其职、安居乐业，从而建立起一个稳定高效的社会，这种社会虽然不见得能够达到至高的道德境界，但却可以富国强兵，使自身具有较为强大的国力。

在荀子看来，春秋五霸所建构的都是这样的社会。那么，为什么"信"能够有这种力量呢？从最一般的理解而言，"信"指的就是信义、诚信。信义与诚信在社会中的流行，就意味着社会规范处在一个公开透明的状态，这样就避免了"暗箱操作"和"潜规则"，人们的行为就有据可循、有法可依。在这样一个社会中，人们无论是想安安稳稳地维持目前的生活，还是想通过自身的努力获得较高的地位，都有其一定的途径，那么人们就会对未来有所期望，这种期望就能够起到凝聚人心、发挥民力的作用，从而能使一个国家拥有足够的凝聚力和发展的活力。这样就不仅能够对内保持其稳定，而且能够形成外在的威信和威慑力，使自身在外交上占有优势。可以说，这条法则对于今天的国际社会依然是有其效力的。一个恪守信义的国家，不仅有着较为安定的内政，而且在国际社会中也会赢得更多的尊重。我们今天之所以大力倡导社会诚信，恐怕也是基于这种考虑。

从某种意义上说，荀子揭示了"王道"与"霸道"之间的辩证关系。尽管从价值序列中，"王道"的价值高于"霸道"，但是，从现实来看，要实现"王道"似乎也要经过"霸道"这一过程，而"霸道"在确立的过程中从某种意义上已经包含了"王道"的一些内容，最简单的例证就是诚信本身就是一种道义的要求。因此，荀子所期望的是这二者辩证的统一，就像他说的"事强暴之国难，使强暴之国事我易"。如果面对的是一个不讲道理但却比自己强大的流氓国家，无论如何以礼相待都会被劫掠和欺辱，近代的中国就是一个典型的例子。但如果自己强

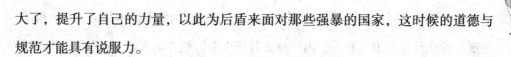

大了，提升了自己的力量，以此为后盾来面对那些强暴的国家，这时候的道德与规范才能具有说服力。

于是，我们可以从现代的视角来对荀子做这样一种分析：没有硬实力，则既无法称霸，更不能成王，要成为王者首先要具备硬实力。但是王者高于霸者的地方则在于硬实力基础上的软实力，即超出经济利益和物质财富基础上的道义原则和伦理力量，乃至具有感染力的博爱精神，这些将会使人类社会作为一个整体而更为长久地发展下去。

王以义成，霸以信立

故用国者，义立而王，信立而霸，权谋立而亡……挈国以呼礼义而无以害之，行一不义、杀一无罪而得天下，仁者不为也……如是，则下仰上以义矣，是綦定也。綦定而国定，国定而天下定……仲尼无置锥之地，诚义乎志意，加义乎身行，著之言语，济之曰，不隐乎天下，名垂乎后世。今亦以天下之显诸侯诚义乎志意，加义乎法则度量，著之以政事，案申重之以责贱杀生，使袭然终始犹一也。如是，则夫名声之部发于天地之间也，岂不如日月雷霆然矣哉？故曰：以国齐义，一日而白，汤、武是也。汤以亳，武王以镐，皆百里之地也，天下为一，诸侯为臣，通达之属，莫不从服。无它故焉，以济义矣是所谓义立而王也。

德虽未至也，义虽未济也，然而天下之理略奏矣，刑赏已诺信乎天下矣，臣下晓然皆知其可要也。政令已陈，虽睹利败，不欺其民；约结已定，虽睹利败，不欺其与。如是，则兵劲城固，敌国畏之；国一綦明，与国信之。虽在僻陋之国，威动天下，五伯是也。非本政教也，非致隆高也，非綦文理也，非服人之心也；乡方略，审劳佚，谨畜积，修战备，然上下相信，而天下莫之敢当。故齐桓、晋文、楚庄、吴阖闾、越勾践，是皆僻陋之国也，威动天下，强殆中国，无它故焉，略信也，是所谓信立而霸也。

挈国以呼功利，不务张其义、济其信，唯利之求，内则不惮诈其民而求小利焉，外则不惮诈其与而求大利焉，内不修正其所以有，然常欲人之有。如是，则臣下百姓莫不以诈心侍其上矣。上诈其下，下诈其上，则是上下析也。如是，则敌国轻之，与国疑之，权谋日行，而国不免危削，綦之而亡，齐闵、薛公是也。

荀子说，治理国家有三种不同的结果：以礼义立国将成为一统天下的圣王，以诚信立国则可以成为称霸诸侯的霸主，以阴谋权术立国那么最终会身死国灭，这可以说是荀子对于当时中国社会走向的一个判断。对于这三种情况荀子论述的甚为详细：

带领全国的民众来提倡遵循礼义而绝不用什么东西来损害礼义，如做一件不义的事、杀一个无罪的人就能取得天下，讲究仁德的人也不干……像这样，那么臣民景仰君主就都是因为道义了，这就是政治基础稳固。政治的基础稳固了，国家就安定；国家安定了，天下就能平定。孔子没有立锥之地，但他真诚地把道义贯彻到思想中，落实在立身行事上，表现在言语中，到成功的时候，他就显扬于天下，名声流传到后代。现在如果也让天下那些显赫的诸侯真诚地把道义贯彻到自己的思想中，落实到法律制度上，体现在政务中，又用提拔、废黜、处死、赦免等手段来反复强调它，使它连续不断地始终如一，那么他的名声传扬于天地之间，难道不像日月雷霆那样了吗？所以说：使国家统一于道义，一天就能名声显赫，商汤、周武王就是这样。商汤凭借亳邑，周武王凭借镐京，都不过是百里见方的领土，而天下被他们统一了，诸侯做了他们的臣属，凡交通能到达的地方，没有不服从的，这没有其他的缘故，而是因为他们完全遵行了道义，这就是我所说的把道义确立了就能称王天下。

德行虽然还没有尽善尽美，道义虽然还没有完全做到，然而天下的事理大体上掌握了，刑罚、奖赏、禁止、许诺在天下已取得了信用，臣下都明白地知道他是可以结交的。政令已经发布，即使看到自己的利益将要有所损害，也不失信于他的民众；盟约已经签订，即使看到自己的利益将要有所损害，也不失信于他的盟友。像这样，就会军队强劲、城防牢固，而敌国害怕他；国家统一，道义彰明，而同盟国信任他。即使住在偏僻落后的国家，他的威势也可震动天下，五霸就是这样。他们虽然没有把政治教化作为立国之本，没有达到最崇高的政治境界，没有健全礼仪制度，没有使人心悦诚服，但他们注重方法策略，注意使民众有劳有逸，认真积蓄，加强战备，像牙齿啮合那样君臣上下互相信任配合，因而天下也就没有人敢抵挡他们了。齐桓公、晋文公、楚庄王、吴王阖闾、越王勾践，这些人都处在偏僻落后的国家，他们的威势却震动天下，他们的强盛直指中原各国，这没有别的缘故，就是因为他们取得了信用，这就是我所说的把信用确立了就能称霸诸侯。

带领着全国民众去追逐利益，不致力于伸张道义、成就信用，而是唯利是图，对内则肆无忌惮地欺诈他的人民以追求小利，对外则毫无顾忌地欺骗他的盟国以追求大利，在内不好好管理自己已有的土地财富，却常常想取得别人所拥有的土地财富，那么臣下、百姓就没有不用欺诈的用心去对待君主的了。君主欺诈臣民，臣民欺诈君主，这就是上下离心离德。那么敌国就会轻视他，盟国就会怀疑他，即使天天在搞权术谋略，而国家也免不了危险削弱，到了极点，国家就灭亡了，齐闵王、孟尝君就是这样。

这里荀子将"王道"和"霸道"，乃至导致亡国的原因梳理得很是详细。从对这三种情况的比较来看，荀子首先推崇的仍然是王道，即通过道义来使天下臣服的社会组织模式。王道的核心就是儒家所提倡的道德体系，或者说道德感召力，通过自上而下的道德教化而占领道义上的制高点，从而让天下归属。的确，这是一种很理想的状态，但从历史上来看这种理想显得太乌托邦了。其实，即使是古时候的圣王，在一统天下的时候也不是单纯依靠道义的，以经济和军事为基础的综合国力恐怕在夏、商、周这三代也是统一天下的重要基础。在春秋战国时代，这种理想更是与人们的现实生活渐行渐远了，因此，荀子提供了一个相对次一等的选择——"霸道"。从当时的情况来看，如果一个君主无法做到"王道"，那么按照"霸道"的原则至少也能使国家强大、百姓安居，这样总归是比耍弄阴谋权术，用残暴的手段来进行统治，最终导致国家灭亡的情况要好得多。

人生智慧

◇成就王道的核心因素是仁义道德。

◇没有硬实力，则既无法称霸，更不能成王，要成为王者首先要具备硬实力。

◇王道的核心就是儒家所提倡的道德体系。

保持稳定，能王天下

【聊天实录】

我：荀老先生，您对富国强兵有何高见？

荀子：我曾在《荀子·富国》中提到：不利而利之，不如利而后利之之利也。不爱而用之，不如爱而后用之之功也。利而后利之，不如利而不利者之利也。爱而后用之，不如爱而不用者之功也。利而不利也，爱而不用也者，取天下矣。利而后利之，爱而后用之者，保社稷也。不利而利之，不爱而用之者，危国家也。

我：您这句话该如何解释呢？

荀子：这句话的意思就是：不使民众得利而从他们身上取利，不如使他们得利以后再从他们身上取利来得有利。不爱护民众而使用他们，不如爱护他们以后再使用他们更有成效。使民众得利以后再从他们身上取利，不如使他们得利而不从他们身上取利来得有利。爱护民众以后再使用他们，不如爱护他们而不使用他们更有成效。使民众得利而不从民众身上取利，爱护民众而不使用民众的国君，就能得到天下了。使民众得利以后再从民众身上取利，爱护民众以后再使用民众的国君，能够保住国家。不使民众得利而从民众身上取利,不爱护民众而使用民众的国君,只能使国家危险。

　　我：您的意思是说：,生产能否顺利进行,财富能否有所积累,都在于是否能调动起老百姓的生产积极性,让他们的生产顺利高效地进行。

　　荀子：是的,你说得很对,这就是为君之道。

【解读】　　　　缺失善德,走向毁灭

　　臣所闻古之道,凡用兵攻战之本在乎壹民。弓矢不调,则羿不能以中微：六马不和,则造父不能以致远：士民不亲附,则汤、武不能以必胜也。故善附民者,是乃善用兵者也,故兵要在乎善附民而已。

　　彼仁者爱人,爱人,故恶人之害之也；义者循理,循理,故恶人之乱之也。彼兵者,所以禁暴除害也,非争夺也。故仁人之兵,所存者神,所过者化。若时雨之降,莫不说喜。是以尧伐驩兜,舜伐有苗,禹伐共工,汤伐有夏,文王伐崇,武王伐纣,此两帝、四王皆以仁义之兵行于天下也。故近者亲其善,远方慕其义；兵不血刃,远迩来服；德盛于此,施及四极。

　　我所听说的古代的方法,但凡用兵打仗的根本在于使民众和自己团结一致。如果弓箭不协调,那么后羿也不能用它来射中微小的目标；如果六匹马不协调,那么造父也不能靠它们到达远方；如果民众不亲近、归附君主,那么商汤、周武王也不能一定打胜仗。所以善于使民众归附的人,这才是善用兵的人,所以用兵的要领就在善于使民众归附自己罢了。

　　仁者爱人,正因为爱人,所以就憎恶别人危害他们；义者遵循道理,正因为遵循道理,所以就憎恶别人搞乱它。那用兵,是为了禁止横暴、消除危害,并不是为了争夺。所以仁人的军队,他们停留的地方会得到全面治理,他们经过的地方会受到教育感化,就像及时雨的降落,没有人不欢喜。因此尧讨伐驩兜,舜讨伐三苗，禹讨伐共工，汤讨伐夏桀，周文王讨伐崇国，周武王讨伐商纣，这两帝、四王都是使用仁义的军队驰骋于天下。所以近处喜爱他们的善良，远方仰慕他们的道义；兵器的刀口上还没有沾上鲜血，远近的人就来归附了；德行伟大到这种地步，就会影响到四方极远的地方。

虽然，在《议兵》一篇中，荀子对于用兵的目的、方略、指导思想等多个方面都有过论述，但就其核心来讲，长久的用兵之道无非四个字——"仁者无敌"。这一思想虽然最初由孟子提出，但不可否认荀子似乎说得更为详细，即讲明了"仁者之兵"的优势究竟在哪儿。

在荀子看来，对于一个国家来说，"建兵"、"用兵"的目的应该着眼于"爱人"、"附民"，而不争夺财富和土地。《孙子兵法》上曾经提到："兵者，凶器也。争者，逆德也。将者，死官也。故不得已而用之。"也就是说，战争本身是背德凶暴的，是一种不得已而为之的事情。只要有战争就必然会有杀戮和牺牲，因此，评价战争的义与不义，就在于战争的目的和结果能不能大于战争所带来的伤害。面对战国时期频仍的战乱，荀子所期望的至少是对战争加以限制，特别是限制战争本身的规模和强度，于是，他认为，如果不得已一定要发起战争的话，那么至少在过程中要得到本国民众的认同（壹民），在目的上则要得到他国民众的欢迎（禁暴除害），同时还要尽可能地减少战争本身带来的伤害，"兵不血刃，远迩来服"、"不战而屈人之兵"都是用兵的最高境界。因此我们可以说，荀子对于"兵"的认识同样是在其"还利于民"的思想基础上的。"兵"在其目的上是为了使社会从混乱走向秩序，其结果则应该使人们更加幸福。百姓的安居乐业与社会的稳定治理，是用兵的基本价值原则。就像在前面说的，"兵"作为一种"硬实力"，必须在两种价值关怀中找到其合理存在的意义。

从更深一层的意义上说，荀子在这里也表达了一种对于战争的认识。记得诗圣杜甫在其九首《前出塞》中，有这么几句："杀人亦有限，立国自有疆。苟能制侵陵，岂在多杀伤？"这与千年前的荀子似乎产生了内在的默契，也就是说，战争的目的绝不能是为了杀戮和争夺，而在于保护正义与安定。因此，在任何一场战争中，人们首先应该思考的并不是那种"刀锋所指，所向披靡"的战争快感，而是战争的目的和价值。

从某种意义上来说：战争是人类罪恶的集中体现，那么至少要保证在这朵"恶之花"凋零之后，结出的是一个蕴涵着善的果子，这可以说是对于战争创伤的最大的安抚。荀子一再强调仁者之兵，其实就是为了告诫当时的统治者，不能将战争本身作为目的，更不能将自身的强大依附于战争的胜负之上，否则战争就不仅仅是邪恶的，更是无意义的。因为，无论对于胜者还是败者，都意味着巨大的国力消耗与生命代价。时至今日，人类已经经历了太多的无意义战争，我们可以看到，一场战争所带来的伤害往往需要人类用数十年乃至上百年来抚平创伤。如果缺失了善念与仁德，人类最终会在彼此的争夺与伤害中走向毁灭，这也许是我们今天可以从《荀子·议兵》中得到的最大的启示。

❧　保持稳定，能王天下　❧

有人说荀子是一个强调功利的儒者，这一点大体并不为错，在《荀子》中有关于物质利益的专门篇章《富国》；也有人说荀子是一个重视武力的儒者，的确在《荀子》中我们也能找到关于军事思想的论述——《议兵》。这两点可以说是荀子与其他儒者的最大区别，然而正是在这两点上，能够看到荀子对于社会建构的客观理性的态度。

轻田野之税，平关市之征。省商贾之数，罕兴力役，无夺农时，如是，则国富矣，夫是之谓以政裕民。……今之世而不然，厚刀布之敛以夺之财，重田野之税以夺之食，苟关市之征以难其事。不然而已矣，有掎挈伺诈、权谋倾覆，以相颠倒，以靡敝之。百姓晓然皆知其污漫暴乱而将大危亡也。是以臣或弑其君，下或杀其上，粥其城、倍其节而不死其事者，无它故焉，人主自取之也。

不利而利之，不如利而后利之之利也。不爱而用之，不如爱而后用之之功也。

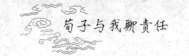

利而后利之，不如利而不利者之利也。爱而后用之，不如爱而不用者之功也。利而不利也，爱而不用也者，取天下矣。利而后利之、爱而后用之者，保社稷也。不利而利之，不爱而用之者，危国家也。

减轻农田的税收，整治关卡集市的赋税，减少商人的数量，少兴劳役，不耽误农时，那么国家就会富裕了，这叫作用政策使民众富裕。

现在的社会却不是这样。在上位的人加重对金钱货币的搜刮来掠夺百姓的财产，加重对田地的税收来抢夺百姓的粮食，加重对关卡和集市的收税来为难百姓的贸易活动。而且并不是这样就罢休了，他们还抓住对方的弱点伺机欺诈、玩弄权术阴谋进行倾轧陷害，用这种手段来互相颠覆，来摧残百姓。百姓明白地知道这种人污秽肮脏、残暴淫乱，因此将导致极大的危难与灭亡。因此臣子中就有人杀死了他们的君主，有的下级杀死了他们的上司，出卖城池、违反节操而不为君主的事业卖命，这没有其他的缘故，而是君主自作自受。

不使民众得利而从他们身上取利，不如使他们得利以后再从他们身上取利来得有利。不爱护民众而使用他们，不如爱护他们以后再使用他们更有成效。使民众得利以后再从他们身上取利，不如使他们得利而不从他们身上取利来得有利。爱护民众以后再使用他们，不如爱护他们而不使用他们更有成效。使民众得利而不从民众身上取利，爱护民众而不使用民众的国君，就能得到天下了。使民众得利以后再从民众身上取利，爱护民众以后再使用民众的国君，能够保住国家。不使民众得利而从民众身上取利，不爱护民众而使用民众的国君，只能使国家危险。

在荀子阐释"为君之道"的过程中，已经提出藏富于民，让百姓拥有较为充裕的物质生活是君主的重要职责之一。这里从社会和国家稳定的角度来讲，物质利益的重要性则显得更为重要了。对于一个国家来说，内部安全的主要保障首先就是足够的物质资源，毕竟，无论是任用贤能还是加强军事，必须有物质基础作为保障。但是这种物质基础从何而来呢？答案是在百姓的富足当中。在《富国》中我们选取了三段从正反合三个维度来说明这一问题。首先，国家富裕的前提是什么？是生产，而生产的主体就是老百姓，因此，生产能否顺利进行，财富能否有所积累，都在于是否能调动起老百姓的生产积极性，让他们的生产顺利高效地进行。

百姓、民众其实是真正的财富之源，如果不是采用鼓励的办法，而是用压榨的办法的话，那么无论最初有多少的财富积累，都难免会最终走向贫穷。正是如此，荀子才严厉地批判了当时那种对老百姓巧取豪夺的政治现实，这也就是荀子想说明的第二点问题，巧诈而亡。

在战国时期，夺百姓之财供个人享乐，行权谋之道，弃道义不顾的反例显得更多一些，这不仅仅体现了当时的统治者在道德上的恶劣，而且在政治上也是短视的。因为，压榨百姓的行为直接导致的就是民心的丧失，而一旦丧失了民心，政治对手就有了一个极大的可乘之机。只要对百姓的物质生活有所许诺，那么就很容易推翻当政者的统治。在今天的世界，那些内战不断的国家，其混乱的原因很大程度上也是物质财富分配的极大不公。因此，荀子得出的结论是，能够王天下，或者保持稳定统治的君主，是首先考虑民众的利益的，先使民众富裕起来，这样民众就会对君主心怀感恩，对国家有所依赖，对未来有所希望，这样就会形成上下一心的社会凝聚力，这样的国家至少是安全而强盛的。同样，这一思路，也被荀子运用于其军事战略思想中，他对于"兵"的看法中，多少体现了这种思路的延续。

◇心动不容行动。

◇说一尺不如行一寸。

◇与其被动地卷入变化中，不如主动去行动。

王者富民，霸者富士

【聊天实录】

我：荀老先生，您对王者富民，霸者富士有何高见？

荀子：我曾在《荀子·王霸》中提到：故能当一人而天下取，失当一人而社稷危。不能当一人而能当千人、百人者，说无之有也。既能当一人，则身有何劳而为？垂衣裳而天下定。故汤用伊尹，文王用吕尚，武王用召公，成王用周公旦。卑者五伯，齐桓公闺门之内，县乐、奢泰、游抚之修，于天下不见谓修，然九合诸侯，一匡天下，为五伯长，是亦无他故焉，知一政于管仲也，是君人者之要守也。知者易为之，兴力而功名慕大，舍是而孰足为也？故古之人，有大功名者，必道是者也；丧其国、危其身者，必反是者也。

我：您这句话该如何解释呢？

荀子：这句话的意思就是：所以，能恰当地任用一个人，那么天下就能得到；不能恰当地任用一个人，那么国家就会危险。不能恰当地任用一个人而能恰当地任用一千个人、一百个人，在理论上是没有这种事情的。既然能恰当地任用一个人，那么他本身又有什么劳累的事要做呢？只要穿着长袍无所事事而天下就能平定了。所以商汤任用了伊尹，周文王任用了吕尚，周武王任用了召公，周成王任用了周公旦。功德低一点的是五霸，齐桓公在宫门之内悬挂乐器、奢侈放纵、游荡玩耍，但在天下他并没有被说成是讲求享乐，相反地他还多次会合诸侯，使天下归于一致而恢复了正道，成为五霸中的第二个，这也没有其他的缘故，而是因为他懂得把政事全部交给管仲，这就是当君主的重要守则。聪明的君主容易做到这一点，所以能成就强大的实力而功业名望极大，除了这个还有什么值得去做呢？所以古代的人，凡是有伟大的功业名望的，一定是遵行了这一点；凡是丧失了自己的国家，危害到他本人的，一定是违反了这一点。

　　我：您的意思是说：无论是"富民"还是"富士"，其实都依赖于社会秩序的稳定和发展。

　　荀子：是的，你说得很对，"富民"与"富士"是有着内在联系的。

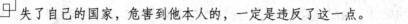

【解读】　　　　　　社会稳定，福民富士

　　在荀子那里，"富民"与"富士"有着更为宽泛的意思。"富民"不仅仅指在物质利益上使民众富足，还意味着对民众的普遍关怀，它强调的是在情感上与民众达到统一，将民众的疾苦作为其教化、管理与规范的着力点，并且以一种天下情怀来看待民众，谋取天下共同的福利，避免天下共同的祸患。"富士"同样也不只是物质层面的供养，而更多地体现为一种知人善任，特别是将有着高尚道德和优秀政治素养的人放在管理国家、组织社会的重要位置上，最大限度地发挥他们的才干。更重要的是能够信任这些人，给他们发挥自己能力的空间，这些我们可以用今天的观点来诠释这种"富民"和"富士"的差异。

　　"富民"指的是一种整体的政治理念的建构，其着眼点是整个国家和社会的价值导向和最终利益；"富士"则指的是一种行政管理体系的运作，其着眼点是建构一种相对高效合理的管理模式。前者的关键点在于能否得到大多数人的拥护，后者的关键点在于首席执行官的选择。

　　当然，"富民"与"富士"并不是两个相对立的概念，如果从政治实践来看，"富士"甚至是"富民"的基础，荀子自己也说，不能恰当的任用一个人，就不可能恰当地任用千百个人。这个意思就是说，恰当地任用一个人是构建整个行政体系的基础。如果进一步推论，建立一个高效公正的行政管理体系，其最终的目标也是维持社会的稳定，确保民众能够生活在一种有序安全的环境中，这不能不说也是一种爱民利民的表现。因此，荀子对于"富民"和"富士"的划分是从君主的角度而言的。

也就是说，如果君主的眼光足够长远，有着敏锐的政治洞察力，并且有着相对博爱的政治情怀，那么就会从整个社会未来发展的方向入手，照顾到绝大多数人的利益，使大多数人都能得到来自社会的关怀，这样的君主就是圣王，能够令天下归附。但是，从当时的情况来看，这种圣王似乎又是很理想化的，于是荀子指出，如果能够像"五霸"那样从行政效率、任用贤能的角度出发，至少能够保证国家秩序的稳定和军事上的强大，这样对于国内的民众来说，自身的安全与基本的生活保障应该是不成问题的。

特别应该指出的是，无论是"富民"还是"富士"，其实都依赖于荀子的核心理念，即社会秩序的稳定和发展。因此，荀子反对这样两种倾向：其一是不从社会整体发展和财富增加的角度入手来制定政策，而是像哄小孩儿一样，冬天给一口粥，夏天喂一口汤，只着眼于一些小恩小惠。荀子认为这其实是一种骗取民众信任的作秀，而不是真正有利于天下的长远之道。其二则是不切合实际的搞一些大的功业，特别是追求穷兵黩武式的战功，这些功业往往不顾民众当下的疾苦和感受，甚至民怨沸腾也不停止，这就叫作"遂功而忘民"。这两方面尽管是在实现"富民"的过程中需要重视的问题，但从现实来看，则需要由"富士"这样一种方式来具体掌握。因为，即使是上古的圣王也很难对整个国家进行事无巨细的掌握，民间的疾苦需要有特定的人来了解，事功的安排实施也需要具体的人来执行，知人善任，恰当地任用人才，才能够准确合理的解决这些问题。因此，荀子也提到，对于那些王天下的圣王，其实也是需要恰当的人来辅佐的。例如，商汤任用伊尹，周文王任用吕尚等。从这，我们也能够看出，"富民"与"富士"是有着内在联系的。

王者富民，霸者富士

如果说"仁义"与"信用"是"王者"和"霸者"在价值倾向上的差别，而"富国强兵"是二者都必须具有的现实功利基础的话，那么从行政实践的角度而言，则体现出"王者富民，霸者富士"两种不同的实践侧重点。

用国者，得百姓之力者富，得百姓之死者强，得百姓之誉者荣。三得者具而天下归之，三得者亡而天下去之。天下归之之谓王，天下去之之谓亡。汤、武者，循其道。行其义，兴天下同利，除天下同害，天下归之。故厚德音以先之，明礼义以道之，致忠信以爱之，赏贤使能以次之，爵服赏庆以申重之，时其事、轻其任以调齐之，潢然兼覆之，养长之，如保赤子。生民则致宽，使民则綦理。辩政令制度，所以接天下之人百姓；有非理者如豪末，则虽孤独鳏寡必不加焉。是故百姓贵之如帝，亲之如父母，为之出死断亡而不愉者。无它故焉，道德诚明，利泽诚厚也。

故能当一人而天下取，失当一人而社稷危。不能当一人而能当千人、百人者，说无之有也。既能当一人，则身有何劳而为？垂衣裳而天下定。故汤用伊尹，文王用吕尚，武王用召公，成王用周公旦。卑者五伯，齐桓公闺门之内，县乐、奢泰、游抚之修，于天下不见谓修，然九合诸侯，一匡天下，为五伯长，是亦无它故焉，知一政于管仲也，是君人者之要守也。知者易为之，兴力而功名綦大，舍是而孰足为也？故古之人，有大功名者。必道是者也；丧其国、危其身者，必反是者也。

治理国家的君主，得到百姓出力种地的就富足，得到百姓拼死作战的就强大，得到百姓称赞颂扬的就荣耀。这三种得到的东西都具备，那么天下人就会归附他；这三种得到的东西都没有，那么天下人就会叛离他。天下人归附他叫作称王，天下人叛离他叫作灭亡。商汤、周武王这些人，遵循这条原则，奉行这种道理，兴办天下人的共同福利，除掉天下人的共同祸害，因而天下人都归附他们。所以，君主提高道德声誉来引导人民，彰明礼制道义来指导他们，尽力做到忠诚守信来爱护他们，尊崇贤人、任用能人来安排职位，用爵位、服饰、赏赐、表扬去反复激励他们，根据时节安排他们的劳动、减轻他们的负担来调剂他们，广泛普遍地庇护他们，抚养他们，就像保护初生的婴儿一样。养育人民极其宽厚，使用人民则极其合理。制定政令制度，是用来对待下面的老百姓的；如果它有不合理的地方，即使像毫毛的末端一样细微，那么就是对孤儿、孤独老人、鳏夫、寡妇，也一定不加到他们头上。所以百姓尊重他就像尊重帝王一样，亲爱他就像亲爱父母一样，为他豁出生命决心牺牲而心甘情愿，这没有其他的缘故，而是因为君主的道德确实贤明，君主的恩泽确实深厚。

人 生 智 慧

◇恰当的任用一个人是构建整个行政体系的基础。

◇对于那些王天下的圣王，其实也是需要恰当的人来辅佐的。

◇故能当一人而天下取，失当一人而社稷危。

称霸诸侯，王霸并举

【聊天实录】

我：荀老先生，您对王霸并举有何高见？

荀子：我曾在《荀子·王制》中提到：彼王者不然。仁眇天下，义眇天下，威眇天下。仁眇天下，故天下莫不亲也。义眇天下，故天下莫不贵也。威眇天下，故天下莫敢敌也，以不敌之威，辅服人之道，故不战而胜，不攻而得，甲兵不劳而天下服，是知王道者也。

我：您这句话该如何解释呢？

荀子：这句话的意思就是：那些奉行王道的君主就不是这样。他的仁爱高于天下各国，道义高于天下各国，威势高于天下各国。仁爱高于天下各国，所以天下没有谁不亲近他。道义高于天下各国，所以天下没有谁不尊重他。威势高于天下各国，所以天下没有谁敢与他为敌。拿不可抵挡的威势去辅助使人心悦诚服的仁义之道，所以不战而胜，不攻而得，不费一兵一甲天下就归服了，这是懂得称王之道的君主。

我：您的意思是说：将王道确立为最高的目的，而将霸道作为一种适合于社会的方略或手段。以霸道来整饬社会、增加财富，乃至巩固军事实力，这样既能够保证政治实践的效力，也可以保护社会发展的成果；王道则是作为一种理念性的指导贯穿于整个社会实践中，也就是社会发展的最终指向应该是普遍性的道德的自律与高尚的道义的流行。

荀子：是的，你说得很对，王霸并举才能称王天下。

【解读】　　　称霸诸侯，王霸并举

从霸者具体的政治策略上，我们也可以看出，很多政策其实是实现王道政治的基础，例如在物质上开源节流、积累财富，在制度上遵循规范、强调秩序，在行政上任用贤能、唯才是举，在外交上保护弱小、主持公道，这些也是王道政治的必然要求。对此，我们可以从荀子对于当时最大的霸者——秦国的分析评价中得到更为直接的证据。

应侯问孙卿子曰："入秦何见？"

孙卿子曰："其固塞险，形势便，山林川谷美，天材之利多，是形胜也。入境，观其风俗，其百姓朴，其声乐不流污。其服不挑，甚畏有司而顺，古之民也。及都邑官府，其百吏肃然，莫不恭俭、敦敬、忠信而不楛，古之吏也。入其国，观其士大夫，出于其门，入于公门，出于公门，归于其家，无有私事也：不比周，不朋党，偶然莫不明通而公也，古之上大夫也。观其朝廷，其朝间，听决百事不留，恬然如无治者，古之朝也。故四世有胜，非幸也，数也。是所见也。故曰：佚而治，约而详，不烦而功，治之至也。秦类之矣。虽然，则有其諰矣。兼是数具者而尽有之，然而县之以王者之功名，则倜倜然，其不及远矣。

"是何也？

"则其殆无儒邪！故曰：'粹而王，驳而霸，无一焉而亡。'此亦秦之所短也。"

应侯问荀卿说："到秦国看见了什么？"

荀卿说："它的边塞险峻，地势便利，山林河流美好，自然资源带来的好处很多，这是地形上的优越。踏进国境，观察它的习俗，那里的百姓质朴淳厚，那里的音乐不淫荡卑污，那里的服装不轻薄妖艳，人们非常害怕官吏而十分顺从，真像是古代圣王统治下的人民。到了大小城镇的官府，那里的各种官吏都是严肃认真的样子，无不谦恭节俭、敦厚谨慎、忠诚守信而不粗疏草率，真像是古代圣王统治下的官吏。进入它的国都，观察那里的士大夫，走出自己的家门，就走进公家的衙门，走出公家的衙门，就回到自己的家里，没有私下的事务；不互相勾结，不拉党结派，没有谁不明智通达而廉洁奉公，真像是古代圣王统治下的士大夫。观察它的朝廷，当它的君主主持朝政告一段落时，处理决定各种政事从无遗留，安闲得好像没有什么需要治理似的，真像是古代圣王治理的朝廷。所以秦国四代都有胜利的战果，并不是因为侥幸，而是有其必然性的，这就是我所见到的。所以说：自身安逸却治理得好，政令简要却详尽，政事不繁杂却有成效，这是政治的最高境界。秦国类似这样了。即便如此，却仍有它的忧惧。综合以上这几个条件它全都具有了，但是用称王天下者的功绩名声去衡量它，那简直是天南海北，它相差得很远。"

应侯又问："这是为什么？"

荀卿回答说："那是他们没有儒者。所以说：'纯粹地崇尚道义、任用贤人的就能称王天下，驳杂地义利兼顾、贤人亲信并用的就能称霸诸侯，这两者一样也做不到的就要灭亡。'这也是秦国的短处。"

在荀子看来，秦国当时的政治从表象上来看已经很接近王道政治了，也就是说在圣王统治下，社会的秩序和规范与当时的秦国至少是接近的，但秦国唯一的忧患就是缺乏儒者的思想，也就是说没有将仁义道德和礼义教化很好地贯穿于这种有序的政治和社会中。由此，我们不妨做一个大胆的推论，就是荀子其实已经找到了走向王道政治的途径，那就是将王者的道德与霸者的手段结合在一起，我们可以称之为一种"王道霸略"的政治理念。也就是说，将王道确立为最高的目的，而将霸道作为一种适合于社会的方略或手段。以霸道来整饬社会、增加财富，乃至巩固军事实力，这样既能够保证政治实践的效力，也可以保护社会发展的成果；王道则是作为一种理念性的指导贯穿于整个社会实践中，也就是社会发展的最终指向应该是普遍性的道德的自律与高尚的道义的流行。在这一逻辑之中，也许儒家一直向往的"内圣外王"才更具有现实性。

王霸相融，成就社会

从荀子对于"王道"与"霸道"的不同解读之中，我们似乎隐隐感觉到荀子对于儒家政治理想的一种修正，那就是高尚的政治理想与现实的政治实践如何更为恰当地结合。尽管在价值层面上，荀子认为"霸道"远不及"王道"，甚至说"五霸"不过是小人中的佼佼者，还不能称之为君子之政。但是，从实际操作层面而言，荀子却肯定了"霸道"中所包含的适应于时代的政治效力。从这个意义上，荀子似乎希望在当时的社会环境中实现一种王霸并举的政治实践模式。

辟田野，实仓廪，便备用，案谨募选阅材伎之士，然后渐庆赏以先之，严刑罚以纠之；存亡继绝，卫弱禁暴，而无兼并之心，则诸侯亲之矣。修友敌之道以敬接诸侯，则诸侯说之矣。所以亲之者，以不并也；并之见，则诸侯疏矣。所以说之者，以友敌也；臣之见，则诸侯离矣。故明其不并之行，信其友敌之道，天下无王，霸主则常胜矣，是知霸道者也。

彼王者不然。仁眇天下，义眇天下，威眇天下。仁眇天下，故天下莫不亲也。义眇天下，故天下莫不贵也。威眇天下，故天下莫敢敌也，以不敌之威辅服人之道，故不战而胜，不攻而得，甲兵不劳而天下服，是知王道者。

奉行霸道的国家，会开垦田野，充实粮仓，改进设备器用，严格谨慎地招募、选择、接纳有才能技艺的士人，然后加重奖赏来引导他们，加重刑罚来督责他们；使灭亡的国家能存在下去，使已经断绝了的后代继承关系能继续下去，保护弱小的国家，禁止残暴的国家，但是并没有吞并别国的野心，那么各国诸侯就会来亲近了。只要遵行与力量匹敌的国家相友好的原则去恭敬地接待各国诸侯，那么各国诸侯就会喜欢了。各国诸侯之所以亲近它，是因为它不吞并别国；如果吞并别国的野心暴露出来，那么各国诸侯就会疏远它了。各国诸侯之所以喜欢它，是因为它和力量匹敌的国家相友好；如果要使各国诸侯臣服的意图暴露出来，那么各国诸侯就会背离它了。所以，表明自己不会有吞并别国的行为，信守自己和匹敌的国家相友好的原则，天下如果没有成就王业的君主，这奉行霸道的君主就能常常取胜了，这是懂得称霸之道的君主。

那些奉行王道的君主就不是这样，他的仁爱高于天下各国，道义高于天下各国，威势高于天下各国。仁爱高于天下各国，所以天下没有谁不亲近他。道义高于天下各国，所以天下没有谁不尊重他。威势高于天下各国，所以天下没有谁敢与他为敌。拿不可抵挡的威势去辅助使人心悦诚服的仁义之道，所以不战而胜，不攻而得，不费一兵一甲天下就归服了，这是懂得称王之道的君主。

其实，在《荀子》的很多篇章里，我们都能看到，"王道"与"霸道"是以相互比较的方式被描述和论证的。但从这些描述和论证中，可以发现这样一个情况，就是关于王道的论述往往是具有理念性的，而关于霸道的论述却似乎更有现实的佐证。这或许是因为荀子所处的时代是一个霸者横行的时代，古代圣王所构建的社会理念虽然很令人向往，但却很难找到现实的对应，这也就是为什么在《荀子》中出现了一个"法后王"的概念。这里"后王"很可能并非实指任何已经存在过的王，而是指其理想中的统治者，这个统治者能够按照理想社会的理念来进行政治实践。在《荀子》这部书中，其实大部分内容都在描述一个理想社会的应然状态，而并不是对于现实社会的直接反映。当他在描绘一幅未来王道社会的美好蓝图的时候，必然要考虑当时社会已经发生和正在发生的变化，那么，这幅蓝图也就不可能是"先王"时代的重新显现。尽管"先王"是礼义法度的合法性源泉，但是必须结合其特定的历史时代，才能够实现其一以贯之的王道政治。正因为如此，荀子所谓的"后王"其实是"若有王者起"的王，是遵循传统的仁义道德，又开创新的礼义规范的王。而"后王"如何能建立新的社会秩序和规范，至少从现实的角度而言，"霸者"的一些治国方略是可以被吸取的。毕竟，荀子也认为，在暂时没有王者的时代，霸者往往是社会中的成功者。

　　◇王霸并举才能称王天下。

　　◇在当时的社会环境中实现一种王霸并举的政治实践模式。

　　◇不费一兵一甲天下就归服了，这是懂得称王之道的君主。

附录一 荀子生平及《荀子》一书

荀子（约前313—前235），名况，字卿，战国末期赵国（今山西省安泽县）人。荀子是春秋战国"百家争鸣"的集大成者，也是先秦继孟子之后儒家的最后一位大师，是中国古代杰出的唯物主义思想家和教育家。

据《风俗通义·穷通》记载，齐宣王时，齐国国势昌盛，齐宣王为了扩大其政治影响，招贤纳士，聚集天下贤士于都城临淄稷下学宫，如孟子、邹衍、慎到、田骈、接子等著名学者，称为列大夫，享受大夫俸禄。当时，荀子年仅15岁，也来齐国游学。

公元前286年，齐国灭掉了宋国。据《盐铁论·论儒》记载，齐湣王夸耀武功，不崇尚德治，列大夫直言劝谏，不被采纳，纷纷离开了齐国。这年，荀子正当而立之年，为齐国祭酒，他也向齐相进谏说："处胜人之势，会胜人之道。"指出：当今巨楚在我前面牵系着，大燕在我后面威逼着，劲魏在我右边钩取着……一国策谋，三国乘机进犯，齐国必然四分五裂，国家将有灭亡的危险。荀子的意见未被采纳，于是他离开齐国去了楚国。

公元前284年，燕、赵、韩、魏、秦五国联军攻齐，攻陷了齐国都城临淄。后齐国大将田单率兵发起反攻，收复失地，于莒城迎齐襄王入临淄。齐襄王复国之后，汲取了前人的教训，召集亡散的学士，重整稷下学宫，荀子重游齐国。这时，由于孟子、田骈等老一辈学者大都作古，慎到、接子不在齐国，荀子凭他的学识和才德，在列夫子中"最为老师"，"三为祭酒"，成为稷下学宫的领袖。

荀子除在齐国讲学外，还曾到过秦国。在秦国，荀子考察了秦国的政治、军事、风俗民情等，并多次谒见秦昭王和秦相范雎。可惜，秦国并不重视儒学，荀子的建议自然未被采纳。荀子也曾回到赵国，与临武君在赵孝成王面前议兵，然而，赵孝成王终未能任用荀子，荀子只好返回齐国。

令人惋惜的是，荀子在齐国的日子并不安定。据《史记·孟荀列传》记载，齐国有人谗言荀子，迫不得已，荀子只得再次离开齐国，去了楚国。

在楚国，荀子被任命为兰陵令。但是不久，就有人向楚相春申君进谗，说荀子对楚国而言是个危险，于是，荀子只好辞楚去了赵国，赵国拜其为上卿。后来，楚国有人向春申君进言请荀子回楚，春申君也为自己听信谗言而后悔，于是派人请回了荀子，复任兰陵令。

公元前238年，春申君为李园所杀，荀子亦被罢官。从此，荀子定居兰陵，著书立说，终成《荀子》一书，为后世留下了宝贵的精神财富。

《荀子》共32篇，系汉代刘向编订。一般认为，前26篇为荀子所著，后6篇为荀子门人所记。纵观《荀子》全书，视野开阔，内容丰富，体系严谨，思想深邃，内容涉及政治、军事、经济、教育等众多方面，充分反映了荀子的思想特点。

荀子是一位朴素唯物主义者，他认为"天行有常，不为尧存，不为桀亡"，人的吉凶祸福，并不取决于天。不仅如此，荀子还有一个更大胆的想法——"制天命而用之"，即人不仅不取决于天，而且可以战胜天。在"宿命论"流行的战国时期，荀子能有如此见解，实在难能可贵。

在人性问题上，荀子主张"人性本恶"，与孟子的"人性本善"相对。荀子认为，人的本性是恶的，因此不可能有天生的圣贤，"其善者伪也"，即经过后天的改造才能变善。实际上，荀子的人性论，是从人无休止的欲望的角度出发，从人的否定性的一面来警醒人、鞭策人。在荀子看来，唯有"积善成德"，才能成为品德高尚的人。

在政治上，荀子主张礼治与法治并用，一方面提倡"礼法"，重视"王道"。"礼"是指纲常和伦理道德，荀子认为礼在调节人与人关系上起重要作用；"王道"是指礼义和仁政，荀子继承了儒家"为政以德"的传统，认为治国应"平政爱民"，提出"水载舟，亦能覆舟"。另一方面主张"法后王"，同意用武力兼并天下，用法禁、刑赏治理国家，因此他的一些思想为法家所汲取。荀子十分注重学习的重要性，认为人生下来都是没有知识的，只有通过后天学习才能获得知识。荀子指出"学不可以已。青，取之于蓝，而青于蓝；冰，水为之，而寒于水"，"学至于行之而止矣"，这些在今天仍不失为至理名言。荀子，这位先秦儒学的最后一位大师，其智慧、学识由此可见一斑。冯友兰说："孟子以后，儒者无杰出之士，至荀卿而儒家壁垒始又一新。"谭嗣同说："两千年来之学，荀子也。"梁启超也说："自秦汉以后，政治学术，皆出于荀子。"所以，要了解中国传统文化，荀子不可不知，《荀子》不能不读。

与先秦诸子著述相比，《荀子》一书洋洋洒洒近十万言，堪称"宏篇巨幅"。具体说来，《荀子》一书有以下几个突出特点。

体系宏大，内容精深，这是《荀子》一书的最大特点。作为知识广博、思维活跃、眼光敏锐的思想家，荀子厚积薄发，贯通古今，融会诸子，建立了一个博大深邃的思想体系，研究所及涵盖哲学、政治、经济、军事、文化、教育、逻辑等众多领域，而且在各个领域都有独到精辟的见解，高屋建瓴、惊世骇俗之论俯拾皆是，达到了当时学术思想上前所未有的广度和深度。逻辑缜密，结构严谨，论证鞭辟入里，这是《荀子》一书的又一特点。

荀子提出"君子必辨"的观点，认为"君子之言，涉然而精，俛然而类，差差然而齐"（《荀子·正名》）。作为论辩大师，荀子对每一个问题都做了深入的阐析发挥，观点犀利而说理中肯，内容精深而语言浅显，旁征博引而条理清晰，环环相叩，层层深入，一气呵成，令人目不暇接、思不暇想，富有逻辑力量，闪耀着理性思维的光辉。

文辞优美流畅，语言铿锵激越，气势恢宏壮阔，这是《荀子》一书的第三大特点。《荀子》长于运用比喻、排比等众多修辞，"文貌情用，相为内外表里"（《荀子·大略》），通篇充满节奏感、韵律感，情与智两相呼应，善与美相得益彰，读来酣畅淋漓、欲罢不能。书中随手拈取众多古今人物事例穿插文中，不仅显示出作者厚重的知识积累，增强了论证的说服力，也增加了文章的生动性、可读性。

另外，《荀子》中的五篇短赋，以四言韵语为主，骈散错落有致，开创了以赋为名的文学体裁。书中还有以北方民歌形式写就的《成相》篇，运用说唱形式来表达自己的政治、学术思想，文字通俗易懂，对后世也有一定影响。

附录二 荀子第二十三篇性恶篇

人之性恶，其善者伪也。

今人之性，生而有好利焉，顺是，故争夺生而辞让亡焉；生而有疾恶焉，顺是，故残贼生而忠信亡焉；生而有耳目之欲，有好声色焉，顺是，故淫乱生而礼义文理亡焉。然则从人之性，顺人之情，必出于争夺，合于犯分乱理，而归于暴。故必将有师法之化，礼义之道，然后出于辞让，合于文理，而归于治。用此观之，人之性恶明矣，其善者伪也。

故枸木必将待檃栝、烝矫然后直，钝金必将待砻厉然后利；今人之性恶，必将待师法然后正，得礼义然后治。今人无师法，则偏险而不正；无礼义，则悖乱而不治。古者圣王以人之性恶，以为偏险而不正，悖乱而不治，是以为之起礼义、制法度，以矫饰人之情性而正之，以扰化人之情性而道之也。始皆出于治、合于道者也。今人之化师法、积文学、道礼义者为君子，纵性情、安恣睢而违礼义者为小人。用此观之，人之性恶明矣，其善者伪也。

孟子曰："人之学者，其性善。"曰：是不然！是不及知人之性，而不察乎人之性伪之分者也。凡性者，天之就也，不可学，不可事。礼义者，圣人之所生也，人之所学而能，所事而成者也。不可学、不可事而在人者，谓之性；可学而能、可事而成之在人者，谓之伪，是性、伪之分也。今人之性，目可以见，耳可以听。夫可以见之明不离目，可以听之聪不离耳，目明而耳聪，不可学明矣。

孟子曰："今人之性善，将皆失丧其性故也。"曰：若是则过矣。今人之性，生而离其朴、离其资，必失而丧之。用此观之，然则人之性恶明矣。所谓性善者，不离其朴而美之，不离其资而利之也。使夫资朴之于美，心意之于善，若夫可以见之明不离目，可以听之聪不离耳，故曰：目明而耳聪也。今人之性，饥而欲饱，寒而欲暖，劳而欲休，此人之情性也。今人饥，见长而不敢先食者，将有所让也；劳而不敢求息者，将有所代也。夫子之让乎父、弟之让乎兄，子之代乎父、弟之代乎兄，此二者皆反于性而悖于情也。然而孝子之道，礼义之文理也。故顺情性则不辞让矣，辞让则悖于情性矣。用此观之，人之性恶明矣，其善者伪也。

问者曰："人之性恶，则礼义恶生？"应之曰：凡礼义者，是生于圣人之伪，非故生于人之性也。故陶人埏埴而为器，然则器生于陶人之伪，非故生于人之性也。故工人斫木而成器，然则器生于工人之伪，非故生于人之性也。圣人积思虑、习伪故，以生礼义而起法度，然则礼义法度者，是生于圣人之伪，非故生于人之性也。若夫目好色、耳好声、口好味、心好利、骨体肤理好愉佚，是皆生于人之情性者也；感而自然，不待事而后生之者也。夫感而不能然，必且待事而后然者，谓之生于伪。是性、伪之所生，其不同之征也。

故圣人化性而起伪，伪起而生礼义，礼义生而制法度。然则礼义法度者，是圣人之所生也。故圣人之所以同于众，其不异于众者，性也；所以异而过众者，伪也。夫好利而欲得者，此人之情性也。假之有弟兄资财而分者，且顺情性，好利而欲得，若是则兄弟相拂夺矣；且化礼义之文理，若是则让乎国人矣。故顺情性则弟兄争矣，化礼义则让乎国人矣。

凡人之欲为善者，为性恶也。夫薄愿厚，恶愿美，狭愿广，贫愿富，贱愿贵，苟无之中者，必求于外。故富而不愿财，贵而不愿执，苟有之中者，必不及于外。用此观之，人之欲为善者，为性恶也。今人之性，固无礼义，故强学而求有之也；性不知礼义，故思虑而求知之也。然则性而已，则人无礼义，不知礼义。人无礼义则乱，不知礼义则悖。然则性而已，则悖乱在己。用此观之，人之性恶明矣，其善者伪也。

孟子曰："人之性善。"曰：是不然。凡古今天下之所谓善者，正理平治也；所谓恶者，偏险悖乱也：是善恶之分也矣。今诚以人之性固正理平治邪，则有恶用圣王，恶用礼义哉？虽有圣王礼义，将曷加于正理平治也哉？今不然，人之性恶。故古者圣人以人之性恶，以为偏险而不正，悖乱而不治，故为之立君上之执以临之，明礼义以化之，起法正以治之，重刑罚以禁之，使天下皆出于治、合于善也，是圣王之治而礼义之化也。今当试去君上之执，无礼义之化，去法正之治，无刑罚之禁，倚而观天下民人之相与也。若是则夫强者害弱而夺之，众者暴寡而哗之，天下悖乱而相亡，不待顷矣。用此观之，然则人之性恶明矣，其善者伪也。

故善言古者，必有节于今；善言天者，必有征于人。凡论者，贵其有辨合、有符验。故坐而言之，起而可设，张而可施行。今孟子曰："人之性善。"无辨合符验，坐而言之，起而不可设，张而不可施行，岂不过甚矣哉！故性善则去圣王、息礼义矣；性恶则与圣王、贵礼义矣。故檃栝之生，为枸木也；绳墨之起，为不直也；立君上、明礼义，为性恶也。用此观之，然则人之性恶明矣，其善者伪也。直木不待檃栝而直者，其性直也；枸木必将待檃栝、烝矫然后直者，以其性不直也。今人之性恶，必将待圣王之治、礼义之化，然后始出于治、合于善也。用此观之，人之性恶明矣，其善者伪也。

问者曰："礼义积伪者，是人之性，故圣人能生之也。"应之曰：是不然。夫陶人埏埴而生瓦，然则瓦埴岂陶人之性也哉？工人斫木而生器，然则器木岂工人之性也哉？夫圣人之于礼义也，辟则陶埏而生之也，然则礼义积伪者，岂人之本性也哉？凡人之性者，尧、舜之与桀、跖，其性一也；君子之与小人，其性一也。今将以礼义积伪为人之性邪？然则有曷贵尧、禹，曷贵君子矣哉？凡所贵尧、禹、君子者，能化性，能起伪，伪起而生礼义。然则圣人之于礼义积伪也，亦犹陶埏而为之也。用此观之，然则礼义积伪者，岂人之性也哉！所贱于桀、跖、小人者，从其性，顺其情，安恣睢，以出乎贪利争夺。故人之性恶明矣，其善者伪也。

天非私曾、骞、孝己而外众人也，然而曾、骞、孝己独厚于孝之实，而全于孝之名者，何也？以綦于礼义故也。天非私齐、鲁之民而外秦人也，然而于父子之义、夫妇之别，不如齐、鲁之孝共敬文者，何也？以秦人之从情性、安恣睢、慢于礼义故也，岂其性异矣哉！

"涂之人可以为禹。"曷谓也？曰：凡禹之所以为禹者，以其为仁义法正也，然则仁义法正有可知可能之理。然而涂之人也，皆有可以知仁义法正之质，皆有可以能仁义法正之具，然则其可以为禹明矣。今以仁义法正为固无可知可能之理邪？然则唯禹不知仁义法正，不能仁义法正也。将使涂之人固无可以知仁义法正之质，而固无可以能仁义，法正之具邪？然则涂之人也，且内不可以知父子之义，外不可以知君臣之正。今不然，涂之人者，皆内可以知父子之义，外可以知君臣之正，然则其可以知之质、可以能之具，其在涂之人明矣。今使涂坐者，以其可以知之质，可以能之具，本夫仁义法正之可知可能之理，然则其可以为禹明矣。今使涂之人伏术为学，专心一志，思索孰察，加日县久，积善而不息，则通于神明，参于天地矣。故圣人者，人之所积而致矣。

曰："圣可积而致，然而皆不可积，何也？"曰：可以而不可使也。故小人可以为君子，而不肯为君子；君子可以为小人，而不肯为小人。小人、君子者，未尝不可以相为也，然而不相为者，可以而不可使也。故涂之人可以为禹则然，涂之人能为禹则未必然也。虽不能为禹，无害可以为禹。足可以遍行天下，然而未尝有能遍行天下者也。夫工匠农贾，未尝不可以相为事也，然而未尝能相为事也。用此观之，然则可以为，未必能也；虽不能，无害可以为。然则能不能之与可不可，其不同远矣，其不可以相为明矣。

尧问于舜曰："人情何如？"舜对曰："人情甚不美，又何问焉！妻子具而孝衰于亲，嗜欲得而信衰于友，爵禄盈而忠衰于君。人之情乎！人之情乎！甚不美，又何问焉！唯贤者为不然。"有圣人之知者，有士君子之知者，有小人之知者，有役夫之知者，多言则文而类，终日议其所以，言之千举万变，其统类一也：是圣人之知也。少言则径而省，论而法，若佚之以绳：是士君子之知也。其言也谄，其行也悖，其举事多悔：是小人之知也。齐给便敏而无类，杂能旁魄而无用，析速粹孰而不急，不恤是非，不论曲直，以期胜人为意，是役夫之知也。

有上勇者，有中勇者，有下勇者。天下有中，敢直其身，先王有道，敢行其意；上不循于乱世之君，下不俗于乱世之民；仁之所在无贫穷，仁之所亡无富贵；天下知之，则欲与天下同苦乐之；天下不知之，则傀然独立天地之间而不畏，是上勇也。礼恭而意俭，大齐信焉而轻货财，贤者敢推而尚之，不肖者敢援而废之，是中勇也，轻身而重货，恬祸而广解苟免，不恤是非，然不然之情，以期胜人为意，是下勇也。

繁弱、钜黍，古之良弓也，然而不得排檠，则不能自正。桓公之葱，大公之阙，文王之录，庄君之曶，阖闾之干将、莫邪、钜阙、辟闾，此皆古之良剑也，然而不加砥厉则不能利，不得人力则不能断。骅骝、騹骥、纤离、绿耳，此皆古之良马也；然而必前有衔辔之制，后有鞭策之威，加之以造父之驶，然后一日而致千里也。夫人虽有性质美而心辩知，必将求贤师而事之，择良友而友之。得贤师而事之，则所闻者尧、舜、禹、汤之道也；得良友而友之，则所见者忠信敬让之行也。身日进于仁义而不自知也者，靡使然也。今与不善人处，则所闻者欺诬诈伪也，所见者污漫淫邪贪利之行也；身且加于刑戮而不自知者，靡使然也。传曰："不知其子，视其友；不知其君，视其左右。"靡而已矣！靡而已矣！

译文：

人的本性是邪恶的，那些善良的行为是后天的行为。

现在人的本性，生来就喜好财利，顺从了这种本性，因此产生了争夺而谦让消失了；生来就妒忌憎恨，顺从了这种本性，因此产生了残杀陷害而忠诚守信消失了；生来就有声色的欲望，喜好美好音乐和美色的本能，顺从了这种本性，因此产生了混乱而礼义法度就消失了。那么，放纵人的本性，依从人的情欲，就一定导致争抢掠夺，一定跟违犯等级名分、扰乱礼义法度的行为相合，而最终回到暴乱局面。因此一定需要师长和法席的教化、礼义的引导，这样之后，对推辞谦让这种美德人们才会做出，对国家的礼法人们才会遵守，国家就会最终走向安定太平。用这些事实事看人的本性，那么人的本性是邪恶的道理就很明显了，那些善良的行为是人们后天的作为。

所以弯曲的木料一定要经过矫正加热，才能变直，钝的金属器具一定要经过磨砺，然后才能锋利。人的本性邪恶，一定要经过师长和法度的教化后才能端正，用礼义加以引导才能矫正。人们如果没有师长和法度的教化，就会偏颇邪恶而不端正；没有礼义的引导，就会悖乱而得不到管理。古代圣明的君王因人的本性是邪恶，认为人是偏颇邪恶而不端正的，悖逆祸乱而得不到治理的，因此针对这种情况建立了礼义、制定了法度，用来矫正整治人的性情从而让他们端正，用来教化人们的性情以便引导他们。古者圣王开始都是出于整治社会秩序，从而使人的行为合乎道德原则。现在的人，被师长和法席所感化、积累文献经济方面的知识、遵行礼义就是君子。如果有人放纵情性、习惯于胡作非为而违背礼义，那他就是小人。由此看来，那么人的本性是邪恶的道理就很明显了，那些善良的行为是人后天的作为。

孟子认为："人们之所以学习，是因为人的本性是善良的。"我认为这是不正确的。这是还不了解人的本性，就是对人先天的本性和后天人为努力之间的区别不了解。一般来说，本性是与生俱来的，是学习不来的，不是努力就能得到的。礼义是圣人创建的，是人们能够学习、努力实践做到的。人身上那种不能学习、不能努力就能做到的东西，叫本性；人可以学会、可以通过努力实践做到的，叫人为努力，这就是本性和后天人为的区别。人的本性，比如说眼睛生来是用来看东西的，耳朵生来是用来听声音的，那可以看见东西的视力离不开眼睛，可以听声音的听力离不开耳朵。视力和听力是不可能学到的，这是很明显的。

孟子认为："现在人的本性善良，都是失去了其原来本性的缘故。"我认为如果是这样那就太过了，现在人的本性，生来就离开了它的质朴和才资，那么一定会失去原来的本性的。这样来看的话，人们恶的本性就非常清楚了。孟子所谓本性善良，是指不离开他的素质而觉得他很美，不离开他的资质而觉得他很好，那天生的资质和美的关系、心意和善良的关系就像那可以看东西的视力离不开眼睛、可以听声音的听力离不开耳朵一样罢了。所以说资质的美和心意的善良就像眼睛的视力和耳朵的听力一样。现在人的本性，饿了就想吃饱，冷了就想要温暖，工作了就想要休息，这是人的性情。如今饿了，看到长者的时候也不敢先吃东西填饱肚子，会有所辞让；劳累了也不敢要求休息，仍会代替长着劳作。晚辈让长辈，弟弟让哥哥；晚辈代替父辈辛苦，弟弟代替兄长辛苦。这两种情况，都是有悖人的真性情的，然而这是孝子和礼仪的要求。所以若是顺从天性的话就不会辞让，辞让的话其实有悖于人的本性。这样看来，就可以很清楚看出人本性的恶了。

有人问："人的本性是邪恶的，那么礼义是从哪里产生出来的呢？"我回答他说："所有的礼义，都产生于圣人的人为努力，而不是原先产生于人的本性。制作陶器的人搅拌揉打黏土而制成陶器，那么陶器产生于陶器工人的人为努力，而不是原先产生于人的本性。木工砍削木材而制成木器，那么木器产生于工人的人为努力，而不是原先产生于人的本性。圣人深思熟虑、熟悉人为的事情，从而使礼义产生了、使法度建立起来了，那么礼义法度便是产生于圣人的人为努力，而不是原先产生于人的本性。至于那眼睛爱看美色，耳朵爱听音乐，嘴巴爱吃美味，内心爱好财利，身体喜欢舒适安逸，这些才都是产生于人的本性的东西，是一有感觉就自然形成、不依赖于人为的努力就会产生出来的东西。那些并不由感觉形成、一定要依靠努力从事然后才能形成的东西，便叫作产生于人为，这便是先天本性和后天人为所产生的东西及其不同的特征。圣人改变了邪恶的本性而做出了人为的努力，人为的努力做出后就产生了礼义，礼义产生后就制定了法度。那么礼义法度这些东西，便是圣人所创制的了。圣人和众人相同而跟众人没有什么不同的地方，是先天的本性；圣人和众人不同而又超过众人的地方，是后天的人为努力。那爱好财利而希望得到，这是人的本性。假如有人弟兄之间要分财产而依顺爱好财利而希望得到的本性，那么兄弟之间也会反目为仇、互相争夺了；如果受到礼义规范的教化，那就会推让给国内所有的人了。所以依顺本性，那就兄弟相争；受到礼义教化，那就会推让给国内所有的人了。

一般地说，人们想行善，正是因为其本性邪恶的缘故。微薄的希望丰厚，丑陋的希望美丽，狭窄的希望宽广，贫穷的希望富裕，卑贱的希望高贵，如果本身没有它，就一定要向外去追求；所以富裕了就不羡慕钱财，显贵了就不羡慕权势，如果本身有了它，就一定不会向外去追求了。由此看来，人们想行善，实是因为其本性邪恶的缘故。人的本性，本来是没有什么礼义观念的，所以才努力学习而力求掌握它；本性是不懂礼义的，所以才开动脑筋而力求了解它。那么如果只有本性，人就不会有礼义，就不会懂得礼义。人没有礼义就会混乱无序，不懂礼义就会悖逆不道。那么如果人只有本性，在他身上就只有逆乱了。由此看来，人的本性是邪恶的就很明显了，他们那些善良的行为则是人为的。

孟子说："人的本性是善良的。"我说这不对。凡是从古到今、普天之下所谓的善良，是指端正顺理安定有秩序；所谓的邪恶，是指偏邪险恶悖逆作乱，这就是善良和邪恶的区别。果真认为人的本性本来就是端正顺理安定守秩序的吧，那么又哪里用得着圣明的帝王、哪里用得着礼义了呢？即使有了圣明的帝王和礼义，在那端正顺理安定守秩序的本性上又能增加些什么呢？其实并不是这样，人的本性是邪恶的。古代的圣人认为人的本性是邪恶的，认为人们是偏邪险恶而不端正、悖逆作乱而不守秩序的，所以给他们确立了君主的权势去统治他们，彰明了礼义去教化他们，建立起法治去管理他们，加重刑罚去限制他们，使天下人都从遵守秩序出发、符合于善良的标准，这就是圣明帝王的治理和礼义的教化。如果抛掉君主的权势，没有礼义的教化，废弃法治的管理，没有刑罚的制约，站在一边观看天下民众的相互交往，那么，那些强大的就会侵害弱小的而掠夺他们，人多的就会欺凌人少的而压制他们，天下人悖逆作乱而各国互相灭亡的局面不等片刻就会出现。由此看来，那么人的本性是邪恶的就很明显了，他们那些善良的行为则是人为的。

善于谈论古代的人，一定对现代有验证；善于谈论天的人，一定对人事有应验。凡是议论，可贵的在于像契券般可核对、像信符般可检验。所以坐着谈论它，站起来就可以部署安排，推广出去就可以实行。现在孟子说：人的本性善良，没有与它相契合的证据及可以验证的凭据，坐着谈论它，站起来不能部署安排，推广出去不能实行，这难道不是错得很厉害了吗？认为人的本性善良，那就会摒除圣明的帝王、取消礼义了；认为人的本性邪恶，那就会拥护圣明的帝王、推崇礼义了。整形器的产生，是因为有弯曲的木料；墨线墨斗的出现，是因为有不直的东西；置立君主，彰明礼义，是因为人的本性邪恶。由此看来，那么人的本性是邪恶的就很明显了，他们那些善良的行为则是人为的。笔直的木材不依靠整形器就笔直，因为它的本性就是笔直的。弯曲的木材一定要依靠整形器进行薰蒸矫正然后才能挺直，因为它的本性不直。人的本性邪恶，一定要依靠圣明帝王的治理、礼义的教化，然后才能都从遵守秩序出发、合乎善良的标准。由此看来，那么人的本性是邪恶的就很明显了，他们那些善良的行为则是人为的。

有人问："积累人为因素而制定成礼义，这也是人的本性，所以圣人才能创造出礼义来啊。"回答他说：这不对。制作陶器的人搅拌揉打黏土而生产出瓦器，那么把黏土制成瓦器难道就是陶器工人的本性吗？木工砍削木材而造出器具，那么把木材制成器具难道就是木工的本性吗？圣人对于礼义，打个比方来说，也就像陶器工人搅拌揉打黏土而生产出瓦器一样，那么积累人为因素而制定成礼义，难道就是人的本性了吗？凡是人的本性，圣明的尧、舜和残暴的桀、跖，他们的本性是一样的；有道德的君子和无行的小人，他们的本性是一样的。如果要把积累人为因素而制定成礼义当作是人的本性吧，那么又为什么要推崇尧、禹，为什么要推崇君子呢？一般说来，人们所以要推崇尧、禹、君子，是因为他们能改变自己的本性，能做出人为的努力，人为的努力作出后就产生了礼义；既然这样，圣人对于积累人为因素而制定成礼义，也就像陶器工人搅拌揉打黏土而生产出瓦器一样。由此看来，那么积累人为因素而制定成礼义，哪里是人的本性呢？人们所以要鄙视桀、跖、小人，是因为他们放纵自己的本性，顺从自己的情欲，习惯于恣肆放荡，以致做出贪图财利争抢掠夺的暴行来，所以人的本性邪恶是很明显的了，他们那些善良的行为则是人为的。

上天并不是偏袒曾参、闵子骞、孝己而抛弃众人，但是唯独曾参、闵子骞、孝己丰富了孝道的实际内容而成全了孝子的名声，为什么呢？因为他们竭力奉行礼义的缘故啊。上天并不是偏袒齐国、鲁国的人民而抛弃秦国人，但在父子之间的礼义、夫妻之间的分别上，秦国人不及齐国、鲁国的孝顺恭敬、严肃有礼，为什么呢？因为秦国人纵情任性、习惯于恣肆放荡而怠慢礼义的缘故啊，哪里是他们的本性不同呢？

"路上的普通人可以成为禹。"这话怎么解释呢？回答说：一般说来，禹之所以成为禹，是因为他能实行仁义法度。既然这样，仁义法度就具有可以了解、可以做到的性质，而路上的普通人，也都具有可以了解仁义法度的资质，都具有可以做到仁义法度的才具；既然这样，他们可以成为禹也就很明显了。如果认为仁义法度本来就没有可以了解、可以做到的性质，那么，即使是禹也不能了解仁义法度、不能实行仁义法度了。假如路上的人本来就没有可以了解仁义法度的资质，本来就没有可以做到仁义法度的才具吧，那么，路上的人将内不可能懂得父子之间的礼义，外不可能懂得君臣之间的准则了。实际上不是这样，现在路上的人都是内能懂得父子之间的礼义，外能懂得君臣之间的准则，那么，那些可以了解仁义法度的资质、可以做到仁义法度的才具，存在于路上的人身上也就很明显的了。现在如果使路上的人用他们可以了解仁义的资质、可以做到仁义的才具，去掌握那具有可以了解、可以做到的性质的仁义，那么，他们可以成为禹也就很明显的了。现在如果使路上的人信服道术进行学习，专心致志，思考探索仔细审察，日复一日持之以恒，积累善行而永不停息，那就能通于神明，与天地相并列了，所以圣人，是一般的人积累善行而达到的。

有人说："圣人可以通过积累善行而达到，但是一般人都不能积累善行，为什么呢？"回答说：可以做到，却不可强使他们做到。小人可以成为君子而不肯做君子，君子可以成为小人而不肯做小人。小人和君子，未尝不可以互相对调着做，但是他们没有互相对调着做，是因为可以做到却不可强使他们做到啊。所以，路上的普通人可以成为禹，那是对的；路上的人都能成为禹，就不一定对了。虽然没有能成为禹，但并不妨害可以成为禹。脚可以走遍天下，但还没有能走遍天下的人。工匠、农夫、商人，未尝不可以互相调换着做事，但没有能互相调换着做事。由此看来，可以做到，不一定就能做到；即使不能做到，也不妨害可以做到。那么，能够不能够与可以不可以，它们的差别是很大的了，他们不可以互相对调也是很清楚的了。

尧问舜："现在人间常情如何？"舜回答说："人之常情很不好，又何必问呢？有了妻子儿女，对父母的孝敬就减弱了；嗜好欲望满足了，对朋友的守信就减弱了；爵位俸禄满意了，对君主的忠诚就减弱了。人之常情啊！人之常情啊！

很不好，又何必问呢？只有贤德的人不是这样。"有圣人的智慧，有士君子的智慧，有小人的智慧，有奴仆的智慧。话说得多，但合乎礼义法度，整天谈论他的理由，说起话来旁征博引、千变万化，他的纲纪法度则始终一致，这是圣人的智慧。话说得少，但直截了当而简洁精练，头头是道而有法度，就像用墨线扶持着一样，这是士君子的智慧。他的话奉承讨好，行为却与说的相反，他做事经常后悔，这是小人的智慧。说话快速敏捷但没有法度，技能驳杂，广博而无用，分析问题迅速、遣词造句熟练但无关紧要，不顾是非，不讲曲直，把希望胜过别人作为心愿，这是奴仆的智慧。

有上等的勇敢，有中等的勇敢，有下等的勇敢。天下有了中正之道，敢于挺身捍卫；古代的圣王有正道传下来，敢于贯彻执行他们的原则精神；上不依顺动乱时代的君主，下不混同于动乱时代的人民；在仁德存在的地方不顾贫苦穷厄，在仁德丧失的地方不愿富裕高贵；天下人都知道他，就要与天下人同甘共苦；天下人不知道他，就岿然屹立于天地之间而无所畏惧，这是上等的勇敢。礼貌恭敬而心意谦让，重视中正诚信而看轻钱财，对于贤能的人敢于推荐而使他处于高位，对于不贤的人敢于把他拉下来罢免掉，这是中等的勇敢。看轻自己的生命而看重钱财，不在乎闯祸而又多方解脱苟且逃避罪责；不顾是非、正误的实际情况，把希望胜过别人作为自己的心愿，这是下等的勇敢。

繁弱、钜黍，是古代的良弓，但是得不到矫正器的矫正，就不会自行平正。齐桓公的葱，齐太公的阙，周文王的录，楚庄王的曶，吴王阖闾的干将、莫邪、钜阙、辟闾，这些都是古代的好剑，但是不加以磨砺就不会锋利，不凭借人力就不能斩断东西。骅骝、骐骥、纤骊、骙，这些都是古代的良马，但是必须前有马嚼子、马缰绳的控制，后有鞭子的威胁，再给它们加上造父的驾驭，然后才能一天跑得到上千里。人即使有了资质的美好，而且脑子善于辨别理解，也一定要寻找贤能的老师去事奉他，选择德才优良的朋友和他们交往。得到了贤能的老师去事奉他，那么所听到的就是尧、舜、禹、汤的正道；得到了德才优良的朋友而和他们交往，那么所看到的就是忠诚守信恭敬谦让的行为；自己一天天地进入到仁义的境界之中而自己也没有察觉到，这是外界接触使他这样的啊。如果和德行不好的人相处，那么所听到的就是欺骗造谣、诡诈说谎，所看到的就是污秽卑鄙、淫乱邪恶、贪图财利的行为，自己将受到刑罚杀戮还没有自我意识到，这也是外界接触使他这样的啊，古书上说："不了解自己的儿子就看看他的朋友怎么样，不了解自己的君主就看看他身边的人怎么样。"不过是外界的接触罢了，不过是外界的接触罢了。

⌘ 荀子第第十九篇 礼论篇 ⌘

礼起于何也？曰：人生而有欲，欲而不得，则不能无求。求而无度量分界，则不能不争；争则乱，乱则穷。先王恶其乱也，故制礼义以分之，以养人之欲，给人之求。使欲必不穷于物，物必不屈于欲，两者相持而长，是礼之所起也。故礼者养也。刍豢稻粱，五味调香，所以养口也；椒兰芬苾，所以养鼻也；雕琢刻镂，黼黻文章，所以养目也：钟鼓管磬，琴瑟竽笙，所以养耳也；疏房檖貌，越席床笫几筵，所以养体也。故礼者养也。君子既得其养，又好其别。曷谓别？曰：贵贱有等，长幼有差，贫富轻重皆有称者也。故天子大路越席，所以养体也；侧载睪芷，所以养鼻也；前有错衡，所以养目也；和鸾之声，步中武象，趋中韶护，所以养耳也；龙旗九斿，所以养信也；寝兕持虎，蛟韅、丝末、弥龙，所以养威也；故大路之马，必信至教顺，然后乘之，所以养安也。孰知夫出死要节之所以养生也！孰知夫出费用之所以养财也！孰知夫恭敬辞让之所以养安也！孰知夫礼义文理之所以养情也！故人苟生之为见，若者必死；苟利之为见，若者必害；苟怠惰偷懦之为安，若者必危；苟情说之为乐，若者必灭。故人一之于礼义，则两得之矣；一之于情性，则两丧之矣。故儒者将使人两得之者也，墨者将使人两丧之者也，是儒墨之分也。

礼有三本：天地者，生之本也；先祖者，类之本也；君师者，治之本也。无天地，恶生？无先祖，恶出？无君师，恶治？三者偏亡，焉无安人。故礼上事天，下事地，尊先祖而隆君师，是礼之三本也。故王者天太祖，诸侯不敢坏，大夫士有常宗，所以别贵始；贵始得之本也。郊止乎天子，而社止于诸侯，道及士大夫，所以别尊者事尊，卑者事卑，宜大者巨，宜小者小也。故有天下者事七世，有一国者事五世，有五乘之地者事三世，有三乘之地者事二世，持手而食者不得立宗庙，所以别积厚者流泽广，积薄者流泽狭也。大飨，尚玄尊，俎生鱼，先大羹，贵食饮之本也。飨，尚玄尊而用酒醴，先黍稷而饭稻粱。祭，齐大羹而饱庶羞，贵本而亲用也。贵本之谓文，亲用之谓理，两者合而成文，以归大一，夫是之谓大隆。故尊之尚玄酒也，俎之尚生鱼也，豆之先大羹也，一也。利爵之不醮也，成事之不俎不尝也，三臭之不食也，一也。大昏之未发齐也，大庙之未入尸也，始卒之未小敛也，一也。大路之素未集也，郊之麻绖也，丧服之先散麻也，一也。三年之丧，哭之不反也，清庙之歌，一唱而三叹也，县一钟，尚拊膈，朱弦而通越也，一也。

凡礼，始乎梲，成乎文，终乎悦校。故至备，情文俱尽；其次，情文代胜，其下复情以归大一也。天地以合，日月以明，四时以序，星辰以行，江河以流，万物以昌，好恶以节，喜怒以当，以为下则顺，以为上则明，万变不乱，贰之则丧也。礼岂不至矣哉！立隆以为极，而天下莫之能损益也。本末相顺，终始相应，至文以有别，至察以有说，天下从之者治，不从者乱，从之者安，不从者危，从之者存，不从者亡，小人不能测也。

礼之理诚深矣，"坚白"、"同异"之察入焉而溺；其理诚大矣，擅作典制辟陋之说入焉而丧；其理诚高矣，暴慢恣睢轻俗以为高之属入焉而队。故绳墨诚陈矣，则不可欺以曲直；衡诚县矣，则不可欺以轻重；规矩诚设矣，则不可欺以方圆；君子审于礼，则不可欺以诈伪。故绳者，直之至；衡者，平之至；规矩者，方圆之至；礼者，人道之极也。然而不法礼，不足礼，谓之无方之民；法礼，足礼，谓之有方之士。礼之中焉能思索，谓之能虑；礼之中焉能勿易，谓之能固。能虑、能固，加好者焉，斯圣人矣。故天者，高之极也；地者，下之极也；无穷者，广之极也；圣人者，人道之极也。故学者，固学为圣人也，非特学为无方之民也。礼者，以财物为用，以贵贱为文，以多少为异，以隆杀为要。文理繁，情用省，是礼之隆也。

文理省，情用繁，是礼之杀也。文理情用相为内外表里，并行而杂，是礼之中流也。故君子上致其隆，下尽其杀，而中处其中。步骤驰骋厉骛不外是矣，是君子之坛宇宫廷也。人有是，士君子也；外是，民也；于是其中焉，方皇周挟，曲得其次序，是圣人也。故厚者，礼之积也；大者，礼之广也；高者，礼之隆也；明者，礼之尽也。诗曰："礼仪卒度，笑语卒获。"此之谓也。

礼者，谨于治生死者也。生，人之始也，死，人之终也，终始俱善，人道毕矣。故君子敬始而慎终，终始如一，是君子之道，礼义之文也。夫厚其生而薄其死，是敬其有知，而慢其无知也，是奸人之道而倍叛之心也。君子以倍叛之心接臧谷，犹且羞之，而况以事其所隆亲乎！故死之为道也，一而不可得再复也，臣之所以致重其君，子之所以致重其亲，于是尽矣。故事生不忠厚，不敬文，谓之野；送死不忠厚，不敬文，谓之瘠。君子贱野而羞瘠，故天子棺椁七重，诸侯五重，大夫三重，士再重。然后皆有衣衾多少厚薄之数，皆有翣菨文章之等，以敬饰之，使生死终始若一；一足以为人愿，是先王之道，忠臣孝子之极也。天子之丧动四海，属诸侯；诸侯之丧动通国，属大夫；大夫之丧动一国，属修士；修士之丧动一乡，属朋友；庶人之丧合族党，动州里；刑余罪人之丧，不得合族党，独属妻子，棺椁三寸，衣衾三领，不得饰棺，不得昼行，以昏殣，凡缘而往埋之，反无哭泣之节，无衰麻之服，无亲疏月数之等，各反其平，各复其始，已葬埋，若无丧者而止，夫是之谓至辱。礼者，谨于吉凶不相厌者也。紸纩听息之时，则夫忠臣孝子亦知其闵已，然而殡敛之具，未有求也；垂涕恐惧，然而幸生之心未已，持生之事未辍也。卒矣，然后作具之。故虽备家必逾日然后能殡，三日而成服。然后告远者出矣，备物者作矣。故殡久不过七十日，速不损五十日。是何也？曰：远者可以至矣，百求可以得矣，百事可以成矣；其忠至矣，其节大至，其文备矣。然后月朝卜日，月夕卜宅，然后葬也。当是时也，其义止，谁得行之？其义行，谁得止之？故三月之葬，其貌以生设饰死者也，殆非直留死者以安生也，是致隆思慕之义也。

丧礼之凡，变而饰，动而远，久而平。故死之为道也，不饰则恶，恶则不哀；尔则玩，玩则厌，厌则忘，忘则不敬。一朝而丧其严亲，而所以送葬之者，不哀不敬，则嫌于禽兽矣，君子耻之。故变而饰，所以灭恶也；动而远，所以遂敬也；久而平，所以优生也。礼者，断长续短，损有余，益不足，达爱敬之文，而滋成行义之美者也。故文饰、粗恶、声乐、哭泣，恬愉、忧戚，是反也；然而礼兼而用之，时举而代御。故文饰、声乐、恬愉，所以持平奉吉也；粗恶、哭泣、忧戚，所以持险奉凶也。故其立文饰也，不至于窕冶；其立粗恶也，不至于瘠弃；其立声乐、恬愉也，不至于流淫、惰慢；其立哭泣、哀戚也，不至于隘慑伤生，是礼之中流也。故情貌之变，足以别吉凶，明贵贱亲疏之节，期止矣。外是，奸也；虽难，君子贱之。故量食而食之，量要而带之，相高以毁瘠，是奸人之道，非礼义之文也，非孝子之情也，将以有为者也。故说豫、娩泽，忧戚、萃恶，是吉凶忧愉之情发于颜色者也。歌谣、傲笑、哭泣、谛号，是吉凶忧愉之情发于声音者也。刍豢、稻粱，酒醴、餰鬻、鱼肉、菽藿、酒浆，是吉凶忧愉之情发于食饮者也。卑絻、黼黻、文织，资粗、衰绖、菲繐、菅屦，是吉凶忧愉之情发于衣服者也。疏房、檖貌、越席、床笫、几筵，属茨、倚庐、席薪、枕块，是吉凶忧愉之情发于居处者也。两情者，人生固有端焉。若夫断之继之，博之浅之，益之损之，类之尽之，盛之美之，使本末终始，莫不顺比，足以为万世则，则是礼也。非顺孰修为之君子，莫之能知也。故曰：性者，本始材朴也；伪者，文理隆盛也。无性则伪之无所加，无伪则性不能自美。性伪合，然后成圣人之名，一天下之功于是就也。故曰：天地合而万物生，阴阳接而变化起，性伪合而天下治。天能生物，不能辨物也，地能载人，不能治人也；宇中万物生人之属，待圣人然后分也。诗曰："怀柔百神，及河乔岳。」此之谓也。"

丧礼者，以生者饰死者也，大象其生以送其死也。故事死如生，事亡如存，终始一也。始卒，沐浴、鬠体、饭唅，象生执也。不沐则濡栉三律而止，不浴则濡巾三式而止。充耳而设瑱，饭以生稻，唅以槁骨，反生术矣。设亵衣，袭三称，缙绅而无钩带矣。设掩面儇目，鬠而不冠笄矣。书其名，置于其重，则名不见而柩独明矣。

荐器则冠有鍪而毋縰，瓮庑虚而不实，有簟席而无床笫，木器不成斫，陶器不成物，薄器不成内，笙竽具而不和，琴瑟张而不均，舆藏而马反，告不用也。具生器以适墓，象徙道也。略而不尽，貌而不功，趋舆而藏之，金革辔靷而不入，明不用也。象徙道，又明不用也，是皆所以重哀也。故生器文而不功，明器貌而不用。凡礼，事生，饰欢也；送死，饰哀也；祭祀，饰敬也；师旅，饰威也。是百王之所同，古今之所一也，未有知其所由来者也。故圹垄，其貌象室屋也；棺椁，其貌象版盖斯象拂也；无帾丝歠缕翣，其貌以象菲帷帱尉也。抗折，其貌以象槾茨番阏也。故丧礼者，无他焉，明死生之义，送以哀敬，而终周藏也。故葬埋，敬藏其形也；祭祀，敬事其神也；其铭诔系世，敬传其名也。事生，饰始也；送死，饰终也；终始具，而孝子之事毕，圣人之道备矣。刻死而附生谓之墨，刻生而附死谓之惑，杀生而送死谓之贼。大象其生以送其死，使死生终始莫不称宜而好善，是礼义之法式也，儒者是矣。

　　三年之丧，何也？曰：称情而立文，因以饰群，别亲疏贵贱之节，而不可益损也。故曰：无适不易之术也。创巨者其日久，痛甚者其愈迟，三年之丧，称情而立文，所以为至痛极也。齐衰、苴杖、居庐、食粥、席薪、枕块，所以为至痛饰也。三年之丧，二十五月而毕，哀痛未尽，思慕未忘，然而礼以是断之者，岂不以送死有已，复生有节也哉！凡生天地之间者，有血气之属必有知，有知之属莫不爱其类。今夫大鸟兽则失亡其群匹，越月逾时，则必反铅；过故乡，则必徘徊焉，鸣号焉，踯躅焉，踟蹰焉，然后能去之也。小者是燕爵，犹有啁噍之顷焉，然后能去之。故有血气之属莫知于人，故人之于其亲也，至死无穷。将由夫愚陋淫邪之人与，则彼朝死而夕忘之；然而纵之，则是曾鸟兽之不若也，彼安能相与群居而无乱乎！将由夫修饰之君子与，则三年之丧，二十五月而毕，若驷之过隙，然而遂之，则是无穷也。故先王圣人安为之立中制节，一使足以成文理，则舍之矣。然则何以分之？曰：至亲以期断。是何也？曰：天地则已易矣，四时则已遍矣，其在宇中者莫不更始矣，故先王案以此象之也。然则三年何也？曰：加隆焉，案使倍之，故再期也。由九月以下何也？曰：案使不及也。故三年以为隆，缌麻、小功以为杀，期，九月以为间。上取象于天，下取象于地，中取则于人，人所以群居和一之理尽矣。

故三年之丧，人道之至文者也，夫是之谓至隆。是百王之所同也，古今之所一也。

君子丧，所以取三年，何也？曰：君者、治辨之主也，文理之原也，情貌之尽也，相率而致隆之，不亦可乎？诗曰："恺悌君子，民之父母。"彼君子者，固有为民父母之说焉。父能生之，不能养之；母能食之，不能教诲之；君者，已能食之矣，又善教诲之者也。三年毕矣哉！乳母，饮食之者也，而三月；慈母，衣被之者也，而九月；君曲备之者也，三年毕乎哉！得之则治，失之则乱，文之至也。得之则安，失之则危，情之至也。两至者俱积焉，以三年事之，犹未足也，直无由进之耳。故社，祭社也；稷，祭稷也；郊者，并百王于上天而祭祀之也。三月之殡，何也？曰：大之也，重之也。所致隆也，所致亲也，将举措之，迁徙之，离宫室而归丘陵也，先王恐其不文也，是以緣其期，足之日也。故天子七月，诸侯五月，大夫三月，皆使其须足以容事，事足以容成，成足以容文，文足以容备，曲容备物之谓道矣。

祭者，志意思慕之情也。悁诡唈僾而不能无时至焉。故人之欢欣和合之时，则夫忠臣孝子亦悁诡而有所至矣。彼其所至者，甚大动也；案屈然已，则其于志意之情者惆然不嗛，其于礼节者阙然不具。故先王案为之立文，尊尊亲亲之义至矣。故曰：祭者、志意思慕之情也。忠信爱敬之至矣，礼节文貌之盛矣，苟非圣人，莫之能知也。圣人明知之，士君子安行之，官人以为守，百姓以成俗；其在君子以为人道也，其在百姓以为鬼事也。故钟鼓管磬，琴瑟竽笙，韶夏护武，汋桓箾简象，是君子之所以为悁诡其所喜乐之文也。齐衰、苴杖、居庐、食粥、席薪、枕块，是君子之所以为悁诡其所哀痛之文也。师旅有制，刑法有等，莫不称罪，是君子之所以为悁诡其所敦恶之文也。卜筮视日、齐戒、修涂、几筵、馈荐、告祝，如或飨之。物取而皆祭之，如或尝之。毋利举爵，主人有尊，如或觞之。宾出，主人拜送，反易服，即位而哭，如或去之。哀夫！敬夫！事死如事生，事亡如事存，状乎无形，影然而成文。

译文：

礼是在什么情况下产生的呢？回答说：人生来就有欲望，如果想要什么而不能得到，就不能没有追求；如果一味追求而没有个标准限度，就不能不发生争夺；一发生争夺就会有祸乱，一有祸乱就会陷入困境。古代的圣王厌恶祸乱，所以制定了礼义来确定人们的名分，以此来调养人们的欲望、满足人们的要求，使人们的欲望决不会由于物资的原因而不得满足，物资绝不会因为人们的欲望而枯竭，使物资和欲望两者在互相制约中增长，这就是礼的起源。所以礼这种东西，是调养人们欲望的。牛羊猪狗等肉食和稻米谷子等细粮，五味调和的佳肴，是用来调养嘴巴的；椒树兰草香气芬芳，是用来调养鼻子的；在器具上雕图案，在礼服上绘彩色花纹，是用来调养眼睛的；钟、鼓、管、磬、琴、瑟、竽、笙等乐器，是用来调养耳朵的；窗户通明的房间、深邃的朝堂、柔软的蒲席、床上的竹铺、矮桌与垫席，是用来调养躯体的。所以礼这种东西，是调养人们欲望的。君子已经得到了礼的调养，又喜爱礼的区别。什么叫作区别？回答说：就是高贵的和卑贱的有不同的等级，年长的和年幼的有一定的差别，贫穷的和富裕的、权轻势微的和权重势大的都各有相宜的规定。所以天子乘坐那宽阔的大车、铺垫那柔软的蒲席，是用来保养身体的；旁边放置湖岸上生长的香草，是用来调养鼻子的；车前有画着交错花纹的横木，是用来调养眼睛的；车铃的声音，在车子慢行时合乎《武》、《象》的节奏，在车子奔驰时合乎《韶》、《护》的节奏，这是用来调养耳朵的；画着龙的旗帜下边有九条飘带，是用来保养身份信号的；车子上画着横卧的犀牛和蹲着的老虎、马系着用沙鱼皮制成的腹带、车前挂着丝织的车帘、车耳刻成龙形，这是用来保养威严的；天子的大车上所用的马，一定要真正训练得十分顺服，然后才用它拉车，这是用来保持安全的。谁懂得那献出生命坚守节操是用来保养生命的呢？谁懂得那花费钱财是用来保养钱财的呢？谁懂得那恭敬谦让是用来保住安逸的呢？谁懂得那礼义仪式是用来调养情操的呢？所以人如果只看见生，这样的人就一定会死；如果只看见利，这样的人就一定会受到损害；如果只是喜欢懈怠懒惰苟且偷安，这样的人就一定会遇到危难；如果只是喜欢纵情作乐，这样的人就一定会灭亡。所以人如果专门把心思放在讲究礼义上，那么礼义情性两方面就都能保全了；如果专门把心思放在满足情性上，那么礼义性情两方面就都保不住了。儒家要使人们双双保全它们，墨家要使人们双双丧失它们，这就是儒家和墨家的区别。

礼有三个根本：天地是生存的根本，祖先是种族的根本，君长是政治的根本。没有天地，怎么生存？没有祖先，种族从哪里产生？没有君长，怎么能使天下太平？这三样即使部分地缺失了，也不会有安宁的人民。所以礼，上事奉天，下事奉地，尊重祖先而推崇君长，这是礼的三个根本。所以，称王天下的天子可以把创建国家的始祖当作天来祭祀，诸侯则不敢有这个想法，大夫和士有百世不迁的大宗，这种宗法祭祀制度是用来区别各自所尊奉的始祖的。尊重始祖，是道德的根本。到郊外祭天神仅限于天子，而祭土地神则从天子开始到诸侯为止，祭路神则向下延到士和大夫，这是用来区别尊贵的人才能事奉尊贵的、卑贱的人只能事奉卑贱的、适宜做大事的就做大事、适宜做小事的就做小事。所以拥有天下的天子祭祀七代祖先，拥有一个国家的诸侯祭祀五代祖先，拥有五个六里见方的土地的大夫祭祀三代祖先，有三个六里见方的土地的士可以祭祀两代祖先，依靠双手来糊口的百姓不准建立祖庙，这是用来区别功绩大的人传布的恩德应该广远、功绩小的人传布的恩德应该狭窄。在太庙合祭历代祖先时，以盛着清水的酒器以及俎里盛着的生鱼为上等祭品，首先献上不如调味品的肉汁，这是为了尊重饮食的本源。四季祭祀远祖时，以盛着清水的酒器为上等祭品，酌献甜酒，首先献上黍、稷，再陈供稻粱；每月祭祀近祖时，先进献未加调味品的肉汁，再盛陈各种美味的食物，这些都是为了尊重饮食的本源而又接近实际的食用。尊重饮食的本源叫作形式上的修饰，接近实际的食用叫作内容上的合理，这两者结合起来就形成了礼仪制度，然而又使它趋向于远古的质朴状态，这才叫作对礼的最大尊崇。所以酒杯中以替代酒的清水为上等祭品，俎中以生的鱼为上等祭品，豆中先盛不加调味品的肉汁，这三种做法与远古的质朴是一致的。代替死者受祭的人不把佐食的人所献的酒喝光，祭礼完毕时俎中的祭品留下不吃，劝受祭者饮食的三次劝食而不食，这三种做法与远古的质朴是一致的。婚礼中还没有进行喝交杯酒的时候，祭祀太庙而尚未使代表死者受祭的人进庙的时候，人刚死还没有换上寿衣的时候，这三种情况与远古的质朴是一致的。天子祭天的大车用未染色的丝绸做车帘，在郊外祭天时头戴麻布制的礼帽，居丧时先散乱地系上麻带，这三种车服与远古的质朴是一致的。三年期的服丧，痛哭时放声直号而没有曲折的声调；《清庙》的颂歌，一人领唱而三个人随声咏叹；乐器只挂一口钟，而崇尚使用拊搏与罄；把琴弦染成红色而打通瑟底的孔；这三种做法是和远古的质朴一致的。

大凡礼，总是从疏略开始，到有了礼节仪式就形成了，最后又达到使人称心如意的程度。所以最完备的礼，所要表达的感情和礼节仪式都发挥得淋漓尽致；比它次一等的，是所要表达的感情和礼节仪式互有参差；那最下等的，就是使所要表达的感情回到原始状态，从而趋向于远古的质朴。但无论如何，天地因为礼的作用而风调雨顺，日月因为礼的作用而光辉明亮；四季因为礼的作用而秩然有序，星辰因为礼的作用而正常运行；江河因为礼的作用而奔流入海，万物因为礼的作用而繁荣昌盛；爱憎因为礼的作用而有所节制，喜怒因为礼的作用而恰如其分；用它来治理臣民就可使臣民服从依顺，用它来整饬君主就可使君主通达英明；万事万物千变万化而不混乱，但如果背离了礼就会丧失一切。礼难道不是登峰造极了吗？圣人确立了发展到高度成熟的礼制而把它作为最高的准则，因而天下没有谁再能增减改变它。这种礼制的根本原则和具体细节之间互不抵触，人生终结的仪式与人生开始的仪式互相应合；极其完美而有明确的等级区别，极其明察而有详尽的理论说明。天下遵循礼的国家治理得好，不遵循礼的国家混乱；遵循礼的国家安定，不遵循礼的国家危险；遵循礼的国家存在，不遵循礼的国家灭亡，礼的这些作用小人是不能估量到的。

礼的道理真深啊，那些"坚白"、"同异"等所谓明察的辨析一进入礼的道理之中就被淹没了；礼的道理真大啊，那些擅自编造典章制度、邪僻浅陋的学说一进入礼的道理之中就没命了；礼的道理真高啊，那些把粗暴傲慢恣肆放荡轻视习俗作为高尚的人一进入礼的道理之中就垮台了。所以木工的墨线真正拉出来了，就不可能再用曲直来搞欺骗；秤真正挂起来了，就不可能再用轻重来搞欺骗；圆规角尺真正设置了，就不可能再用方圆来搞欺骗；君子对礼了解得明白清楚，就不可能再用诡诈来欺骗他。所以墨线这种东西，是直的极点；秤这种东西，是平的极点；圆规角尺这种东西，是方与圆的极点；礼这种东西，是社会道德规范的极点。既然这样，那么不遵循礼，不充分地掌握礼，就叫作没有原则的人；遵循礼，充分地掌握礼，就叫作有原则的贤士。在遵循礼掌握礼的过程中能够思考探索，叫作善于谋虑；在遵循礼掌握礼的过程中能不变，叫做能够坚定。善于谋虑，能够坚定，再加上爱好礼，就是圣人了。所以天，是高的极点；地，是低的极点；没有尽头，是广阔的极点；圣人，是道德的极点。所以学习的人，本来就该学做个圣人，不是只学做个没有原则的人。礼，把钱财物品作为工具，把尊贵与卑贱的区别作为礼仪制度，把享受的多少作为尊卑贵贱的差别，把隆重和简省作为要领。礼节仪式繁多，但所要表达的感情、所要起到的作用却简约，这是隆重的礼。礼节仪式简约，但所要表达的感情、所要起到的作用却繁多，这是简省的礼。礼节仪式和它所要表达的感情、所要起到的作用之间相互构成内外表里的关系，两者并驾齐驱而交错配合，这是适中的礼。所以知礼的君子对隆重的礼仪就极尽它的隆重，对简省的礼仪就极尽它的简省，而对适中的礼仪也就做适中的处置。慢走快跑、驱马驰骋、剧烈奔跑都不越出这个规矩，这就是君子的活动范围。人如果把活动限定在这个范围之中，就是士君子，如果越出了这个规矩，就是普通的人；如果在这个规矩中间，来回周旋，处处符合它的次序，这就是圣人了。所以圣人的厚道，是靠了礼的积蓄；圣人的大度，是靠了礼的深广；圣人的崇高，是靠了礼的高大；圣人的明察，是靠了礼的透彻。《诗》云：“礼仪全都合法度，说笑就都合时务。”说的就是这种情况啊。

礼，是严谨地处理生与死的。生，是人生的开始；死，是人生的终结。这终结和开始都处理得好，那么为人之道也就完备了，所以君子严肃地对待人生的开始而慎重地对待人生的终结。对待这终结与开始就像对待同一件事一样，这是君子的原则，是礼义的具体规定。看重人活着的时候而看轻人的死亡，这是敬重活人的有知觉而怠慢死人的没有知觉，这是邪恶之人的原则，是一种背叛别人的心肠。君子拿背叛别人的心肠去对待奴仆、儿童，尚且感到羞耻，更何况是用这种心肠来事奉自己所尊重的君主和亲爱的父母呢！再说死亡有一条规律，就是每人只死一次而不可能再重复一次，所以臣子要表达对君主的敬重，子女要表达对父母的敬重，在这个时候也就到头了。所以侍奉生者不忠诚笃厚、不恭敬有礼，就称之为粗野；葬送死者不忠诚笃厚、不恭敬有礼，就称之为薄待。君子鄙视粗野而把薄待看作为羞耻，所以天子的棺材有七层，诸侯五层，大夫三层，士两层；其次，他们又都有衣服被子方面或多或少或厚或薄的数目规定，都有棺材遮蔽物及其花纹图案的等级差别；用这些来恭敬地装饰死者，使他们在生前与死后、结束一生时与开始一生时都像一个样子，使这始终如一的完全满足成为人们的愿望，这是古代圣王的原则，也是忠臣孝子的最高准则。天子的丧事牵动整个天下，聚集诸侯来送葬。诸侯的丧事牵动有友好交往的国家，聚集大夫来送葬。大夫的丧事牵动一国，聚集上士来送葬。上士的丧事牵动一乡，聚集朋友来送葬。百姓的丧事，集合同族亲属来送葬，牵动州里。受过刑罚的罪犯的丧事，不准聚集同族亲属来送葬，只能会合妻子儿女来送葬，棺材三寸厚，衣服被子三套，不准文饰棺材，不准白日送葬，只能在黄昏埋葬，而且妻子儿女只能穿着平常的服装去埋掉他，回来后，没有哭泣的礼节，没有披麻戴孝的丧服，没有因为亲戚的亲疏关系而形成的服丧日期的等级差别，各人都回到自己平常的情况，各人都恢复到自己当初的样子，已经把他埋葬之后，就像没有死过人一样而什么也不做，这叫作最大的耻辱。礼，是严谨地使吉利的事与凶险的事互不侵犯的。把新的绵絮放在临终者鼻前而倾听其气息的时候，就是那些忠臣孝子也知道他垂危了，但是停枢入殓的用具却还不去考虑；虽然这时他们挂着眼泪惊恐害怕，但是希望他能侥幸活下去的心思还没有止息，维持他生命的事情也没有中止；直到他死了，才开始准备治丧的物品。所以，即使是治丧物品齐备的人家，也必须过了一天才能入棺停枢，到第三天才穿上丧服守丧，然后去远方报丧的人才出发了，准备治丧物品的人才开始操办了。所以停放灵柩的时间，长不超过七十天，快也不少于五十天。这是为什么呢？是因为：远方来奔丧的亲友可以赶到了，各种需求可以获得了，各种事情可以办成了。人们的忠诚尽到了，对长辈的礼节盛大了，仪式也齐备了，然后才在月底占卜确定埋葬的地点，在月初占卜确定埋葬的日期，然后才去埋葬。在这个时候，那道义上禁止的事，谁能去做它？那道义上推行的事，谁能禁止它？所以停柩三个月的葬礼，它表面上是用生者的设施来装饰死者，但实际上恐怕不是只保留一下死者来安慰生者，这是在表达尊重怀念的意思啊。

　　丧礼的一般原则是：人死后要装饰，举行丧礼仪式要使死者逐步远去，时间长了便恢复到平常的状态。那死亡有一种规律，即：如果对死者不装饰，就丑恶难看；丑恶难看，人们就不会哀痛了；如果死者近了，人们就会漫不经心；漫不经心，就会厌弃；厌弃了，就会怠慢；怠慢了，就会不恭敬。有朝一日死了自己尊敬的父母亲，但用来为他们送葬的却是不哀痛、不恭敬，那就近于禽兽了。君子以此为耻辱。人死后进行装饰，是用来消除丑恶难看的；举行丧礼仪式时使死者远去，是用来成全恭敬的；时间长了就恢复到平常状态，是用来协调生者的。礼，是截长补短，减损有余、增加不足，使爱怜恭敬的仪式能完全实施、从而养成美好的德行道义的。所以仪文修饰和粗略简陋，音乐和哭泣，安适愉快和忧愁悲伤，这些都是相反的，但是礼对它们一并加以应用，按时拿出来交替使用。仪文修饰、音乐、安适愉快，是用来奉持平安和吉祥的；粗略简陋、哭泣、忧愁悲伤，是用来奉持凶恶和不幸的。所以礼在确立仪文修饰的规范时，不会弄到妖艳的地步；它在确立粗略简陋的规范时，不会弄到毁伤形体的地步；它在确立音乐、安适愉快的规范时，不会弄到放荡懈怠的地步；它在确立哭泣、哀痛的规范时，不会弄到过度悲戚、伤害身体的地步，这就是礼的中庸之道。所以神情容貌的变化，能够用来区别吉利与不幸、表明贵贱亲疏之间的礼节等级，就作罢了；超出了这个程度，就是奸邪的行为；即使是难以做到的，君子也鄙视它。所以要根据食量吃东西，根据腰身扎带子。拿哀伤得毁坏自己的身体而消瘦不堪来向别人标榜自己的高尚，这是奸邪之人的行径，不是礼义的规定，也不是孝子的真情，而是要用它来有所作为的。高兴欢乐时和颜悦色容光焕发，忧愁悲伤时面色憔悴愁眉苦脸，这是碰到吉利与不幸时忧愁愉快的心情在脸色上的表现。歌唱嬉笑，哭泣啼号，这是碰到吉利与不幸时忧愁愉快的心情在声音上的表现。牛羊猪狗等肉食、稻米谷子等细粮、甜酒、鱼肉，稀饭、豆叶、汤水，这是碰到吉利与不幸时忧愁愉快的心情在饮食上的表现。礼服礼帽、礼服上的花纹、有彩色花纹的丝织品，丧服粗布衣、麻条麻带、薄麻衣、用茅草编成的鞋，这是碰到吉利与不幸时忧愁愉快的心情在衣服上的表现。窗户通明的房间、深邃的朝堂、柔软的蒲席、床上的竹铺、短桌与竹席，编结茅草而成的屋顶、靠在墙边上的简陋房屋，把柴草当作垫席，把土块当作枕头，这是碰到吉利与不幸时忧愁愉快的心情在居住上的表现。忧愁愉快这两种心情，在人的生性中本来就存在着根源，至于使这两种心情断绝或持续，使它们较多地被人了解或较少地被人了解，使它们增强或减损，使它们既合乎法度又能充分地表达出来，使它们既旺盛又美好，使根本原则和具体细节、人生终结的仪式和人生开始的仪式没有不和顺的，完全可以用来作为千秋万代的法则，这就是礼。如果不是顺从礼、精通礼、学习礼、实行礼的君子，是不能够懂得这些道理的。所以说：先天的本性，就像是原始的未加工过的木材；后天的人为加工，则表现在礼节仪式的隆重盛大。没有本性，那么人为加工就没有地方施加；没有人为加工，那么本性也不能自行完美。本性和人为的加工相结合，然后才能成就圣人的名声，统一天下的功业也因此而能完成了。所以说：上天和大地相配合，万物就产生了；阴气和阳气相接触，变化就出现了；本性和人为的加工改造相结合，天下就治理好了。上天能产生万物，但不能治理万物；大地能负载人民，但不能治理人民；宇宙间的各种东西和各类人，得依靠圣人才能安排好。《诗》云："招徕安抚众神仙来到黄河高泰山。"说的就是这种情况啊。

丧葬的礼仪，就是按照活人的情形来装饰死人，大致地摹拟他的生前来送他的终。所以侍奉逝世如同侍奉出生，侍奉死人如同侍奉活人，对待人生的终结与对待人生的开始一个样。刚死的时候，给他洗头洗澡、束头发剪指甲、把含物放入口中，这是摹拟他生前的操作。如果不洗头，就用沾湿的梳蓖梳理三下就可以了；如果不洗澡，就用沾湿的毛巾擦三遍就可以了。填塞耳朵而设置了充耳，把生米喂入口中，把贝塞在嘴里，这就和出生时的办法相反了。给死者穿好内衣，再穿上三套外衣，把朝板插在腰带上但没有钩紧腰带的钩子了。裹上遮脸的白绢和遮眼的黑色丝巾，束起头发而不戴帽子、不插簪子了。把死者的名字写在狭长的明旌上，然后把它覆在死者的临时神主牌上，那么他的名字就看不见而只有灵柩十分明显了。送给死者的随葬器物，戴在头上的有头盔似的帽子而没有包发的丝巾，瓮，空着不放东西，有竹席而没有床上的竹铺，木器不作加工，陶器不制成成品，竹子芦苇做成的器物不中用，笙、竽具备而不调和，琴、瑟绷上弦而不加调节，装运棺材的车子随同埋葬而马却牵回去，这些都表示随葬的东西是不用的。准备好了生前的用具而送到墓中，这是模拟搬家的办法。随葬的器物简略而不完备，只具外貌而不精制，赶着丧车去把它埋葬掉，但拉车的马及其设备却不埋进去，这些都是为了表明随葬的东西是不用的；模拟搬家的办法，也是表明那些随葬的东西不用了，这些都是为了加重哀悼之情的。所以，生前的用具只起礼仪的作用而不再用它，随葬的器物只具外貌而不精制。凡是礼仪，侍奉出生，是为了润饰欢乐之情；葬送死者，是为了更好地表现哀悼之情；祭祀，是为了修饰恭敬之情；军队，是为了装饰威武之势。这是各代帝王都相同、古今都一致的，但是没有人知道它是从什么时代传下来的。所以墓穴和坟冢，它们的形状像房屋；内棺外棺，它们的形状像车旁板、车顶盖、车前皮盖、车后革帘构成的车厢，尸休与棺材上的被子、丝织麻织的遮蔽品、棺材的遮蔽物，它们的形状是模仿门帘和各种帷帐的；承负坟冢、覆盖墓穴的葬具抗折，它们的形状是模仿墙壁、屋顶、篱笆和门户的。所以，丧葬的礼仪，并没有其他的含义，而是为了彰明生死的意义，以悲哀恭敬的心情去葬送死者而最终把他周到地掩藏好。所以埋葬，是为了恭敬地掩藏死者的躯体；祭祀，是为了恭敬地侍奉死者的灵魂；那些铭文、诔辞、传记家谱，是为了恭敬地传颂死者的名声。事奉出生的礼仪，是装饰人生的开始；葬送死者的礼仪，是装饰人生的终结。这终结与开始的礼仪全部做到了，那么孝子的事情也就完成了，圣人的道德也就具备了。削减死者的用度来增加生者的用度叫作刻薄，削减生者的用度来增加死者的用度叫作迷惑，杀掉生者来殉葬叫作残害。大致地摹拟他的生前来送他的终，使逝世和在世、人生终结和人生开始时的仪式无不得当合宜而尽善尽美，这就是礼义的法度标准了，儒者就是这样的啊。

　　三年的服丧，是为了什么呢？回答说：这是根据人的感情来确立礼仪制度，借以整治亲族，区别亲近的人与疏远的人之间、高贵者与卑贱者之间的不同礼节，而不能再增减的了。所以说：这是无论到什么地方也不可改变的措施。创伤大的，它的愈合时间就长；疼痛厉害的，它的痊愈就慢。三年的服丧，是根据人的感情来确立的礼仪制度，是用来给极其悲痛的感情所确立的最高期限。穿着丧服、撑着孝棍、住在简陋的房屋中、吃薄粥、把柴草当作垫席、把土块当作枕头，是用来给极其悲痛的心情所作的外表装饰。三年的服丧，二十五个月就完毕了，但哀痛之情并没有了结，思念之心并没有忘怀，然而礼制却规定在这个时候终止服丧，这难道不是因为送别死者要有个终结、恢复正常的生活要有所节制吗？凡是生长在天地之间的，有血气的种属一定有智能，而有智能的种属没有不爱自己同类的。现在那些大的飞禽走兽如果失去了它的群体或配偶，那么过了一个月或超过了一定的时间，就一定会返回合群；经过原来住过的地方，就一定会在那里徘徊周旋，在那里啼鸣吼叫，在那里驻足踏步，在那里来回走动，然后才能离开那里。小的嘛就是燕子麻雀之类也还要在那里叽叽喳喳个一会儿，然后才能离开那里。有血气的种属没有比人更聪明的了，所以人对于自己父母的感情，到死也没有穷尽。要依从那些愚蠢浅陋放荡邪恶的人吗？那么他们的父母亲早晨死了，到晚上就忘了；像这种情况如果还放任他们，那么他们就连鸟兽也不如了，他们又怎么能互相在一起合群居住而没有动乱呢？要依从那些注重道德修养的君子吗？那么三年的服丧，二十五个月就完毕了，他们会觉得那时间快得就像驾车的四匹马经过一个墙缝一样；像这种情况如果还是成全他们，那么他们就会无限期地服丧。所以先王圣人就给人们确立了适中的标准、制定了这服丧三年的礼节，一律使人们能够完成礼仪，然后就除去丧服。既然这样，那么为什么还要把它打个对折呢？回答说：对于最亲近的父母本来就是在一周年时终止服丧的。这是为什么呢？回答说：因为经过一周年，天地都已经变换了，四季也已经循环了一遍，那些在宇宙中的动植物没有不重新开始其生长的了，所以古代的圣王就用这一周年的丧礼来象征它。既然这样，那么三年的丧期又是为了什么呢？回答说：那是为了使丧礼更加隆重，于是就使它在一年的基础上加倍，所以就过了两周年了。从九个月以下的丧期，又是为什么呢？回答说：那是为了使它不到一周年的丧礼。把服丧三年作为隆重的礼，把服丧三个月、五个月的缌麻、小功作为简省的礼，把服丧一周年、九个月作为它们中间的礼。这礼的制定，上取法于天，下取法于地，中取法于人，人们所以能合群居住而和谐一致的道理也就被全盘体现出来了。所以三年的服丧，是为人之道最高的礼仪。这叫做最隆重的礼仪。这是各代帝王都相同、古今都一致的。

君主的丧礼期限之所以要选取三年，为什么呢？回答说：君主，是治理社会的主宰，是礼仪制度的本源，是忠诚的内情和恭敬的外貌所要侍奉的尽头，人们互相遵循而极其尊崇他，不也是可以的吗？《诗》云："和乐平易的君子，就是人民的父母。"那些君子本来就有是民众父母的说法。父亲能生下自己，但不能喂养自己；母亲能喂养自己，又不能教诲自己；君主是既能养育自己，又善于教诲自己的人，为君主服丧三年就完毕了吗？奶妈，是喂养自己的人，因而为她服丧三个月；抚育自己的庶母，是为自己料理衣着被服的人，因而为她服丧九个月；君主，是各方面都照顾自己的人，为他服丧三年就完毕了吗？做到了这一点，国家就能治理好；做不到这一点，国家就会混乱，它是礼仪制度中最重要的礼节啊。做到了这一点，国家就安定；做不到这一点，国家就危险，它是忠诚之情的最高体现啊。这最重要的礼节与最高的情感体现都积聚在君主的丧礼上了，所以用三年时间来侍奉君主的神灵仍然是不够的，只是无法再将这丧期增加罢了！所以社祭，只祭土地神；稷祭，只祭谷神；郊祭，就把各代帝王和上天合并在一起而祭祀他们。三个月的停柩，为什么呢？回答说：这是要扩大丧礼的规模，加重丧礼的分量。对自己极尊重的人，极亲近的人，将要安排他，迁移他，使他离开宫室而埋葬到陵墓中去，古代的圣王怕这些事情不合乎礼仪，因此延长停枢的日期，使办丧事的人有足够的时间。所以天子停枢七个月，诸侯五个月，大夫三个月，这都是为了使逗留时间足够用来操办各种事情，这些事情足够用来保证丧事的成功，这成功足够用来保证礼仪的实施，这实施足够用来保证丧葬物品的完备，各个方面都能确保丧葬物品的完备就可以叫作正确的原则了。

祭祀，是为了表达心意和思慕之情的。人们感到郁闷了就不能没有时机来表达，人们欢欣鼓舞和睦相处的时候，那些忠臣孝子也会感动，而思念君主、双亲不得同享欢乐的心情也要有所表达了。他们所要表达的这种心情，是一种非常大的激动；如果空空地没有祭祀的礼仪，那么他们在心意的感情方面就会感到惆怅而不满足，在礼节方面就会感到欠缺而不完备。所以古代的圣王为他们制定了礼仪制度，这样，尊崇君主、亲爱父母的道义就能表达了。所以说：祭祀，是为了表达心意和思慕之情的。它是忠信敬爱的最高表现了，是礼节仪式的极点了，如果不是圣人，是不能懂得这一点的。圣人明白地理解祭祀的意义，有道德的士君子安心地进行祭祀，官吏把它当作为自己的职守，百姓使它成为自己的习俗。它在君子那里，被当作治理社会的一种道德规范；它在百姓那里，被当作为侍奉鬼神的事。钟、鼓、管、磬、琴、瑟、竽、乐器被使用，《韶》、《夏》、《护》、《武》、《汋》、《桓》、《简》、《象》等乐曲被演奏，这些是君子被他所喜悦的事情感动了从而用来表达这种感动的礼仪形式。穿丧服、撑孝棍、住陋屋、吃薄粥、以柴草为垫席、把土块当枕头，这些是君子被他所哀痛的事情感动了，从而用来表达这种感动的礼仪制度。军队有一定的制度，刑法有轻重的等级，没有什么刑罚不与罪行相当，这些是君子被他所憎恶的事情感动了从而用来表达这种感动的礼法制度。占卜算卦、观察日期时辰是否吉利、整洁身心、修饰清理祠庙，摆好祭祀的席位、献上牺牲黍稷等祭品，受祭者吩咐男巫，好像真的有神来享用过祭品。事先积聚的祭品都献给代表死者受祭的人，受祭者一一尝用，好像真的有神尝过它们。不让助食的人举杯向受祭者敬酒，主人亲自劝受祭者饮酒，受祭者便饮用，好像真的有神拿酒杯喝了酒。祭祀结束后宾客退出，主人拜揖送行，然后返回，换掉祭服而穿上丧服，来到座位上痛哭，好像真的有神离开了他。悲哀啊！恭敬啊！侍奉死者如同侍奉生者一样，侍奉已不存在的人如同侍奉还活着的人一样，所祭祀者虽无形无影，但是它可以成为人类社会中的一种礼仪制度。

后 记

"国学今用"系列丛书是我们组织十多位国学知识功底深厚、文学造诣极深且对社会学、心理学等学科综合研究方面有较高水平的专家、学者，经过近两年通宵达旦的辛苦创作、数易其稿而苦心经营出来的历史传记作品，本套图书共十本，每本十五万字，语言通俗流畅，内容精彩有趣，知识性和可读性极强，在此，我们对在本书创作中付出辛勤劳动的作者们表示衷心的感谢！

在本书创作过程中，我们除了采用古代圣贤和近代之前国学名家的大量典籍资料以外，还参考了现当代相关的大量资料，有些作者我们已经进行了联系和沟通，但由于出版时间所限，以及有些作者的信息资料不太详细，截至出版之日，我们仍未能联系上这些作者，还请这些作者多多海涵，并在见到本书后及时与我们联系。

联系方式：457735190@qq.com

本书编委会